生活因阅读而精彩

 生活因阅读而精彩

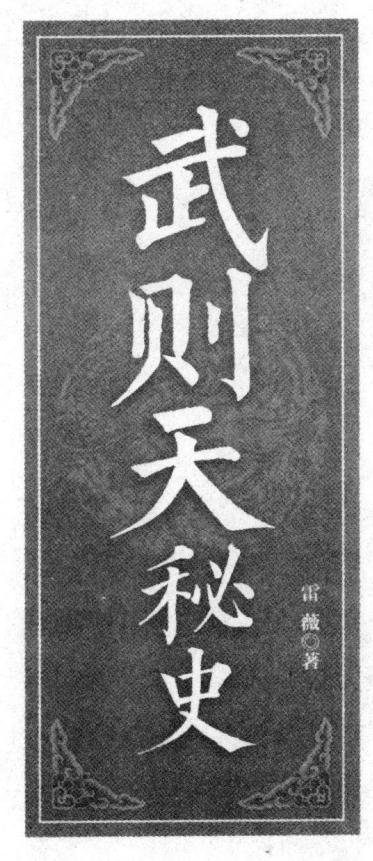

武则天秘史

雷薇◎著

中国华侨出版社

图书在版编目(CIP)数据

武则天秘史/雷薇著.—北京:中国华侨出版社,2014.6（2021.2重印）

("翰林书院"帝王史系列)

ISBN 978-7-5113-4690-2

Ⅰ.①武… Ⅱ.①雷… Ⅲ.①武则天(624~705)-传记 Ⅳ.①K827=421

中国版本图书馆 CIP 数据核字(2014)第113409号

"翰林书院"帝王史系列:武则天秘史

著　　者／雷　薇
责任编辑／文　心
责任校对／孙　丽
经　　销／新华书店
开　　本／787毫米×1092毫米　1/16　印张/20　字数/280千字
印　　刷／三河市嵩川印刷有限公司
版　　次／2014年8月第1版　　2021年2月第2次印刷
书　　号／ISBN 978-7-5113-4690-2
定　　价／68.00元

中国华侨出版社　北京市朝阳区静安里26号通成达大厦3层　邮编:100028
法律顾问:陈鹰律师事务所
编辑部:(010)64443056　　64443979
发行部:(010)64443051　　传真:(010)64439708
网址:www.oveaschin.com
E-mail:oveaschin@sina.com

总序

  滚滚长江东逝水，浪花淘尽英雄。是非成败转头空。青山依旧在，几度夕阳红。白发渔樵江渚上，惯看秋月春风。一壶浊酒喜相逢。古今多少事，都付笑谈中。

  这首词是明代杨慎《说秦汉》的开场词，深沉悲壮，意境高远。后来罗贯中将其收入《三国演义》，更被广为传诵。

  虽为《说秦汉》的开场词，但作者的视野却没有局限在秦汉两代上，而是高屋建瓴地从历史事件和人物经历中，概括出一些始终能让人产生共鸣的思想感情，比如"空"。古来多少英雄是非成败，犹如大浪淘沙转眼成空。字里行间抒发了对历史变迁、英雄故去的感慨：无数英雄豪杰长眠地下之后，生前的所有是非得失、荣辱成败又有什么意义呢？在横亘古今的"青山"面前，"夕阳红"不过是人生短暂的美好时光而已。一个"空"字，无限感慨，几多惋惜，尽在其中。

  本序言为何以这阕词为引子？是因为笔者认为这阕词可称为"史论"。它综观历代兴亡盛衰，以英雄豪杰的成败得失抒发感慨，体现了一种旷达超脱的人生观和历史观。在这种人生观和历史观指导下，我们认识和了解本套书的诸多帝王才更有宏观感和穿透力。

  中国正统朝代的皇帝，加上一些农民起义建立的政权，皇帝总数不少于四百位！如何在这么多君王中选出十二个，实在不是简单的事。丛书撰写组最终在名气、正史、评价等综合因素考虑下，遴选出了如下十二位帝王，作为"帝王秘史"

的第一辑。这十二位帝王分别是：

统一六国，结束战国乱世的秦始皇嬴政；

起于亭长，击败西楚霸王项羽的汉高祖刘邦；

平定内乱，北击匈奴的汉武帝刘彻；

统一北方，奠定魏国基业的魏武帝曹操；

一统华夏，被西方称为"中国最伟大皇帝"的隋文帝杨坚；

文武双全，堪称帝王典范的唐太宗李世民；

毁誉参半的历史上唯一一位女皇帝武则天；

弯弓射雕，横扫欧亚的一代天骄成吉思汗；

乞丐出身，推翻元朝残暴统治的明太祖朱元璋；

开创明朝辉煌时代的明成祖朱棣；

南征北战，在位61年的康熙皇帝玄烨；

在位60年，有"十全老人"美称的乾隆皇帝弘历。

这十二位帝王，毫无疑问都开创或推动了一个时代的文明与繁盛。无论是时势造英雄，还是英雄改变时代，他们都是华夏星空中熠熠生辉的历史"明星"。本丛书的每一分册，都在有限而真实的史料基础上，以生动的语言和独特的视角，叙写他们百转千回、波澜壮阔的一生，展示了他们的成功与失败、高潮与低谷、坚定与疑惑、气魄与迷茫……

每位帝王都曾抒写过一段历史，或雄壮或悲戚，给后人无穷的想象和感叹。你可以击节，可以唏嘘，更可以和篇首那阕词中通晓古今、豁达潇洒的"白发渔樵"一样，把古今多少英雄的是非恩怨、成败荣辱都化作可助酒兴的谈资，纵论古今、品评人物，笑谈之中，人生不亦乐哉！

是为序。

第一篇　后宫风云

第一章　武家有女
舞台　　　　　　　　　　003
庸之非福　　　　　　　　006
教科书　　　　　　　　　011
媚娘与李世民　　　　　　014
太子李治　　　　　　　　018

第二章　二入深宫
感业寺　　　　　　　　　024
意外的援手　　　　　　　028
步步为营　　　　　　　　031
一桩谋反案　　　　　　　035

第三章 / 破局

阻力重重　　　　　　　　041

李勣的回答　　　　　　　046

"立武派"的胜利　　　　　050

胜利者的屠刀　　　　　　054

骨醉　　　　　　　　　　058

第二篇　权力之路

第一章 / 母仪天下

高贵的姓氏　　　　　　　063

国母的资本　　　　　　　066

皇与权　　　　　　　　　071

情感危机　　　　　　　　077

废后　　　　　　　　　　080

第二章 / 帝后的辉煌

封禅大典　　　　　　　　086

借刀　　　　　　　　　　090

建功立业　　　　　　　　092

进退　　　　　　　　　　097

后院起火　　　　　　　　100

第三章 / 新的斗争

天后　　　　　　　　　　　　104
建言十二事　　　　　　　　　107
皇家母子　　　　　　　　　　111
第二个敌人　　　　　　　　　117
成长中的统治者　　　　　　　119

第三篇　独尊天下

第一章 / 高宗逝世

李贤的对策　　　　　　　　　127
谋反，还是谋反　　　　　　　130
李治最后的岁月　　　　　　　136
遗言　　　　　　　　　　　　140
七日攻防　　　　　　　　　　144

第二章 / 动荡的时局

糊涂天子　　　　　　　　　　150
大殿上的废立　　　　　　　　155
嗣圣、文明、光宅　　　　　　158
裴炎的失误　　　　　　　　　162
一次造反　　　　　　　　　　167

第三章　谁家天下

迅速平叛　　　　　　　170
立威　　　　　　　　　174
安全问题　　　　　　　178
铜匦　　　　　　　　　182

第四篇　武周王朝

第一章　圣母临人

一石激起千层浪　　　　187
李家的反击　　　　　　191
酷吏时代　　　　　　　195
武则天的心思　　　　　200

第二章　登基前后

皇太后的私人生活　　　204
从冯小宝到薛怀义　　　207
面首的贡献　　　　　　210
女主武王　　　　　　　213
第三次请愿　　　　　　216

第三章 / 武周朝的君臣关系

识人与选才　　　　　　220
相处之道　　　　　　　224
智慧与勇气　　　　　　230
请君入瓮　　　　　　　233
酷吏时代的终结　　　　236

第五篇　最后的博弈

第一章 / 得与失

情人　　　　　　　　　241
明堂大火　　　　　　　244
收复安西四镇　　　　　247
扶不起的武家人　　　　251
封禅嵩山　　　　　　　253

第二章 / 尘埃落定

继承权　　　　　　　　256
李旦的危机　　　　　　261
狄仁杰的建议　　　　　266
"曲线救国"　　　　　　271
晚年生活　　　　　　　275

第三章 / 神龙政变

朝堂对质	281
白热化的斗争	287
收网人	291
神龙政变	295
病榻上的布局	301
最后的舞台	304

第一篇／后宫风云

第一章 / 武家有女

舞台

  人们常常感叹人生如戏，人们所处的时代、社会、国家、地域、家庭，就是戏子们无从选择的舞台。有些人一生囿于有限的戏台，或耕种见方土地，或辗转固定商道，或围绕柴米灶台……有雄心的人想在更大的舞台上一展拳脚，于是赤脚农夫成了奉天承运的龙子，白衣书生成了一人之下的权臣，寒门弱女成了倾国倾城的嫔妃。

  人往高处走，并不是每个人都能走到高处；高处不胜寒，并不是每个人都能体味风光背后的辛酸。舞台越大，越需要付出常人无法付出的辛劳和代价。尽管如此，很多人不甘于碌碌无为。生逢其时，他们一展抱负；生不逢时，只能郁郁而终。一代女皇武则天是个幸运者，她出生的年代，所处的环境，让她的一切野心成为可能。

武则天这个名字并不是女皇的本名，古代女子的闺名只有她的父亲、夫君、兄弟才能知道，少数女人才能留下名号，很多才貌兼备的传奇女子的名讳，只能在野史中一窥一二。"则天"来源于她后来为自己加的尊号"则天大圣皇帝"，以天为则，代天作则，强调自己的尊贵与威严。后来，她为自己起了个名字叫武曌，"曌"是她生造的汉字，寓意日月当空，自抬身价。一千多年来，人们习惯称呼她为武则天，为了叙述方便，本书在多数时候也会使用这个流传度最广、接受度最高的名字。

武则天的舞台在大唐，贞观之治之后，开元盛世之前，前有一代明君李世民，后有传奇帝王李隆基；前者创造了垂范千古的开明政治，后者缔造万代敬仰的大国气象。夹在两位熠熠生辉的明星帝王之间，女皇武则天不弱于人，可见其智慧与魅力。更有史学家称她"智启开元，弘治贞观"，也可见她非同一般的治国才能。

论起这位女皇的家室，要从隋末说起。

隋末动荡，隋炀帝杨广革吏治，创科举，开运河，无疑是位天才帝王。但三次征辽失败搞得国库空虚，再加上隋炀帝本人太过好大喜功，导致民怨沸腾。不过几十年，隋文帝杨坚好不容易统一的天下，又陷入群雄割据。各地起义军风起云涌，杨广也失了早年平定江南的锐气，哀叹着国运一天比一天衰颓。

隋末起义与秦末起义又有不同，秦末起义由做苦役的陈胜、吴广打头阵，一呼百应，各地起义军不断建立，最后变为刘邦、项羽等人的争霸战；隋末农民起义却从一开始，就由从隋朝统治阶级内部分化出的反对力量把持。第一个起兵反隋的贵族杨玄感是隋朝权臣杨素之子，官至礼部尚书；瓦岗军首领李密为侍从官，其父李宽为隋朝上柱国；太原李渊之母与杨广之母独孤皇后为亲姐妹，七岁便袭父职为唐国公。

隋末是乱世，但乱中有序，各地起义首领稳稳占据自己的地盘，且对敌对阵营的有能有才之士报以宽大的态度，一方消灭另一方，便会很自然地接受对方的军队和部下。李渊就是这样一位领袖，他以武力为后盾，通过怀柔、招降、结盟等方法不断壮大自己的力量，稳扎稳打，成为隋末起义军中颇有声势威望的一支。

乱世之中的有识之士希望和平，他们愿意将自己的才能贡献给某一位领袖，李渊并不是他们唯一的选择，河南李密有粮有兵有胆略，河北窦建德有仁有义有地盘、幽州罗艺善战、洛阳王世充挟持隋朝王室后人、巴陵萧铣为梁朝皇家后裔……当时的武将文士们相时而动，希望能跟随自己拥立的领导打下天下，在新的王朝中占据一席之地。而社会底层的商人，也在掂量着局势，期望有朝一日改变自己的地位。

武则天的父亲武士彟就是这样一位商人。

武士彟的父辈、祖辈都是官员，既有文臣武将，也曾封公封侯。到了武士彟这一代，家境一般，幸而武士彟有天生的商业嗅觉，才能撑得起家业。武士彟的两个兄弟在朝廷为官，而武士彟却打着赚钱的主意，隋炀帝喜爱大兴土木，武士彟专门贩运木材，因此发家致富。

在隋朝为官时，武士彟就与李渊结为好友，相传李渊下定决心起义，还是因为武士彟的劝说。李渊的军队能够驰骋南北，进逼长安，武士彟在幕后为其提供了大量的资金支持。所以，武士彟虽不是卓越的文臣武将，却也是大唐开国功臣，并在唐武德七年（624 年）被封为一品应国公，一生都深得李渊的信任。

人生并不能一帆风顺，运气比一般人好很多的武士彟也有苦衷，他有四个儿子，其中两个和他的原配妻子先后逝世。看到老朋友、大功臣武士彟晚年凄凉，唐高祖李渊亲自做媒，为他聘娶一位贵族之女做续弦，这位杨姓女子为他添了三个女儿，二女就是后来的武则天。史书上对这位武夫人记载得并不多，对武则天的童年生活，后人知之不详，只知道武则天是山西文水人。

庸之非福

祸兮福之所倚，福兮祸之所伏。

人的一生都在福与祸的变换中，品尝着人生的个中滋味，武则天也是如此。在她的天性中有一种达观，即使处于劣势，落于困境，屈于人下，她依然秉承着一股执着的劲头，咬着牙挺过考验，相信一切都会好转。武则天能够屡屡取得胜利，靠的就是智慧、毅力，也是这样一种精神。

武则天出生之时，大唐朝堂已经发生了巨大变故。玄武门之变，李世民诛杀太子李建成及齐王李元吉，李渊退位，从此过着半囚禁的生活，而李渊信任的武士彟当时正在扬州为官，从此失去了回长安的机会。

余生，武士彟辗转任豫州都督、利州都督、荆州都督，武则天的童年教育，就在一路的风尘颠簸中完成了。而她的母亲杨氏毕竟为贵族后代，通诗书文史，这些知识耳濡目染，都给武则天以深厚的影响。她从小读书多，见的世面也多，自然比寻常女子多了见识和胆略。

公元635年发生了一件大事，唐朝开国皇帝李渊去世，此时李世民登上王位已有九年，史称"贞观之治"的清明政治已经呈现出它的成果，大唐子民安居乐业,庙堂之上君臣祥和。但太平的氛围不能感染武士彟,他被李渊病逝的消息打击得一病不起,不久呕血而死。

武士彟对李渊的感情并不是没有道理。在古代,商人虽聚敛大量财富,也可以像权臣一样住有豪宅,行有豪车,家有美眷歌妓,但他们却始终受到权力阶层的打压,地位连耕地的农民也不如。在秦朝,商人被规定不能穿丝绸制的衣物……

商人勤劳致富,却在各个方面被人看不起,这也是古代"重农抑商"思想的一个折射。而李渊使武士彟一跃成为人上人,且长久以来信任有加,都令武士彟铭感于心,常说商人重利,武士彟却是重情重义之人。武士彟的死讯上报到朝廷,太宗李世民褒奖其功绩与忠心,追赠他为礼部尚书,他的灵柩,也由当时的并州都督护送。

中国人喜欢用"缘分"二字界定人与人的关系,陌生人一见如故,是谓缘分;陌生人再三碰面,是谓缘分;在人生关口出现同一个陌生人,恐怕是缘分中的缘分。武则天与当时的并州都督无疑是有缘的,这个人虽然是个彻头彻尾的陌生人,却在她的生命中起了重要作用。

这位并州都督不是寻常人,此人原名徐世勣,是隋末起义中的英雄人物,艺高人胆大,胸中有韬略,为人重情义,处世有分寸。他在瓦岗军首领翟让、瓦岗军首领李密、唐高祖李渊、唐太宗李世民手下,皆被委以重任。

起初,最让人津津乐道的是他对故主李密的赤胆忠心。李密曾向李渊投降,被封为魏公,徐世勣就将自己攻占的土地全部记录下来,报告给李密,而不是自己上表向朝廷邀功;后来,李密再次反唐,被杀,徐世勣不避嫌疑,上表要求厚葬故主李密,李渊是爱才之人,对他的忠义很是感叹,同意他厚葬李密。后来,李渊赐国姓,将徐世勣改名为李世勣。

李世勣为唐朝一统立下赫赫战功，他打败王世充，并跟随李世民平定窦建德，还曾平定刘黑闼、徐元朗、辅公祏。当李世民与李建成争夺太子之位时，他谨守臣子之责，不偏不倚，在李世民一朝因避讳改名李勣，继续受到器重，破突厥，征高丽，当他卧病时，李世民心急，听说民间偏方须以龙须下药，连忙割下自己的胡须给李勣煎药。贞观十七年（643年），李世民怀念功臣，在凌烟阁悬挂二十四幅功臣肖像，李勣与长孙无忌、房玄龄、杜如晦等人比肩在列，可见李勣不论为谁效力，都是大红人。

　　花无百日红，李勣能一路走红，靠的是天性的忠诚和后天磨炼的智慧。务实又知分寸，是李勣的两大特点，他从不参与朝廷斗争，只一心一意干皇帝交代的任务，不论打仗也好，做都督也好，帮人操持葬礼也好，都能做到恪守本分。武家顶梁柱一夕倒塌，家里乱作一团，李勣奉皇命安排葬礼，慰问武家人，守寡的杨氏和武士彟的两个儿子武元庆和武元爽，将他的到来视为荣耀。在礼教不那么森严的唐朝，想必李勣也见过年纪尚幼的武则天，但那时候的武则天已经尝到了人世的艰辛，无心去观察这位深具智慧的老人。而李勣也没有天眼，能看出这个小姑娘今后的不凡人生。

　　武士彟一死，武家的主人变成了他原配夫人的两个儿子武元庆和武元爽。继室杨氏和她的三个女儿，在他们眼里很是碍眼，想到今后还要为三个妹妹准备嫁妆，把家产分与她们，俩兄弟不由得心生厌恶。于是，母女四人在武家不得不小心翼翼，时刻看人脸色。武则天这个一向很受父母喜爱的娇小姐突然变成了小可怜，比起丧父之痛，境遇的改变更让武则天刻骨铭心。

　　不但同父异母的兄长，就连她的堂哥也对她动辄欺侮，其中，最令她咬牙切齿的当属武惟良和武怀运，他们身为武氏宗亲，对年幼的妹妹没有同情和仁慈，倒是一味作践，这让原本就泼辣的武则天磨炼出坚毅的个性，也造就了在若干年后，她面对任何困境都不自怨自艾，而是冷静果敢地寻找改变命运的机会。

在这里，不得不说说武则天那位记载不多的母亲。杨氏出身世家，嫁给武士彟的时候，已经四十有余，武士彟想要娶体面的妻子，杨氏想过尊贵的生活，两个人可谓一拍即合。如今随着丈夫逝世，生活变得坎坷，杨氏并不一味抱怨，而是想办法寻找出路。自己年老色衰，也无意再嫁，至少要给女儿寻一个好前程。

杨氏毕竟是世家，在朝廷上颇有些曲曲绕绕的关系，后宫里也有几位老相识，杨氏拿出自己的嫁妆，再拿出历年攒下的积蓄，托人上下打点，"武士彟有个漂亮女儿"的消息终于传到了李世民耳中。李世民一向广纳后宫，听说父亲的老臣还有这么一个漂亮女儿，当即下旨，命武则天进宫，封五品才人。

当时武则天只有十四岁，她的姐姐也是个美人，但杨氏却将二女儿送入后宫，想必是看好二女儿不但风姿卓然，更有头脑、有胆略，将来能成大器。临别时，杨氏想到女儿从此身在深宫，吉凶未卜，而李世民只给了她一个五品头衔，显然不甚重视，心中不禁为女儿担忧，流下泪来。武则天却爽气地劝告母亲："见天子庸之非福？"杨氏见女儿神采飞扬，终于将高悬的心略放了放。一句"庸之非福"，可以看出武则天从小就显示出与众不同，不但与母亲离别不流眼泪，新旧唐书也少有女皇落泪的记载，其性格之刚毅可见一斑。

武则天踌躇满志，学识、阅历、教养，都让她颇为自诩，而且，以唐朝人的标准，武则天是个美女，她身材丰满，额头宽大，还有一股妩媚的气质，若品评武则天的资质，算得上绩优股，她当然不甘心嫁给凡夫俗子，当个村妇或是小官吏的正房，她想要的是人前人后的尊荣，让欺侮她的兄长们再也不敢小瞧她。

　　迎接武则天的车马一路兼程，奔赴长安。武则天不禁幻想未来的生活，不切实际的少女绮思在进入长安后得到证实，武则天激动不已。长安城纵横三十条主干大道，条条都与她走过的山林小径、偏城陋巷截然不同，高大的坊墙，随着报晓晨钟逐一打开的坊门，远处的寺庙，近处的店铺，来来往往的人群在宽达一百五十米的大街上丝毫不拥挤。

　　车驾进入重重宫门，深宫内院别有一番气象，琼楼玉宇透露着帝王的尊贵，奇花异草点缀其中，间有身穿齐胸彩裙，捧着金银器皿的美丽侍女穿梭其中，武则天被这番景色深深迷住，这才应该是她生活的地方，只有在这样的地方，她才能一展所长，她的血液中有商人的冒险因子，此时已经跃跃欲试。

　　唐贞观十一年（637年），十四岁的武则天被母亲推上了属于她的舞台，人世的莫测与炎凉，长安城的生机与躁动，后宫的残酷与风光，都在她尚显稚嫩的眼中，映得五光十色。

教科书

古代女子早熟，十几岁便为人妻、为人母，从记事起，母亲便教导妇人之道，十四岁的姑娘已解人事，对未来都有自己的主意。十四岁的武则天初入李世民后宫，需要应付的远比寻常嫁妇多得多，她是自信之人，明白自己美在哪儿，明白自己的优势在哪儿。正因为如此，她也是不知收敛、锋芒外露的，这让她遭到人生第一次败北。

起初的路是平顺的，闺门娇女，青春靓丽，李世民看到眼前一亮，亲自赐名"媚娘"，武媚娘初尝得宠滋味。能够得到一个"媚"字为名，说明这个姑娘就算不是倾国倾城的佳人，也别具风姿，是中上美女。

若好奇武则天的长相，可以参看洛阳龙门石窟有一尊卢舍那佛石像。这尊石像按照武则天的长相雕琢，的确如史书记载的那样"方额广颐"（方额头宽下巴），在唐代丰满、健康、活泼的女性，才称得上真正的美丽，这是那个朝代特有的审美。武则天则是那个时代的标准美女，"蛾眉耸参天，丰颊满光华"，眉眼间便有雍容大气，意态端方。

不过，后宫美女如云，李世民是个又懂治国又懂享受的君王，经常把美女纳进宫，而武则天又并不是李世民欣赏喜爱的女性类型。没几天，李世民对"媚娘"的热情就淡了。武媚娘失去了君王的宠爱，只有一个低等才人的身份，有时候还要和宫女一起去侍候皇帝和那些高等嫔妃，再一次尝到被冷落的滋味。

　　武则天没有得到李世民特别的宠爱，但在她的内心世界，却对这位帝王有着说不清道不明的崇拜与依恋之情，这种依恋并不是男女情爱，综观武则天的一生，她一直都在李世民身上汲取经验和教训，她读过很多书，但没有任何一本书，比李世民的风度、经历、智慧、雄心更能启发她、撼动她，让她脱离女子固有的狭隘与偏颇，让她以更大气的姿态书写人生，让她时时警醒，在私欲与国事间扶正自己的位置。

　　可以说，李世民是武则天的教科书。

　　武则天初入后宫，李世民年近四十，并不是垂老的年纪，他一手领导贞观之治，一手命武将横扫边境，朝堂上种种消息传到后宫，如此文才武略，纵横捭阖的帝王，怎能不让一个初初成长的小女孩心驰神往，在武则天眼中，李世民是一个不可逾越的传奇，即使后来她代有天下，提起李世民，仍会带着恭敬向往的口吻，甚至为她曾被李世民夸奖而沾沾自喜。

　　武则天对李世民那带着崇拜色彩的向往，首先来自李世民的传奇经历，早在李渊起兵打天下之前，十六岁的李世民就率兵到雁门关为被突厥兵围困的隋炀帝解围，那是隋大业十一年（615年），秦王的军队不少，这位少年显得尤为突出，一举成名。后来，李渊起事，李世民跟着父亲东征西讨，不但建立了赫赫战功，也招揽了一批雄才大略的人才——这完全符合一个普通人对传奇人物的期待。

　　而武则天恰恰是一个憧憬传奇的女人，她希望自己能在他人心中有一个独特的位置，所以，她事事争先，表现欲极强，为的就是给人留下深刻的印象。这固然来自她那飞扬的个性，也是后宫苦闷的生活所致。在后宫这种地方，每一位女子都在挖空心思吸引皇帝的注意，她们会为衣着、首饰、妆容、言辞、步态等细节反复琢磨，为的就是脱颖而出，与众不同。武则天常年被这样的环境浸润，让她对出人头地有了更迫切的愿望。

武则天从李世民身上汲取的最有用的东西，莫过于为君之道与帝王之术。作为帝王，李世民可以心狠手辣，在玄武门杀掉自己的亲兄弟李建成和李元吉；而作为一个有道的君主，他又显得谦逊、开明、重视人才，他麾下有长孙无忌、房玄龄、杜如晦、尉迟敬德、秦琼、程知节……玄武门之变后，李渊亲曾经的大臣他礼敬有加，就连哥哥李建成麾下的魏征、韦挺等人，他也加以优待，如此心胸，无愧为千古一帝。

登基后的李世民努力做一个好皇帝。他始终牢记"水能载舟，亦能覆舟"，爱惜臣民，鼓励生产，恢复经济；对外，手下的大将李靖、李勣、侯君集、张亮等人不断驱逐外患，捷报频传，初步树立国威；朝堂上，他善于纳谏，与魏征的君臣关系传为佳话；他仍然注意选拔人才，提拔寒门出身的子弟，为"天下英雄入我彀中"而得意……

武则天在深宫数载，虽未目睹，却也耳闻了李世民的种种政绩，结合她昔年翻阅的种种史籍，她懂得了"一个皇帝必须做的事"和"一个好皇帝必须做的事"。为了王权，杀害至亲是被允许的；为了王权，体恤百姓、招纳人才、虚心纳谏是必要的。恩与威，权与术，赏与罚，功与过……这些史书上概括性的字眼，如今由李世民一一演绎，武则天不断思索李世民的种种作为，由此学到知识，日益累积着自己的学识。学习这些的时候，她是籍籍无名的"媚娘"，一个风华正茂的寂寞女孩；应用这些的时候，她是天子宠妃、当朝国母、一代女皇，其间的风雨坎坷，百味杂陈，难以尽述。

应该庆幸，武则天在成长之时将李世民作为一种憧憬。她无意模仿后宫那些受宠的嫔妃，在李世民的权谋决断面前，后宫的种种算计无疑是雕虫小技。而一个人的命运格局，与她成长时的憧憬有千丝万缕的关系。成熟后的武则天有雄心、有城府、知进退、做事喜欢从大处着眼、不于细节费心神，都隐约看到李世民的影子。

这一切，十几岁的媚娘并不能深入体会，她甚至不能准确地分析她对李世民的感情，究竟是男女之情，小女孩对成功男子的向往，还是自幼失去父亲的女孩对年长男人的亲近，或者，这种感情和随之而来的行动，仅仅是深宫妃子们为了自己的前途，不得不去争取皇帝的注意。既然入了后宫，媚娘也只有这一条路能够走，但颇为自负的她却根本不入李世民的眼，这让她的深宫生活充满了挫败感。

媚娘与李世民

李世民不喜欢武则天，原因很简单。

李世民是一位开明君主，一生诸多风光，但到了晚年，却接连发生几件大事，令他身心疲惫。他立的太子李承乾虽聪明却不务正业，二子李泰仗着父亲的喜爱整天笼络群臣培植势力，逼得李承乾铤而走险，想要效法当年玄武门之事。然而，李承乾不是李世民，李世民也不是李渊。李承乾的阴谋失败，李世民忍痛流放了两个儿子。而谋反的名单中，赫然有为他出生入死的老臣侯君集，李世民悲痛欲绝，对侯君集说："吾为卿不复上凌烟阁矣。"还有，他最宠爱的女儿高阳公主与和尚辩机偷情，李世民腰斩辩机，也斩断了父女情分，从此父女二人形同陌路。

而且，陪伴自己建功立业的大臣们一个接一个去世，也让李世民接连受到打击。李世民在历代帝王中，在善待功臣这件事上是出了名的，加官晋爵自不必说，开国皇帝们最喜欢做的诛杀功臣、防止大权旁落之事，在李世民身上也很少发生。他对功臣照顾有加，对功臣的孩子个个晋封，有些功臣恃宠而骄，言语有冲撞，他也不发脾气，只是温言劝告。然而岁月不饶人，李世民当初少年得志，他的老部下们个个比他年纪大，此时不是病就是死，更让李世民感到人世无常。

所以，晚年的李世民诸事不顺，很需要温柔女性的抚慰，而刚入宫的媚娘泼辣有余，温柔不足，更没有阅历安慰一个饱经沧桑的男人，又怎么能得到李世民的宠爱？媚娘虽媚，后宫生活可谓寂寞至极，她与李世民唯一一次被史书记载的沟通是这样的：

唐朝人爱马，男人女人都会骑马，皇室女子保持着关陇彪悍的风俗，长安城也有不少女性骑着高头大马，带着随从四处游逛。李世民年轻时过惯戎马生活，到老也对这种忠诚烈性的动物很有感情。这一天，李世民得了一匹好马，带着嫔妃们一起观赏。此马名为狮子骢，毛如雄狮，性子暴烈，无人能驯服。若是年轻时候，李世民当然会上前尝试一番，让这匹马臣服在他熟练的骑术之下，而今年老体衰，只能感叹道："马是好马，可惜无人能驯服。"

武媚娘灵机一动，表现的机会来了，她悠然上前，对李世民说："臣妾能驯服此马。"李世民一惊，问："你用什么方法制伏它？"媚娘胸有成竹地说："只需要三样东西，一铁鞭，二铁锤，三匕首。臣妾先用铁鞭抽打它，若它不服，就用铁锤敲它的头，再不服，就用匕首结果它的性命。"

一番话不但让李世民的妃嫔们花容失色，也让李世民本人沉默不语，一个小姑娘用如此血腥的方法驯马，真让人瞠目结舌，如果往深了想，这个小姑娘年纪轻轻却懂得权谋之道，不能小觑。不过，小姑娘毕竟是小姑娘，纸上谈兵想要邀宠也不是什么新鲜事，李世民释然一笑，还夸奖了媚娘几句，令媚娘扬扬得意。若干年后，她贵为太后，还搬出这段往事打压群臣，警告他们要么听话办事，要么准备挨一匕首，可见这是她平生得意之作。

媚娘不得宠还有一个更重要的原因，就是她与李世民心目中的理想女性相去甚远。

李世民是人中龙凤，麾下英才猛将如云，就连他的另一半，也是位十全十美的女性。李世民的结发妻子长孙皇后，是中国历史上的"贤后"典范。野史记载长孙皇后芳名长孙无垢，小名观音婢，出身大家，才貌兼备。玄武门之变还曾亲自上阵慰问鼓励军士，成为皇后后不时劝诫李世民要为君有道。

魏征屡次进谏令李世民不耐烦，私下里愤愤说："我早晚有一天杀了魏征那个乡巴佬！"长孙皇后听后嫣然一笑，命侍女为自己换上皇后正装，跪拜李世民口称"恭喜皇上"，并阐明"主明则臣直"，救了魏征一命。三十六岁去世时，不忘劝告李世民不要重用长孙无忌，既保全娘家，又为夫君着想，不使外戚干政。皇后去世，满朝文武感念其大德，就连一向铁面无私的魏征也为屡次解救自己的皇后伤感不已。

但长孙皇后并不是一个只知劝诫夫君的木头人，她同样会为李世民写"上苑桃花朝日明，兰闺艳妾动春情。井上新桃偷面色，檐边嫩柳学身轻。花中来去看舞蝶，树上长短听啼莺。林下何须远借问，出众风流旧有名。"一类的情诗，显示出她的青春与娇柔。所以，李世民对她恩宠不衰，直到她逝世。后世的皇后只知仿其贤良淑德，却失其妩媚风情，可谓东施效颦。

李世民喜好美色，但对同甘苦共患难的结发之妻，始终怀有一份深挚的感情，以致他后来宠爱的女性，也会有长孙皇后的影子，例如才女徐惠，不但写得一笔好文章，对国家对朝廷都有自己的见解，经常劝谏李世民，李世民也很重视她的意见。李世民死后，徐惠想到李世民待自己情深，不吃不喝，追随李世民而去。

媚娘显然不是这种类型的女性。她有文才，但她更愿意思考如何驯马驯人，研究铁鞭铁锤；她有美貌，但她更希望丈夫听自己的话，而不是柔顺地依偎在丈夫身边做贤内助；她有感情，但有一天丈夫去世她绝对不愿意殉情，而是要好好考虑接下来怎么改嫁怎么过日子。

转眼间，媚娘在深宫寂寞了十几年，她不再是俏丽的少女，而显出成熟的风韵，更加妩媚动人，而李世民依然无法欣赏她，没有重视她。何况，李世民的头风病一天比一天重，也没有心力再去宠爱嫔妃。风烛之年的帝王搬到终南山翠微宫养病，媚娘跟随他做些端茶倒水的工作，她的心一天比一天焦急。

如果她的夫君李世民就这样一命归西，等待她的将是最凄惨的结局。在唐朝，一位皇帝去世，有儿女的嫔妃可以由儿女照顾，没有儿女的只能出家为尼。想到自己的一生可能要在尼姑庵里度过，媚娘心急如焚。但是，即使李世民身体好转又能如何？他根本注意不到媚娘。何况，李世民年事已高，又能活多久？长安城的喧哗已经打动不了她；内宫的台阁楼池再美，也不属于她；即使她光华满面，妩媚多娇，也不能让皇帝青睐于她，不能改变自己的命运。正当武则天的心沉到谷底的时候，她遇到了一个机会，既安慰了她的寂寞，也重新燃起了她的斗志。

也许是缘分使然，在侍奉重病的李世民之时，她看到了太子李治，李治也看到了她。

太子李治

李治是武则天生命中的第二个男人，也是她一生最重要的男人。

李治是一个善良、善感、软弱、有教养的男人，他一生都对武则天有深挚的爱恋之情。史书上，君王们的爱情总是掺杂着权力、斗争、心计，君王们的婚姻大多与政治密切相关，甚至是朝廷平衡的重要步骤，君王对自己的妻子有敬有重，却很少有宠有爱；而对宠妃即便宠也有限度，更要随时防止外戚和妇人干政。不是君王不想要爱情，而是皇家的爱情需要附加太多东西。

李家的君王们对爱情大多认真，他们既喜好美色又专情，而且受胡风影响，他们并不顾忌恋人的身份，李世民纳了弟弟李元吉的妃子，李隆基纳了儿子李瑁的老婆，看似乱来，却也能情有所钟，怜香惜玉。而李治，则在尚且纯情的年纪，爱上了父亲的才人。各花入各眼，武媚娘得不到李世民的喜爱，却是李世民的儿子李治最心动的类型。

先说说李治这个人。李世民与长孙皇后育有三子四女，三子为李承乾、李泰、李治，四女为长乐公主、城阳公主、晋阳公主、新城公主。长孙皇后去世早，李世民亲自养育年幼的晋阳公主和李治。晋阳公主李明达聪明可爱，李世民常把她抱于膝上接见群臣，但对幼子李治，李世民却没那么宠爱，他认为李治资质平平，性格懦弱，而李治也没什么雄心大志，安于享受皇子生活。虽然没有母亲教诲，但他与妹妹李明达感情深厚，嬉笑玩耍，很是快活。

平静的童年生活与少年生活一闪而过，妹妹李明达去世，令李治初尝人世不如意。在父亲的安排下，他娶了贵族世家之女王氏，夫妻生活平淡如水，并未让他感到甜蜜。他原以为他的一生就这样无风无浪，安然闲适，但一场风波将他推上浪尖，改变了他的命运。

唐贞观十七年（643年），太子李承乾谋反案告一段落，李承乾被废。而一心想要夺嫡的李泰也因太过张扬而失宠。李世民欣赏的另一个儿子吴王李恪，则因母亲为隋朝王室后代而失去了继承大统的机会。除了血统问题，长孙无忌的反对也是李世民不得不放弃李恪的原因。在长孙无忌的劝说下，李世民决定立仅剩的嫡子李治为太子，并亲自教导他为君之道。

长孙无忌会竭力扶助李治，并不是因为他疼爱妹妹的小儿子，而仅仅是为了自己的将来打算。一朝天子一朝臣，李世民一旦驾崩，新上任的皇帝自然有自己的亲信，他这样的老臣只能退休。长孙无忌希望将来的君主能够依靠他，性格软弱又年轻的李治无疑是最好的选择。他不愧为李世民的亲信，对李世民的心事最为了解，劝李世民立李治，不说治国之才，不说个人资质，单单说父子兄弟的感情，给李世民一一剖析：假设立野心勃勃的李泰，李承乾和李治肯定不能保全；但李治性格仁义，如果他成为太子，肯定不会为难自己的哥哥。

一番话打动了李世民，让他正视到李治的优点。似乎只有立这个平庸却讲感情的孩子，才能让自己的儿子们避免自相残杀——这么多年来，玄武门杀兄杀弟一直是李世民的心病，每每回想起来都不是滋味，李世民打心底里期望皇家子孙们和睦友爱。至于李治的资质，他只是不如哥哥们聪明，却并不笨，何况还有长孙无忌等人忠心耿耿地辅佐。在治国问题上，一群好的大臣才是最重要的，李世民对自己留下的这些大臣有绝对的自信。于是尘埃落定，李世民、长孙无忌都安下心，为李治择良师，开始培养帝国的接班人。

没有野心的李治从没想过自己会成为太子，没想到自己也有得到父亲重视的一天，即使这重视是无奈的。如今他成了天之骄子，父亲和朝臣们殷切的目光都落在他身上，他也鼓足干劲去学习，去实践，证明自己也是美玉良材。可是，他的两个哥哥虽然下场可悲，毕竟都是天才人物，大哥李承乾从小就聪明绝伦，说起诗书典籍能让饱学多才的老学究们连连称赞；二哥李泰也是才华横溢，也是李世民最宠的皇子。比起这两个人，李治一再努力，也不过得到一句"太子仁孝"的评价，肯定了他的仁义与孝心，其余略去不谈。而李世民，始终认为这个孩子"任懦"，一面写下一本《帝范》教导儿子，一面忧心忡忡。

李治从小就不断听到师傅们说起自己优秀的哥哥们，不论他如何用功，他都无法得到师傅们更多好的评价，因为珠玉在前，他显得平庸。连师傅们都无法过多称赞他，李世民更不会重视他。幼小的李治明白父亲对自己的怜惜，不过因为自己是母后遗留的幼子。他那得不到重视的童年，既没有母亲温柔慈爱的爱抚，也没有父亲严厉有力的督促，这让他的性格愈发软弱，总是希望能有个人做自己的依靠。

李世民生病后，对李治有了新的认识。历史上老皇帝重病，太子难免半喜半忧，抓紧时间网罗大臣，为登基做准备，甚至有人会趁机架空自己的父亲。太子的表现令李世民欣慰，他终于相信这个重情义的孩子不会为难兄弟姐妹，也不会为难自己留下的那些元老大臣——李世民是个够义气的皇帝，即使生了重病，也希望那些一直为自己尽忠的人能够在自己死后仍然享受富贵与尊荣。

父子俩的关系越来越好，李世民一日不见李治，就要写封信给儿子，李世民一笔好书法，信写得赏心悦目，但若说到信的内容，与今人理解的李世民大相径庭。在今人的印象里，李世民是庄重而明朗的，而事实上他是个活泼外向又直率的人，给儿子的信里没有想象中的耳提面命，庄重严肃，而是"忆奴欲死"（李治小名雉奴）、"不知何计"，翻译一下就是"好儿子我想死你了，完全不知道怎么办！"可见，他们之间的亲情是真诚的，宽松的，没有皇室父子间的严肃与防范。

那时二十岁的李治享受着父爱，也想努力做个孝子，每天都要亲自侍奉李世民，一心希望父亲的身体尽快好起来。这固然是因为他对父亲一片挚诚，也是因为他还没有做好成为一国之君的准备。父亲重病，他又急又怕，急的是父亲的身体一天不如一天，怕的是没有父亲的扶持，他不知如何面对一个国家的千头万绪。父子间的感情一日比一日好，李治的担忧与惧怕也一日比一日深。

就在这个时候，他注意到了武媚娘，很多个陪伴在父亲身边的日子，这个大他四岁的女人也在病榻前服侍，似乎察觉到他的不安，每每温言安慰，让他觉得温暖。而且，这个女人如此妩媚动人，与自己的妻子、妾室大不相同，别有一种风韵，让他难以抗拒。

李治喜欢成熟的女性，一来他从小失去母亲，渴望成年女性的关怀与呵护；二来成年女性别有的风姿，更能满足他内心的需要，如今的媚娘娇艳欲滴，浓情款款，的确有资本让李治着迷，而且，媚娘之"媚"，连李世民都要赐名，非常人能比。

李治喜欢独立的女性，他的性子软，做事需要别人从旁推动，他常常觉得没主意，出了大事更是束手无策，于是希望身边有一个能出主意的、有决断的人，而媚娘处处显得果敢，说话做事高人一等，令李治刮目相看。

李治喜欢泼辣的女性，一直以来，他的生活都如井水般平静，即使是被立为太子这样的大事,也由父亲和舅舅做主,他什么都不需要做,只需要等待和接受,他也渴望刺激,渴望生活多一抹亮色,武媚娘正是那块打破平静的石头,让他的人生顿时多了色彩。

每当与武媚娘眉目传情,李治便觉得甜蜜,但想到媚娘是父亲的才人,自己的后母,他便如冷水浇头,闷闷不乐,也知道自己离谱。不过,年轻人的恋爱,如果听之任之,大多随着时间淡去,自然离散;但若有人从中横加干预,反倒激起逆反心理,死活偏要在一起,李治的爱情夹杂着危险和不得已,更是让他欲罢不能。

这段私情瞒得密不透风,没有任何人察觉,不成熟的李治显然没有这份周密的心思,必然是武媚娘步步为营,保护着这段关系。媚娘太知道恋情曝光带来的结果,李世民的确重感情,但该下手的时候,他比谁都狠心。前太子李承乾曾在府里养了一个男宠,二人浓情蜜意,被李世民知道后,毫不留情地派人冲入王府抓了那个男宠,任凭李承乾如何请求,仍然将男宠斩首。更近的例子也有,高阳公主与和尚见不得光的恋情,也被李世民扼杀。事关皇室体面,李世民决不容子女胡来,如果被李世民知道她与李治的勾当……

对李治来说,这段关系虽然甜蜜刺激,但他也万万不敢让父亲察觉。父亲重视自己的地方,不外乎孝顺和循规蹈矩,与武媚娘的关系,既是不孝,又是不伦,一旦曝光,媚娘固然危险,自己的太子之位,恐怕也会动摇。孰轻孰重,身为皇储的李治自然会掂量。而媚娘顾全彼此的筹谋,又让李治叹服,进而言听计从。

事情总要有一个解决的办法,办法似乎只有一个,如果李世民开口,将媚娘赐给李治,可谓万事大吉。父亲将自己的嫔妃赐给儿子,历史上并不是没有,在汉朝,汉元帝刘奭的皇后王政君,就曾是刘奭的父亲汉宣帝的低等侍妾，由汉宣帝赏赐给刘奭。可是，李治既有妻子又有妾室，李世民不会格外再赏赐女人给他，李治也没那个胆子提这个建议，武媚娘也知道这纯属痴心妄想。她和李治，都希望老天会格外开恩，让事情能有转机。但老天没有开恩，一切按部就班，生老病死，喜怒哀乐，日子一天天过去，终于到了离别的时候。

第二章／二人深宫

感业寺

　　唐贞观二十三年五月廿六日（649年），李世民病逝于翠微宫。在臣民们的哭泣中，李世民走完了他风光的一生。

　　在古代，除去少数昏君、庸君，多数君王都会关心自己死后，继承江山的人能不能治理好国家，他们害怕主幼国疑，害怕重臣弄权，害怕外戚干政，害怕牝鸡司晨……有头脑的帝王也想出了各种各样的预防方法：汉朝汉武帝立太子先杀太子的生母钩弋夫人，釜底抽薪，防止大权旁落；三国时期的刘备见儿子资质差，干脆将国家托付给对他最忠心的诸葛亮；明朝朱元璋在儿子继位前先把功臣们杀个干净，为儿子扫清敌人。李世民为儿子、为大唐想到了方方面面，他认为自己做得万无一失：文臣方面，他选择了两位顾命大臣：长孙无忌和褚遂良，前者是李治得舅舅，是自己最信任的人，也是唐朝数一数二的人物，有他在，李治的皇帝帝位就不会动摇。李世民在病榻前，指着太子和太子妃王氏对他们说："我这一对佳儿佳妇，就交给你们了。"

武将方面，他看中李勣，对李勣说："当年你对李密尚且忠心耿耿，我相信你决不会辜负我。"把儿子、也把大唐的安全托付给这位老将。为了让他更能效忠李治，李世民还要了个心眼儿，特意把李勣降职，对儿子说："我现在把这个人降职，你继位后，要马上将他召回朝廷，给予高官，他才会对你效忠。"

具体事务方面，李世民将贞观之治的领导班子完整地留给了李治，还要加上他在位数年积累的粮食，财富和对外的国威，李治只需要沿用从前的班子和路子，就能一帆风顺。

后宫方面，李世民看到儿媳妇王氏端庄贤淑，一派大家闺秀风范，举止更是透出国母之像，就算李治今后有了宠爱的嫔妃，料想也出不了大问题……

李世民去世的时候，带着对个人的自豪，对太子殷殷的期望，死得安详，走得放心。他为儿子殚精竭虑地安排，但即使聪慧干练如李世民，也不能插手自己身后之事，历史不会按照他的愿望进行，他所做的一切，短短几年就因一个女人而天翻地覆。

李世民去世前从未想过他的才人武媚娘入宫十二年，如今终于走出宫门，和所有没能生育的嫔妃一道，被马车分送到长安城的寺院，削发为尼，迎接她的是青灯古佛，是简陋的房屋，极度伤心的李治无从顾及一个女人，她的人生，似乎已经尘埃落定。

登基后，李治无暇顾及武媚娘。但这不是因为喜新厌旧，而是面对父亲留下的江山，他不知该如何打理。直到坐上皇位的那一天，李治仍然不太相信自己真的继承李唐大统，从此君临天下。而朝臣们早有准备，也不需要他做出英明决定，他们都认为，自己比李治更英明。李世民的本意是希望大臣们悉心辅佐新皇，但在新皇眼中，大臣们似乎不把他放在眼里。李治也想提拔自己的亲信，但提拔幅度有限，朝廷大臣仍旧牢牢地掌握在以舅舅长孙无忌为首的老大臣手中，不过，李治性子软脾气好，他还要倚仗舅舅，这些事他都能忍。

做皇帝毕竟不是做太子，每日上朝，左一个大臣报告某某地有地震，右一个大臣报告某某地有外患，这些切实的重压都压在了李治肩膀上。恰好李渊当年起兵的晋州也发生了地震，更让流言四起，认为李治这位皇子登基大不吉利，不然龙兴之地怎么会发生地震？

父亲曾经的教育，让李治有了初步的事业心，明白一个仁明的皇帝对国家的重要性，他也立志要效仿父亲，做个万民称颂的贤君。他没有父亲东征西讨积累的名声，也没有父亲举重若轻的英雄气概，他像一个刚学会走路的小孩，跌跌撞撞地摸索着，下诏赈灾，下诏修律，下诏节俭，但也只是在父亲的阴影之下亦步亦趋，久而久之，心中难免失落。他并不是遇到挫折能鼓起勇气的坚毅之人，而他的身边，也没有一位能安慰他的女性。

李治身边的嫔妃不少。他的皇后王氏与他感情平平，而且性子含蓄，只知贤良淑德，不是李治喜欢的类型；还有一位妃子萧氏，同样出身名门，容貌既美，性子张扬，很合李治胃口，也是他最宠的妃子，很快被封为正一品淑妃。可这位萧淑妃虽然活泼美丽，却少了能帮李治排忧解难的政治头脑，李治在他身上同样找不到真正的安慰。

李世民喜欢有头脑的女人，他有足够的主意齐家治国平天下，根本不需要女人多插嘴，却可以用这个头脑帮他留意细枝末节，在他大意麻痹时提醒一声，在他得意忘形时督促一下；而李治和李世民正好相反，他性子软，年纪轻，习惯了听父亲的，听舅舅的，还没学会自己拿主意，他需要一个有智慧的女人，帮他出主意，帮他担责任，每当这个时候，他就会想起武媚娘，希望她就在身边，像当年与他谈烦心事一样，和他一起谈谈国事，想想办法。这种依恋加深了他对旧情人的思念。

也许就是因为这样的思念，一年后的五月廿六日，也就是太宗李世民的忌日，李治选择了在感业寺为父亲进香。这个决定让大臣们不解，因为感业寺是长安城一个不起眼的小寺庙，而之前皇帝要进香，都会选择那些既有高僧、又有门面的大佛寺。不过，谁也没把这个决定放在心上，李治也顺利地见到了心上人，只见她一身缁衣，容颜憔悴，梨花带雨，他的眼泪也忍不住流了下来。

感业寺的生活无疑是武则天生命中最低谷的一段时期，她唯一能够依靠的，就是李治对她的感情，她不知道这份感情是否牢不可破，是否经得起考验。她不是天真的女子，清楚地知道就算李治有心与她再续前缘，大臣们也不会同意新皇将先帝的才人收入后宫。但是，年轻男女的爱情，越是分离越是热烈，武则天仍然有争取的机会。她给李治写了一首情诗：

看朱成碧思纷纷，憔悴支离为忆君。不信比来常下泪，开箱验取石榴裙。

仅仅一首诗，就能体现出武则天的文字水平，那种对爱人的思念、对分离的无奈直透纸背，就连诗仙李白对着这样的诗也曾自愧不如，可见武则天的文学造诣不低。明代钟惺曾这样评价："'看朱成碧'四字本奇，然尤觉'思纷纷'三字愤乱颠倒无可奈何，老狐甚媚。"一个连写情书都妩媚动人的女人，难怪令李治神魂颠倒。

即使与李治重燃旧情，武则天依然心事重重，她不知该如何突破难关，成为李治身边有名分的女人——如果无名无分，一旦年老色衰，自己的结局依然悲惨。李治也希望武则天能时时在自己身边，可是，想到物议人言，即使贵为天子，他依然一筹莫展。没想到，这个问题被他的皇后解决了。

意外的援手

这一天，王皇后与夫君李治恳谈一番，她体贴地表示自己知道皇帝的心事，而她本人也喜欢武媚娘的聪颖，想要媚娘当她的侍女，希望李治把武则天接到宫里。

这真是峰回路转，绝处逢生，李治不禁对皇后很是感激。

王皇后自有她的打算。她虽然是李治的正妻，却并没生下一子半女，而萧淑妃在后宫恃宠而骄，对皇后不甚恭敬，也让王皇后如鲠在喉。李治是个和稀泥的脾气，就算知道皇后和淑妃互不顺眼，平日互有争执，也只做充耳不闻，谁也不敢得罪，这让王皇后每每落于下风。她思索着如何才能选个可靠的女人帮自己争宠，恰好宫里纷纷传闻李治与武则天在感业寺偷情，王皇后心中一动。

王皇后认为武则天是个理想的人选：一来碍于身份，她只能做个低名分的嫔妃，永远爬不到自己头上；二来自己让武则天脱离尼姑庵，武则天必然心存感激，对她效忠；三来让武则天进宫称了丈夫的心，丈夫从此对她另眼相看。于是，王皇后命人悄悄嘱咐武则天蓄起头发，将养身体。然后，她以皇后的身份劝李治接武则天回宫。

新皇接先帝的才人入后宫，原本会闹得满城风雨，但因开口说情的人是皇后，倒是塞住诸臣和后宫诸妃之口。而且，王皇后考虑得仔细，她让武则天在自己身边当侍女，名分上让人挑不出大错，一件大事，竟然就这样风平浪静地结束，这让李治和武则天大喜过望。

回宫后的武则天收敛了从前的锐气，在王皇后面前低眉顺目，视王皇后为再造父母，凡事都听皇后的话，凡事都为王皇后着想，即使李治宠爱她，她也不肯去分王皇后的恩宠，反而经常在李治面前称颂皇后的女德。王皇后见这个女人不但知道感恩，还处处摆正自己的身份，即使受到李治的宠爱，凡事仍然以皇后为尊，不由大为满意。而武则天入宫后，萧淑妃的气焰果然被打压住，这让王皇后喜上加喜。在武则天回宫初期，李治的后宫可谓和美。

武则天对王皇后恭顺，一来是因为自己羽翼未丰，需要借助王皇后的扶植；二来李世民去世未久，她不敢太张扬。她极力让自己显得微不足道，以躲过外朝的眼目。而她的母亲杨氏也来到了长安，时不时帮她打点关系，让她在后宫能够安稳积蓄力量。这时候的武则天总是带着恭顺的笑容，对任何人都礼让有加，让人心生喜爱。

暗地里，武则天已经开始经营自己的势力。有李治的宠爱，就有人阿谀跟随，她在王皇后不注意的时候，笼络宫女宦官。《资治通鉴》记载，她一边对皇后极尽忠心，一边观察皇后的所有举动，发现皇后对哪个人不好，就一定会笼络这个人。如果得到了赏赐，她全都分给大大小小的宫女们。她做事小心不落把柄，宫女宦官们也乐于在她这里得到些好处，渐渐的，后宫大大小小的事，武则天全都能掌握，兼之李治凡事喜欢与她商量，对她形成了一种心理上的信服和依赖，武则天的地位一日比一日高。

向而立之年迈进的李治，在经过严肃的国事演练后，更感觉到内心的焦虑和疲惫。有太多的事需要他去处理，有太多的情况需要他的思考，他每天面对的公事如一团乱麻，而朝廷还残存着太宗朝的进谏风气，每天有太多人对他提出意见，使乱麻更乱。他希望自己有快刀斩乱麻的魄力，让一切事情清清楚楚，但他性格软弱，始终无法在他人面前真正地摆起天子的架子。而武则天，刚好是一把快刀，每当他将烦心的国事吐露给武则天，武则天微微思索，随即拿出主意供他参考，这些主意又都得到了朝臣们的赞同。渐渐的，他对武则天由爱到敬，更加希望将更多的荣宠回报给这个女人。

唐永徽三年（652年），武则天最盼望的事终于成为现实，她为李治生下一个皇子。有了这个孩子，武则天才终于彻底放了心。从此以后，即使有人拿出她的身份说三道四，也不得不顾忌她是李治的皇子的母亲。而且，靠着她对王皇后的"忠心耿耿"，即使她有了皇子，王皇后对她依然赞不绝口，并怂恿李治给武则天一个正式的名分。

几个月后，李治封武则天为正二品昭仪。李治很满意这个结果，他终于能给心爱的女人一个较高的名分；王皇后很满意，她相信武则天会感激涕零，今后更加忠于自己，她甚至想自己没有孩子，武则天有了孩子，也是自己的一个强助；后宫上下多数人都满意，因为这位昭仪会做人又大方又和蔼，和死板的皇后、骄纵的淑妃大不相同……

只有武则天并不满意。从感业寺的尼姑到后宫的昭仪，武则天苦心经营，走得艰难却也卓有成效。她已经在后宫站稳脚跟，拥有了自己的地位。而且，她还有了自己的孩子，还有李治的宠爱，如今她地位牢固，有资本向着她的目标更进一步——她的下一个目标，就是除掉自己的恩人王皇后，取而代之。

步步为营

没有任何预兆，王皇后发现一直对自己唯唯诺诺的武则天像是变了一个人，不但不再对自己言听计从，反而充满挑衅。而且，后宫上下竟然布满了武则天的亲信，像一张密密麻麻的大网围住了这个不得宠的皇后。养虎为患，王皇后后悔莫及，但她也不甘心就这样被武则天打压，她也开始寻求自己的出路。

起初，王皇后并不认为武则天有当皇后的野心，毕竟，她自己是李世民亲自为李治指定的儿媳，历年来没有过失，常言道一日夫妻百日恩，就算李治再宠武则天，也不会冒天下之大不韪，立父皇的才人为皇后。等到王皇后察觉到武则天笼络人心的本事，才渐渐生出危机意识。但她能够对抗武则天的资本并不多，她是矜傲的贵族娇女，不懂奉承，不懂讨好他人，也不会笼络人心。不但李治不喜欢她一板一眼的个性，就连宫女们也觉得她待下苛刻，不若武昭仪热情可喜。她在后宫的威望，一日又一日下滑。

武则天的翻脸无情，终于引起外朝官员的注意。官员们可不像王皇后那么天真，他们立刻意识到这个女人工于心计，将来恐怕是个祸害。其实，早在武则天生子之前，就有官员防微杜渐，提出李治应该尽早立下太子。在大臣们的再三劝说下，李治立长子李忠为太子，这才让大臣们放了心。如今她的资本越来越多，而且已经是一位皇子的母亲，外朝的官员就算着急也没有什么实质性的办法，而且，他们和王皇后一样，同样不相信李治会立父亲的才人为未来的皇后，给她个正二品，已经算是格外优待。

他们万万没有想到，正是这种"放心"，才给了武则天翻身的机会。如今的她不再是任人宰割的小才人，而是能在后宫呼风唤雨的正二品昭仪，她加紧了笼络人心的步伐，她的母亲也时不时帮着她四处奔走，王皇后越来越无法忍受她，也越来越害怕武则天有一天真的会把她从皇位上拖下来。这时，王皇后的舅舅柳奭帮她出了一个主意。

柳奭是当时的中书令，在外朝很有地位，和长孙无忌等人关系也不错，他和元老大臣们都认为，绝对不能让武则天这个女人得势。于是，柳奭劝王皇后将太子李忠认为养子，国本在手，地位多一重保障。王皇后立刻采纳了这个主意，马上去找李治商量，李治为人温和，虽然对这个皇后不甚在意，但结发夫妻毕竟不同于其他人，他对她一向尊重，再加上外朝的大臣都赞同，他爽快地答应了这件事。

儿子有了，后宫却还是武则天的天下，王皇后深深觉得自己需要个帮手，她和萧淑妃很快走到了一起。这两个女人从前水火不容，此时却成了难友，深感自己需要对方的力量。她们一致行动，不断在李治耳边说武则天的缺点，说这个女人多么有野心；武则天呢，却经常在李治面前夸奖皇后的贤淑、淑妃的直爽。李治是个耳根子软的人，一开始还被皇后和淑妃说得摇摆不定，时间久了，见武则天从不说她们二人的坏话，不由心里有气，认为皇后和淑妃嫉妒武则天得宠，联合起来排挤武则天，于是对武则天更加信任。武则天以退为进，赢下一局，皇后和淑妃只能在背后骂这个女人着实狐媚。

后宫女人最要紧是要有后代。萧淑妃有一个儿子，两个女儿，儿子李素节出生时，正值李治与她浓情蜜意，李治对这个儿子很是重视。但世易时移，如今这个儿子在李治心目中，显然没有武则天的儿子来得重要；而王皇后虽然认了李忠做养子，却知道李治对李忠并无太多感情。更让王皇后与萧淑妃揪心的是，唐永徽五年（654年），武则天又生了一个儿子。有了两个皇子，武则天从此高枕无忧，皇后与淑妃更加寝食难安，这一步，武则天又赢了。

在搞阴谋方面，王皇后和萧淑妃显然不是武则天的对手，皇后高高在上，很少亲近他人；淑妃骄横任性，很不得人心。两个人历年来树敌不少，如今，这些对她们明里暗里看不顺眼的人都成了武则天的耳目，她们有任何举动，武则天都能在第一时间知道，想出对策。皇后和淑妃很难再培养大量的亲信对抗武则天的情报网。《孙子兵法》中的重要谋略"知己知彼百战不殆"，适用于任何战场，包括后宫女人的钩心斗角，武则天靠着自己的情报网处处占上风，这一步，王皇后和萧淑妃完全没有胜利的指望。

武则天走的最狠的一步棋，千百年之后仍让人骇然。为了彻底毁掉王皇后在李治心中的地位，武则天掐死了自己出生不久的亲生女儿。

这件事发生在公元654年，这一年，武则天生下一个可爱的女儿，阖宫上下都很喜欢这位小公主，就连王皇后也经常来看这个尚在襁褓的小女孩。一日，王皇后来到武则天的宫殿，逗小公主玩了一会儿，随即离开。没多久，李治也来看女儿，却发现女儿的身体已经冰冷，这个孩子竟然无声无息地死了。李治大惊，连忙责问宫女，宫女们无不失色，纷纷表示方才只有王皇后一人来过。此时，武则天姗姗来迟，失声痛哭。

王皇后百口莫辩，动机、时间、作案方法，所有巧合似乎都指向这位端庄持重的皇后，但宫内宫外的舆论却很微妙：有人指责王皇后残杀幼女，更有人指责武则天亲手掐死了自己的女儿，以图嫁祸给王皇后。这种指责看似匪夷所思，但即使是当时，也有人言之凿凿，认为杀死小公主的凶手必然是武则天。虎毒不食子，天下母亲断不会杀害自己的亲生骨肉，但有人明确指出如果这位母亲是武则天，她为达目的可以牺牲自己的女儿！

而在后人看来，以武则天的性格，做出这种事不但可能，而且大大有可能。若干年后她诛杀李唐子孙毫不留情，即使对自己的亲儿子，她也下得了杀手。女人的天性在她身上出奇的薄弱，她像一个走上战场的剑子手，在血雨腥风中长胜不败，杀一个人对她而言，太过轻易，也太过正常。

小公主的离奇死亡，成了后宫的疑案，没有任何人证能证明凶手究竟是武则天还是王皇后，双方各执一词，只能敷衍了事。李治也没有对这件事发表看法，但是，他对武则天一往情深，武则天在他面前又温情脉脉，楚楚可怜，他的心理天平，已经倒向了武则天。

而王皇后，虽然有惊无险地保住了自己的位置，却越来越绝望，她终于明白自己的对手是一个阴毒到什么程度的女人。如今，她连丈夫的信任都已经失去，只能希望那些一直支持自己的大臣们帮自己保住位置。

但这种希望，又恰恰是李治的心病。王皇后缺乏政治智慧，缺乏远见，所以才在与武则天的交手中，处处落在下风，如今，她仍然没发觉，她所倚重的大臣们已经成了李治的眼中钉。而她是这些大臣极力维护的人物，也让李治愈发难念夫妻旧情。武则天一直站在李治这一边，王皇后却在不知不觉之间，走到了李治的政治对立面，在权力斗争中只有你死我活，她的一败涂地已成定局。

一桩谋反案

  武则天回宫后短短几年,后宫的变化天翻地覆,王皇后想要打压后宫里一只张牙舞爪的狮子,于是饲养了一只威吓狮子的巨蟒。巨蟒的确有效地威慑住狮子,让狮子再也不敢轻易张牙舞爪。没想到,巨蟒的胃口越来越大,连自己的位置也要吃掉。王皇后白日焦虑,夜里失眠,憔悴得不成样子。

  武则天气定神闲,一步步把后宫反对者逼上绝路。看到王皇后的现状,她知道这个女人对她再也构不成威胁。她明白想要当皇后,最重要的敌人不是王皇后,而是王皇后背后的那些人。武则天笃信李治会站在自己这一边,不只是因为她收服了李治的心,还因为她比任何人都了解李治的心事。

  李治不是天生的帝王材料,他能登上帝位,靠的是时运和长孙无忌的争取,后来他能成为一位颇有建树的皇帝,靠的是后天的培养和努力以及天性中的责任感。武则天和李治不同,她天生喜爱权谋,即使驯马时候也能随口说出一篇驭人大论,而且,她经历过长达十几年的冷落与锤炼,变得更加冷静、老练、心思细密。

  她从一开始就把目光投向了朝堂,明白自己的敌人不是王皇后而是大臣们,而想要对付这些大臣,关键在于李治的态度。起初李治对这些老臣心存敬畏,武则天在后宫就矮着身子做人,靠着王皇后这把保护伞,尽量不引起老臣们的注意。等到她发现李治对老臣们成见一天比一天深,她也渐渐张牙舞爪，再也不把王皇后放在眼里，正因为她和李治利益一致，所以才能亲密无间。而这也许是他们一生中最亲密无间、并肩奋战的一段时期。

李治对朝廷重臣们由依赖到敌视，是一个漫长而曲折的心理过程。

李治是一个晚熟的人，二十二岁之前，他都仰望着自己的父亲，所做的一切都希望得到父亲的首肯，丝毫没有叛逆的念头，也正是因为这份发自内心的仰慕与顺从，让李世民放心地将江山交到他的手上。可是，不成熟的人终究会成熟，李治年纪渐长，也领略了一人之上的滋味，渐渐对那些喜欢指手画脚的元老大臣不太待见。他像一只鸟，这些老臣就像一根根铁柱，围成囚笼，让他不能张开翅膀随意飞翔。

老臣中，长孙无忌是朝廷中心人物，褚遂良与他地位相当，通同一气，而宰相韩瑗、来济等人也与长孙无忌交好。更确切地说，与长孙无忌关系不好的人很难登上高位，而李治想要提拔的官员也很难进入决策层。

另有一位老臣于志宁，是李治当太子时的老师，为人刚正又清廉，深受李世民信任，从前也当过李承乾的老师。因为他太过管制李承乾，李承乾一气之下派刺客去刺杀他，刺客到了于志宁的府邸，发现身为高官的于志宁家徒四壁，不禁心生感动，饶了他一命。这之后，于志宁有些后怕，对皇家的事务再也不敢参与。所以，他虽然与李治有亲厚的师徒关系，却不敢支持李治，反而还是跟共事多年的长孙无忌等人走得更近。

值得庆幸的是，贞观时期的大臣们因为有李世民这个榜样起带头作用，不但有才，为官上也算清廉，为人也都正直，所以即使联合一气揽了朝政，却并没有出现太多卖官鬻爵、弄权跋扈、屠杀忠良等事，他们的多数精力还是用来打理李世民留下的江山，这也是李治觉得自己离不开这批大臣的重要原因。可是，在以君为尊的专制体制下，想要分权的臣子必定会与君王产生矛盾，让君王忌惮权臣。

有一件事最能让李治见识到元老大臣的可怕，这是发生在他即位初期的一件谋反案。

李治继位后，他的姐姐和姐夫突然组织了一伙人想要谋反。这位姐姐就是被李世民杀掉情夫的高阳公主，高阳公主的丈夫则是房玄龄的儿子房遗爱。

李世民身边最得意的两个事务性人才当属房玄龄和杜如晦，"房谋杜断"在历史上传为美谈。房遗爱是房家二儿子，资质平庸，娶到高阳公主后，夫妻二人一个纳美妾，一个搞外遇，互不干涉。自从李世民杀了辩机和尚，高阳公主伤心欲绝，破罐子破摔，私生活越来越乱，经常和一些和尚道士往来。房遗爱官职不高，也有一些不得志的朋友，其中一个是李渊的儿子，荆王李元景；一个是李建成从前的手下，叫薛万彻；还有一个叫柴令武，父亲柴绍也是凌烟阁二十四功臣之一。

夫妻俩带着各自的朋友一起合计，如果能趁着李治的地位还不稳定，逼他退位，从此李元景当皇帝，房遗爱等人都能得到高官厚禄，岂不是一件美事？于是这些人积极筹划谋反。没筹划多久，这件事就败露了。李治把这件事交给长孙无忌发落。长孙无忌雷厉风行，谋反事件很快水落石出，不过，当一份长长的谋反名单放到李治面前，李治惊呆了。

这份名单太长了，房遗爱、高阳公主、李元景这些人已经可以忽略，真正让李治震惊的是长孙无忌排除异己的决心和狠心。名单上赫然有吴王李恪，也就是当初李世民喜爱的另一位皇子，这个人英气勃勃，颇有其父之风，是皇室栋梁，李世民还曾起过立李恪为太子的念头；李恪的同母弟弟蜀王李愔也被株连；房玄龄的四个儿子，房遗爱是主犯，其他三个儿子也被流放；还有与房遗爱有交往的宰相宇文杰、驸马都尉执失思力等未必与谋反相关的官员，甚至连高祖李渊的侄子、很有威望的李道宗也得了罪名。

李治明白，这不是一张公正的判决书，而是长孙无忌的政敌名单。他也明白名单上的某些人是无辜的，但却说不出太多的反对意见。他已经是一个帝王，明白铲除政敌的重要。倘若自己有什么不慎，名单上的某些人很可能利用机会造反，威胁他的江山。舅舅的这份名单固然是在巩固自己的地位，同时，也是在为他根除朝廷上的隐患。

但不论如何，舅舅为了稳固地位所做的事，让李治心惊。如果有一天，舅舅对他这个皇帝不满意，会发生什么事呢？李治思考着这个问题。

武则天如今已经是他的一条臂膀，他当然会将这个问题与她商量。武则天察觉到李治的疑虑，组织着最恰当的语言，举出历史上的例子，向李治证明权力的无情。这桩谋反案的影响是深远的，他不只让李治正视了政治的残酷性、亲情的无意义，还让他明白大权在手的重要性。他一天比一天远离即位之初那个青涩、毫无经验、什么事都要依靠他人的自己，开始学着深思熟虑，开始想要经营只属于自己的文官集团，让国家能够真正按照自己的构想运作，让自己能立中意的女人为皇后。

这个案件的另一个影响需要等到数年之后才能显现，长孙无忌搞垮了李治的潜在的威胁者，这对当时的李治来说，也许不是坏事，所以他才能够默许舅舅的行为。但从长远来看，既不利于李治的锻炼，也不利于李唐王室的长治久安。长孙无忌帮的不是自己，而是武则天，他把李氏家族的好苗子杀的杀，流放的流放，等到数年后武则天挥动屠刀之时，李家再也没有人有抵抗的本事，那些有能力匡正乾坤的人几乎被长孙无忌杀得一干二净。

可是，即使明智如李世民，也料不到身后之事，长孙无忌、李治，哪里又能知道数年之后的情形？如今的李治半是惊心半是忧心，而长孙无忌虽然铲除异己，却也对李治有一份忠心。他为臣多年，何尝不知道君主的心思，但他也知道一旦自己失了权势，就算有顾命老臣、皇亲国戚的身份，依然会任人宰割。所以，即使会让李治忌惮，长孙无忌还是要尽可能巩固自己的地位，争取没有任何闪失。

而这种事武则天也明白，她明白君王的宠爱、如花的美貌、手中的钱财，都不如取得切实的地位重要，她甚至完全理解长孙无忌的所作所为。同时，她更明白弹簧压得越紧，反弹就越厉害；老臣们越反对，李治就越要坚持，这几乎成了一种心理惯性。而如今的李治，还在慢慢地酝酿个人的不满情绪，这情绪离爆发，还有一段时日。

武则天并不事事诱导李治，而是让李治自己琢磨，自己思考。她的精力依然放在后宫，加紧了对王皇后的迫害，于是，"后宫巫蛊事件"出现了。

"巫"相当于古代的祭祀，据说可以让神灵降到自己身上，借自己的口向旁人传达上天的旨意。此外他们会占卜，会文字，会医学，会舞蹈，所以我国最初的历史、医学、音乐都和这种文化脱不了干系。

巫蛊之术，指的是利用一些小道具陷害他人，如在木刻的小人上写下被咒人的生辰八字，在棉质的小人里塞进被害人的头发，下蛊后可以使被咒人身染疾病，轻则大病不起，重则一命呜呼。古代人相信巫蛊之说，对诅咒心存警惕，帝王之家更不容许这种行为出现，施行巫蛊的人一经发现，就会被处以死刑。

最有名的巫蛊案发生在汉武帝时期，一个叫江充的佞臣趁着汉武帝晚年多疑，造谣说是巫蛊所致，然后把事先准备好的巫蛊人偶埋于皇后卫子夫、太子刘据宫里，说太子想要谋害汉武帝。太子无奈，起兵捉了江充，但很快被父亲的军队打败。卫子夫、刘据都无法证明自己的清白，只能自杀。因此事被牵连的人不计其数。后来，汉武帝终于恍然大悟，查办了江充，证实了皇后、太子的确无辜，悔之晚矣。

后宫出现巫蛊之事，处理可轻可重，因为即使在哪位妃嫔宫中发现巫蛊人偶，也不能言之凿凿说这就是一宫之主所为，反而有陷害的可能。这种事可大可小，有时候全在皇帝一念之间。皇帝相信谁，谁就是无辜的。而李治对王皇后，早就生出了厌倦。

所以，当王皇后的宫中发现巫蛊人偶，而后宫之人又纷纷说这是王皇后和她的母亲柳氏想要加害武则天的证据时，已经和武则天站在统一战线的李治首先想到的不是王皇后的清白，而是怒火冲天，下令不许柳氏再进宫，皇后的舅舅柳奭也被贬到遥远的四川，官职由中书令降为遂州刺史。如此一来，王皇后彻底失宠，李治也越来越希望更换一个皇后。

第三章　/　破局

阻力重重

李治要立武则天为皇后，心意已决。

能让这个软性子的皇帝下定决心，武则天多年的功夫总算没有白费。武则天相信朝廷上会有阻力，但只要李治坚持到底，她依然能够达到自己的目的。可惜，这一次她失算了，她没想到外朝的压力接二连三而来，当皇帝的李治险些招架不住。而想要改立皇后，几乎是一件不可能的事。

最大的阻力当然来自李治的舅舅，顾命大臣长孙无忌。长孙无忌为了自己的地位固然凶狠，但他有多年治国为官的经验，与太宗同打天下、同夺皇位，一双眼老辣精准。他认定武则天其人不但狐媚，还有弄权的野心，一旦让武则天得势，对武则天言听计从的李治无疑会听凭一个女人摆布，高祖太宗好不容易得来的江山，就会落到一个女人手里。不但长孙无忌这样认为，褚遂良对武则天在后宫崛起也有高度的警惕，他还记得太宗的嘱托，不论为了自己的地位，还是为了先帝的信任，他都决心要保护李家江山。

最初，武则天小看了这种决心，她以为长孙无忌是个不择手段维护自己地位的普通臣子，这样的人，只要给他尊荣地位，终究能够说服，她决定按照这个方向努力。她甚至梦想着取得了老臣们的首肯，再与他们和平共处，让她未来的皇后之位更加牢固。再下一步，想要改立太子也能顺理成章。

武则天的母亲杨氏又一次发挥了外交使者的作用，她带着大批金银去长孙无忌府上求见，希望能够收买这位老臣。这一阶段，武则天的想法的确比较简单，她认为自己不但有皇帝的宠爱，还是两位皇子的母亲，这两位皇子中的一位，很可能是将来的皇帝。即使她有不光彩的出身（太宗的才人），如今这段历史也可揭过不提。那么，长孙无忌为了自己的地位，理应明哲保身，不为难自己才对。没想到，长孙无忌见都没见杨氏，直接命人将她轰出大门。

武则天是皇帝面前最受宠的妃子，受到如此待遇，心中的记恨自不必说。但是，多年的磨炼令她善于忍耐，她知道想要解决这个问题，必须由长孙无忌点头，长孙无忌，代表着去世的李世民，只要能收服长孙无忌，其余大臣就算再反对，也没有多大作用。但是，长孙无忌下定决心，联合褚遂良，宰相韩瑷、来济等人，不断上书反对。

对舅舅，李治即使忌惮，仍然怀有一丝感激，毕竟，当年倘若没有舅舅，他就不可能成为太子。他仍然希望这件事能取得舅舅的首肯。于是这一天，他和武则天将长孙无忌请上了饭桌，希望用中国最传统的方法，喝酒谈心，达成共识。李治先赐给长孙无忌很多宝物，又许诺为舅舅的子孙加官晋爵，还加上许多恭维话，可是，长孙无忌铁了心，就是不同意立武则天为后，这大大伤害了一国之君的自尊，从此，李治对舅舅更加抵触，过去的感激之情就这样一点点被消磨。

君臣之间的矛盾逐渐公开、扩大、一触即发，一次，李治在朝堂上向众位大臣提出皇后无子，应改立武氏，结果，大臣们群起反对，褚遂良的反应最大，他首先对李治动之以情，说起太宗去世时曾拉着李治与王氏的手，将这一对"佳儿佳妇"托付于他，他不能辜负先帝的信任；然后晓之以理，说武氏身份尴尬，不宜立为皇后，请皇上就算改立，也改立一位大家闺秀；情与理都说不通，他干脆拿出赌命的态度，将手中的笏板扔到地上，跪在殿前拼命磕头，额头磕得血流不止。

正在群臣左求右劝，不知如何是好之际，朝堂的帘子后面传来武则天怒不可遏的声音，只听她大喝："怎么还不杀了这个乡巴佬！"

这一喝，让满朝文武都领教了武则天的泼辣，也领教了李治有多怕他的老婆，武则天一句话，本来就气得全身发抖的李治像是接到了指示，立刻叫来侍卫。长孙无忌见状，连忙大声说："褚遂良是先帝的顾命大臣，就算他犯了罪，也不能加刑啊！"这才唤回了李治的理智，保住了褚遂良的性命。一场闹剧终于怏怏而散，君臣各有不满。

事情闹到这个局面，君臣正式撕破脸，武则天记恨上了反对她的人，反对她的人知道她为人狠毒，更加不能让这个危险的女人上位。这时的局势就像一场进行到白热化的拔河赛，谁也不能退出。平心而论，李治并不希望事情闹到这个地步，他不明白自己对这些大臣一再忍让，为何这些大臣就不能让自己顺心一次。

君臣关系是历代君主都要直面的难题。君主想要治国，必须依靠有能力的大臣，但大臣也有各自的脾气，越是有本事的人个性往往越强，喜欢被礼遇，喜欢自己的意见受到重视，也喜欢按照自己的标准劝谏君主。君主的情商高,懂得调节这种关系,该松的时候松,该严的时候严,君臣关系就会较为理想;反之,则会一塌糊涂。

当大臣的人,有的刚直,有的委婉,但总体来说,像太宗朝的魏征那样每次都要扫皇帝的兴,每次都要和皇帝对着干的人并不多(像李世民那样每次都能忍得住脾气的皇帝更少),他们并不是不知道位子是皇帝给的,得罪皇帝不是一个聪明的做法。褚遂良耿直,敢于与皇帝硬碰硬,但他同时也是一个有远见、为君主竭诚尽忠的人,一双慧眼的李世民命他为顾命大臣,就是看中他的忠心与耿介。

贤明的君主能在耿介的大臣身上看到正道所在,认识到自己的错误,及时纠正自己的行为,而平庸的君主则无法做出这样准确细致的分析,昏聩的君主更是对耿介大臣敬而远之,甚至杀之以后快。所以,如何对待大臣的忠言,很能看出一位君主的个人素质。立后一事,不单褚遂良反对,如此多的大臣集体反对,李治却只认为这是大臣们在和他作对,不愿、也想不到其中的深层原因,这是李治的悲哀,也是他远远不如李世民的地方。

在古代,停妻再娶是一件大事,并不像古诗《孔雀东南飞》里描述的那样简单,昨天还是夫妻,第二天就坐辆马车回娘家,夫妻关系宣告结束。男人想要休妻,必须要有充分的理由——要知道,古代妇女没有经济能力,一旦被丈夫休弃,生计都可能成问题。所以,男人可以纳妾满足自己的爱美之心,喜新之情,却不能轻易休掉自己的妻子,否则就会背上严重的社会舆论压力,成为遭人唾弃的负心汉。

即使在现代,男人想要离婚,很少有老人愿意支持,而会劝导男人顾念夫妻之情,不要鬼迷心窍。原配夫妻,难得的是一份相濡以沫,一份年少相依的情怀,一份患难与共的真情,所以才有"糟糠之妻不下堂"之说。王皇后没有大错却要面对被休弃的下场，于情于理都说不通，这是人们反对的原因。何况皇家的夫妻，关系到朝廷大局，更不能任意妄为。

历史上不是没有皇帝停妻另娶。如果李治想要娶的人不是武则天，也许长孙无忌等人还可以睁一只眼闭一只眼，但当他们看到这个女人像一只欲壑难填的蜘蛛，她织的网先是虏获了李治，继而让后宫都成了她的盘中餐，如今触角要伸向朝廷，他们怎么能不反对？在这件事上，长孙无忌、褚遂良等人并不是在为自己争取地位，而是切实地为江山、为君王担忧尽忠，可惜年轻的李治无法理解老人们的苦心，他仍然将大臣们的行为视为对自己的挑衅和蔑视，甚至视他们这份忠诚为眼中钉，希望他们赶紧消失。

这件事不可能如李治所期望的那样，以和平方式顺利解决。李治不是昏君，不会因为自己不能遂心就胡乱杀人，他希望培植自己的亲信来对抗"反武集团"，李治急于寻找自己的支持者，而在朝廷之上，长孙无忌的势力无处不在，想要寻找支持者谈何容易。他越是心急，越是想不到解决的办法，唯一确定的是，他不会对元老大臣们妥协。

李勣的回答

　　真正打破僵持局面的人不是李治，不是武则天，而是一直对此事沉默不语的元老大臣李勣。因为他太过沉默，起初，所有人都忽略了他，李治也是在极其偶然的情况下，才想到问问他的意见，且对他的回答并不报以希望。没想到，李勣却说出了他最想听的一句话，一下子树立了他废王立武的决心。

　　李勣反问李治："这是陛下的家事，为什么要问外人？"

　　若仔细分析，李勣这句话肯定有政治问题，甚至没有大臣的责任意识。天子的婚事，绝对不是天子的家事，一国之君婚配也好、扩充后宫也好、生子也好，很少能与国事脱开关系。皇后是天下国母，是一个国家地位最高的女性，国人对国母的期待自然也高，谁不希望自己叩拜的人是一个像长孙皇后那样的出身大家、知书达理、智慧超群、以身作则的女性？如果皇帝娶个残疾女人、娶个妓女、娶个二婚改嫁女人、娶个大泼妇，岂不是让天下人笑掉大牙？皇帝的婚姻大事，一向很难由自己做主，李治想娶自己的后妈，有违人伦孝道，大臣们反对是正常的，就连李治也没想到李勣会如此干脆地给予支持。

　　李勣会说出这样一句话，符合他一直以来的处世态度。李勣身为三朝老臣，战功赫赫，受到高祖、太宗的重视，但他一直明白自己身份的尴尬：他不是根红苗正的李氏集团成员，曾经跟随过李家的敌人；他不是李世民身边的亲信，而是李渊的得力助手；他不是李治的太子府中的成员，而是李世民安排的顾命大臣……他受信任，立场却有些可疑，所以，李勣做起事来比旁人更加小心。他的少说话，多办事，不得罪旁人，更不得罪皇帝，这才有了如今的地位。绝大多数事情在他眼里，都是看看而已，不予置评，只在上阵杀敌时才显示出他的英勇果敢，坚毅刚强。因此，他才更让当皇帝的人放心。

况且，对于武则天当皇后一事，武将们的反应本来就不像文臣们那么强烈。武将们大多是粗人，不懂文臣们那些文绉绉的道理，讨老婆也只以合心意为标准，皇帝想要换个合心意的老婆，他们不认为是一件大事。他们每日忙于操练，忙于战事，更不会留意皇帝的后宫发生了什么，完全不想理会，皇上身边的人是圆是扁，他们也从不关心。这也是为什么李治、武则天一直在争取文臣们的支持，从未过问武将意思的原因。

李勣作为武将中的武将，即使隐约觉得此事不妥，但也不像文臣们那么担忧。只是一个女人而已，能有多大的作为？为什么要为一个女人和皇帝过不去？李勣看得更清楚的是朝中的局势，皇帝对老臣们已有明显的不耐烦，这个时候不明哲保身，还要谆谆劝诫，无异于以卵击石——对方就算再软弱，也是皇帝，伴君如伴虎，做大臣的怎么能自恃宠臣身份——身份是皇帝给的。于是，一件闹得朝堂大乱的大事，被李勣轻描淡写地简化为"陛下家事"。

山重水复疑无路，柳暗花明又一村，李治终于找到了重量级的支持者。更惊喜的是，他们终于发现支持者一直存在，只是从前的自己一直在考虑如何与长孙无忌和谈，忽略了朝堂上的另一部分人。这些人一直被元老们压制，不得施展抱负，不能得到更高的地位，他们渴望有机会获得高升，而获得高升的办法，就是取得皇帝和未来皇后的欢心。

第一个旗帜鲜明地拥护高宗立武则天的人叫李义府，李义府的官职是中书舍人,一着不慎得罪了当朝一把手长孙无忌,被从京城打发到偏远地区为官。任命书还没下达,李义府仍想挣扎。讨好长孙无忌是不可能的,他的朋友王德俭为他出了个主意:皇上想立武昭仪为后,一直害怕群臣反对,你可以面圣对此表示支持,也许能把祸端转为福气。

李义府当即上书李治,表示他支持李治,支持武则天当国母,并且表示,他这样的支持者大有人在。这封奏折李治看得心花怒放,他很快撤销了李义府的调职令,还升了李义府的官。不过,李义府这个人并不是省油的灯,李治选择他做亲信,也给自己的将来带来了不少麻烦。在看人和驭人这件事上,李治不如他的父亲李世民,也不如他的妻子武则天,但在这个时候,李治又有多少选择呢?

李义府并不是一个君子,成语"笑里藏刀"就是由他而来。一个表面恭敬礼貌谦和,背后不知会如何对待他人的小人,就是当时的人们对李义府的评价。这样一个人,急功近利,为了目的不择手段,当然不会如长孙无忌等人那样,顾虑皇家的体面,顾虑大唐的将来,他只看关心自己能不能升官发财,能不能争取皇帝的欢心。

他也一如所愿地由中书舍人升到中书侍郎,除此之外,李治还赏赐了他不少珠宝。那些在皇帝和老臣之间犹疑的官员很快认清了形势,特别是那些急于晋升的官员,更是毫不犹豫地站到了皇帝一边。"立武派"的声势一天大过一天,老臣们还在抵抗,但连老臣中,也有人支持李治,这个人就是许敬宗。

许敬宗也不是一个君子。他的年纪与长孙无忌等人相仿,是隋朝的"官二代",父亲许善心是礼部侍郎,他本来已经有一个还算不错的官衔。偏偏生于末世,天下大乱,他和父亲都被叛乱的宇文化及抓住,宇文化及杀掉了许善心，面对杀父仇人，许敬宗没有义愤填膺，而是"蹈舞求生"，这件事很快传开，在那个注重人伦和义气的年代，这是许敬宗的一大污点，也让很多人因此轻视他。此外，这个人贪财好色，人品上劣迹斑斑，经常受人诟病。

不过，李世民录取人才看重的是能力，许敬宗最大的特点就是文笔好，李世民命他做史官。于是，许敬宗揣摩李世民的意思，把李渊、李世民这两朝的实录（帝王起居注）改了又改，丑化李渊美化李世民自不必说，对自己厌恶的人，也不忘抹黑几笔。李世民让这样的一个人做史官，就是看重他能为自己宣扬明君的美名，对于他的其他行为，他睁一只眼闭一只眼，只要不过火，他就不干涉。于是，许敬宗平平安安地坐着高官的位置。

但李世民的厉害之处就在于，他录取人才不计较这个人的出身和人品，在重要位置上却不会安排人品不过关的人。小人有小人的作用，君子有君子的作用，李世民真正信任的仍然是长孙无忌、褚遂良、李勣这样的大臣，所以许敬宗的官职体面——银青光禄大夫，却没有多少实权。如今，他看到了一个升职好机会。

寻找支持者的不只是李治，还有武则天。武则天明白资源只有在自己手里才是安心的，不论为了现在还是为了以后，她必须在外朝培植自己的亲信。于是，武则天的母亲杨氏又一次成为外朝与内宫之间的联络员，当武则天察觉某位官员可能支持自己，杨氏就会亲自笼络，而这种行为也不会引起李治的怀疑——他认为贤内助正在搞夫人外交，帮助他巩固地位。正是这种掉以轻心，导致后来朝堂之上，有人支持他，有人支持他的"贤内助"，由此引来不少纷争。更导致了李治死后，武则天能够迅速地揽下政权。

"立武派"的胜利

李治和武则天惊喜地意识到,朝堂之上,支持他们的人越来越多。既有皇帝的提拔,又有未来皇后的笼络,"立武派"形势一片大好。

很多历史书笼统地把支持武则天的人定义为某种集团,例如不得志的寒士阶层,与关陇集团对立的山东集团,从政治成分、经济利益等方面解释武则天的胜利。但就武则天个人而言,她不代表任何阶层的利益,也没有强大的外戚支援,她只是顺应形势,争取了能够支持自己的人。而这些支持者唯一的共同点就是:他们处于大唐管理层的中层,怀才不遇,迫切地希望争取出路,得到更好的职位。

同样也不能笼统地说武则天的支持者都是如李义府、许敬宗一样的小人。政治本身是多角度的,每个参与其中的官员会根据自己的立场与思考做出选择,以获得更大的发展空间。并不是每个人都有长孙无忌式的眼光,能够看到立武为后的危害,他们只是单纯希望自己能够有施展才华的机会。

何况,在封建王朝,支持君主的决定也是一种效忠,支持李治不会为他们带来心理负担,即使长孙无忌这些大臣不断陈述这件事的危害,他们也只觉得这些老头子危言耸听。的确,就算是长孙无忌和褚遂良本人,也料想不到武则天有一天竟然当了女皇,在一个男权社会,如果不是武则天横空出世,后世人也不会有如此荒谬的想法。

另外一部分支持者是墙头草型的,看哪边态度强硬就往哪边倒。他们并不是想要争取更高的官职,只是看到了武则天的厉害和李治的决心,不想跟着长孙无忌这些有资历的老人去得罪皇上,他们选择了比较厉害的一方,为的是保全自己。这样的人也不在少数。

还有一部分人始终持不参与态度,例如李勣,即使他说了一句让李治放心的话,也不能代表他支持武则天,毕竟,他也没有明确地反对长孙无忌。这样的人是中立派,不想趁机讨好任何一方,也不想得罪任何一方。他们的特点是不同意不反对不表态,只在被追问的时候才说一句轻飘飘的话,例如"这是陛下的家事"。

很明显,李治不再孤军奋战,立后之争不是单纯的"陛下家事",它是真正的朝堂权力之争,李治在斗争中得到了自己可以信赖的臣子,老臣们逐渐失去了锋芒。朝堂的局势越来越明朗。真正获得利益的人不只是武则天,还有许敬宗、李义府这些大臣,他们将在不久的将来获得丰硕的回报。

一朝天子一朝臣,李治喜欢旁人捧着自己,武则天目的性强,但李治不是昏君,看重的是大臣能干活,武则天也不是普通的妇人,只贪图眼前的利益。所以,这对夫妻选出的第一批追随者,也只能是如李义府、许敬宗这样有能力、会奉承、懂得见风使舵的人。这样的人组成的官僚班子虽然不如贞观政府那样熠熠生辉,但此刻"冲锋陷阵",今后治国理事也出不了大问题。品格差的人未必能力差,这是武则天早就知道的事。

拥护者越来越多。从前李治耳朵边,都是老臣们在说武则天的种种不是,并吓唬他如果娶了武则天,他就会成为历史上的昏君,就会因女色误国,就会……难听的话听得越多,李治的反抗意识就越强,老臣们的话就越听不到心里去。如今大不相同,耳朵边又出现了另一种声音,极力夸奖武则天的种种好处,从各种角度分析重新立后对君主并没有多大影响,这些顺耳的话坚定了李治的信心。

从前的李治一叶障目,如今他看到了大好河山,即使褚遂良在大殿上把头磕破,也不能阻止他的决心。最后,许敬宗甚至在朝堂上大声议论:"种田的农夫收多了粮食,还想换一个老婆,何况是天子?"这句话说得粗俗,把农夫和天子相比,有失体统;古代讲究"糟糠之妻不下堂",收多了粮食换老婆,并不是一件值得夸耀的事。说话如此不伦不类,却没有人公开指责许敬宗,可见"立武派"已经渐渐占了上风。接下来的行动,"反武派"已经无力阻止,李治也终于开始行使他万人之上的权力:

唐永徽六年(655),九月,李治宣布免除褚遂良的宰相职务,命他去长沙做潭州都督;

十月十二日,李治以"谋行鸩毒"的罪名下旨废掉王皇后,被同时降为庶人的还有萧淑妃,他们的家人也获罪流放;

十月十八日,由新晋老臣许敬宗领头,文武百官一齐上书,表示国家不可以没有皇后,请皇帝立武昭仪为后,李治当即同意,当天,就下了立后诏书;

十一月一日,李勣将代表皇后尊荣的印玺送到武则天手中,武则天正式成为大唐的国母,李治的正妻,和李治一起接受文武百官的朝拜。这一次,她终于可以扬眉吐气地看向威仪的宫殿,肃穆的群臣,这个时刻,距她初次进宫,已经过了十八年。

关于皇后"不光彩"的出身,李治在诏书中解释了一番:"我的皇后是个才德兼备的淑女,原本是先帝的侍女。当年我还是太子之时,因为照顾生病的先帝结识了她,产生感情。先帝见我们二人情深,就将她赐给了我。事情就像当年的汉元帝刘奭和王政君。"

这份诏书是一块遮羞布,想给武则天一个合情合理的出身,一个名正言顺的地位,但是,丑闻传播得一向很快,从当年李治从感业寺把武则天接回宫,再加上接下来的几年武则天生子、争位闹得沸沸扬扬,这件事就从宫里传到宫外,从朝野传到街巷,从长安传到全国。就算是普通的老百姓,也知道武则天是唐太宗的才人。只是如今武则天身份尊贵,谁也不敢再在她面前提及她的出身,这块心病再也不会干扰她的生活。

十八年,从失宠的才人到一国之君的正妻,其间有无数坎坷,这个结果,是武则天用无数心机和心血得来的,其中还包括她的幼女的性命。她施展谋略的地方,也由一方病榻、一座尼庵,变为佳丽如云的后宫,硝烟弥漫的朝堂,她的舞台越来越大。如今,她在失败者们的憎恨与厌恶的目光中,接受他们的朝拜。

永徽六年十一月三日,许敬宗再次上书,要求改立武则天的儿子李弘为太子。这也正是武则天的意思。她要确立自己的儿子的身份,她是皇后,儿子就是嫡子,理应立为太子,将来继承皇位。而且,这也是她后位的重要保证。

在这之前,太子李忠早就察觉到风向不对,写了一份情真意切的奏折,对父亲表示自己不堪大任,请求父亲为了大唐着想,另立太子。如今,李治手中又有了许敬宗的奏折,两全其美。元老大臣们已经没有发言权,改立太子一事进行的非常顺利。李治兴高采烈,第二年改元"显庆",庆祝大唐下任太子的诞生。一切遂意,李治初尝到身为帝王的随心所欲的滋味,这是李治的胜利,更是武则天的胜利。

胜利者的屠刀

胜利后的武则天，迫不及待地展开了她的报复行动。

武则天是个谋略家，她要报复那些曾经反对她的人，也要借着这个机会为自己今后的道路扫清障碍。这个报复行动是广泛的，武则天可以利用如今的地位，任意处置她的敌人，但是，她已经算是半个政治家，她要考虑政局的安定，要考虑自己的形象。所以，报复的过程不是当初她想象的那样手起刀落，反而变得有些漫长。

她首先做的是安抚人心，同时让敌人放松警惕。她写了一封奏折，极力夸奖韩瑗、来济忠心耿耿，这封奏折被李治拿到韩瑗、来济面前，继而让群臣知晓，于是，大家对这个女人稍稍放下了偏见和畏惧。甚至有些人认为新皇后的确与他们从前想象的不大一样，转而拥戴武则天。

但有心的人都知道，如今的朝堂并不是"换了一个皇后，一切照常"。韩瑗惋惜褚遂良蒙冤，上书求李治念在褚遂良一片忠心，给予宽待，没想到，这封奏折却让褚遂良陷入更艰难的境地，李治和武则天将褚遂良发配到更远的桂州为官。许敬宗察觉到武则天想要彻底铲除政敌的决心，也趁机递了一封奏折，诬陷褚遂良想要谋反，韩瑗和来济就是帮凶。没多久，韩瑗和来济一起被贬，宰相的位置留给了许敬宗和李义府。

第二年，年老的褚遂良就在悲愤中病死。褚遂良不但是一位刚直的大臣，还是一个杰出的书法家，论才论德，他都是唐朝的上上人物，他的死让朝臣们惋惜，但又如何能在李治、武则天面前表露？被贬的来济、韩瑗也都没机会回到中央，前者在战场战死，为国捐躯；后者则被诬陷谋反，身首异处。

对长孙无忌的报复推迟到三年后。这个人毕竟是开国功臣，还是李治的亲舅舅，不能随随便便革除官职。不过，长孙无忌虽然仍旧位列宰相，早已没有实权，他的亲信也一个接一个被撤职、被查办。长孙无忌已经预料到自己的结局，他不愧为跟随李世民夺取天下的重臣，此时处变不惊，开始著书立说，修了不少史书，也算做出了最后的贡献。

武则天和与她沆瀣一气的许敬宗、李义府等人如张网的猎人一样等待机会。唐显庆四年（659），机会来了。首先是一个叫李奉节的洛阳人向李治告密说，有两个官员巴结权贵，蠢蠢欲动，请皇上留意他们的行动。李治一问，这两个官员一个叫韦季方，一个叫李巢，都是不起眼的芝麻小官。这样的小官想要造反，无异于痴人说梦。但就这么一个小案子，李治却命许敬宗亲自审理。

如今的许敬宗高官厚禄，也更会揣摩皇帝和皇后的心思。他通过严刑拷打，威逼利诱，让韦季方和李巢诬陷长孙无忌是合谋者。身为太子洗马的韦季方察觉到许敬宗的意图，宁死也不愿诬告当朝元老，但他一个人改变不了许敬宗的决定。一份奏折很快拟好，上面有人证物证，证明长孙无忌在策划谋反。

高宗读罢，长叹一声："舅舅也许是被小人迷惑了吧，就算对我有意见，难道会谋反吗？"许敬宗立刻搭话，劝慰道："但是，长孙无忌谋反已经露出迹象，如果不及时处理，恐怕会危机江山社稷。"李治听完流下了眼泪，忧伤地说："我们李家真是家门不幸，亲戚之间却彼此存着嫌隙之心，以前有高阳公主谋反，今日我的舅舅又重蹈覆辙。这件事应该怎么处理呢？"说罢连连叹息。君臣二人几句话，就让长孙无忌失去了辩白的机会。

许敬宗继续劝李治说："当年的案件，不过是一个乳臭未干的小儿与一个女子合谋，如今大不相同，长孙无忌可是与先帝共同打下天下的人，他当了三十年的宰相，天下百姓都佩服他的智慧，知道他的威风，如果他狗急跳墙，陛下您将如何？"李治连连点头，又告诉许敬宗这案子要审得更深入一些。

可以看出，如今的李治已经是一个成熟的君主，不但学会了假惺惺的做戏，还知道如何不动声色地暗示大臣，让大臣理解自己不愿说出口的指令。这也许出于武则天的教导，也许来自他自己总结的经验。许敬宗如何不了解李治的意思，他本以为此案的目标只是长孙无忌，没想到李治竟要通过这个案子，彻底清算朝廷上的反对者。

第二天，案件再次有了突破性的进展。长孙无忌想要造反不会没有同谋，他的同谋就是韩瑗、褚遂良、来济。除了褚遂良已死，还有前任皇后的舅舅柳奭也上了这份谋反名单，而那个一直置身事外的老臣于志宁，也被许敬宗写在黑名单上，一个小小的案件，竟然让如此多的大臣落马，可谓欲加之罪何患无词。而武则天，也充分领略了罗织陷害的厉害之处，它可以把看不顺眼的人一网打尽，省时省力。这个方法从此被她铭记在心，若干年后，成了她的撒手锏，一批又一批的大臣死于莫须有的罪名，换来她的地位稳如泰山。

长孙无忌也许会想到"报应"这个词，当年他查办房遗爱、高阳公主一案，把潜在敌人一齐铲除；如今李治、武则天照葫芦画瓢，将他和除李勣之外的所有元老划为反贼。李治仍然存了一丝良心，他说："就算舅舅真的造反，我也不忍心杀他。"于是，长孙无忌被削掉官职，发配到远在今日重庆的黔州，而且依然按一等大臣的待遇提供住宿和饮食。李治认为这样既让自己安心，不必再被舅舅缚手缚脚；也对长孙无忌仁至义尽，毕竟，李治仍是一个念旧的人，他还是放不下舅舅的贡献。

长孙无忌等人早已被发配到穷乡僻壤，但这种结果显然不能让武则天满意。赶尽杀绝、不留后患才是武则天的风格，她劝告李治必须斩草除根。于是，已经有定论的一件事再起波澜，李治竟然再一次让许敬宗审理此案，这次，他还请出了李勣来审案。此时的李勣也看到了武则天的厉害，不知有没有后悔当初的决定，他已是风烛之年，不想再生事端，对这些事，他保持了沉默。

真正处理案件的仍然是许敬宗，他看出武则天一定要置长孙无忌于死地，就派了个手下到黔州，开门见山地告诉长孙无忌，案子还需要再审，你不如自我了断吧。长孙无忌早就料到有此一天，想到朝廷从此多事，自己终究没有打理好李世民留下的江山；再想到自己一世风光，落到如此地步……所有感慨化作一声叹息，随后自尽。而大唐贞观政治的清明、舒朗、活泼、和谐，也随着这声叹息不复于人世。

骨醉

后宫之中，同样掀起了腥风血雨。

被废的王皇后还有萧淑妃被囚禁在一个小屋里，这个屋子只有一个可以递饮食的格子，连太阳光都射不进去，条件的恶劣可想而知。王皇后和萧淑妃都是大家出身，从小锦衣玉食，进宫后又有成群的侍女服侍，何曾受过这等待遇。她们再也没有昔日的傲气，只希望自己能走出黑漆漆的囚牢，有一间简陋的屋子安身。

李治也没有忘记曾经的皇后和宠妃。对李治这样善感的人来说，感情一旦结束，回味起来反倒更有温情和滋味。何况为了立武则天为后，王皇后和萧淑妃承受了不得已的冤屈，李治心里也存了一份内疚。这一天，他犹犹豫豫，终于走到囚禁着两个女人的屋子前，看到简陋寒酸的屋子，他心中一酸，颤声问："皇后，淑妃，你们还好吗？"

李治的声音唤醒了两个半死的女人，而李治对她们依然用旧时的称呼，让她们心中燃起了希望。曾经高傲的两个人祈求丈夫念在多年情分，改善一下她们的居住环境，哪怕在后宫给她们拨一个偏僻简陋的院子，她们愿意足不出户，闭门思过，终老一生。李治越听越怜惜，一口答应了她们的要求。

武则天的情报网无孔不入，李治的一举一动都没有逃过她的眼睛，她立刻找到丈夫，也许通过晓之以理，为丈夫分析一个国君对自己定罪的犯人怜悯，是在抽自己的脸；也许通过动之以情，说说他们夫妻二人如今的生活来之不易，不能再生波折；也许既不用讲理也不需要动情，只需板起脸，就能吓得丈夫立刻忘记方才对王、萧二人的许诺。最后，李治逃之夭夭，事情由武则天全权发落。

武则天命人将王皇后和萧淑妃从囚禁地拖了出来，首先砍掉了她们的双手双脚，在她们的惊叫和痛苦中，将她们放入两个大瓮之中，瓮里放有白酒，杀菌消毒，却也加深创口的剧痛，武则天笑吟吟地说："让这两个女人尝尝骨头醉掉是什么滋味！"

当她宣布刑罚之时，王皇后和萧淑妃没有求饶，都显出了贵族女性凛然不屈的风骨。王皇后淡淡一笑，行礼说："愿皇上康健万岁，既然昭仪承受皇帝恩泽，死也是我分内的事。"她依然用"昭仪"称呼武则天，显然根本不承认这个皇后，对她的所作所为不屑一顾；萧淑妃性格泼辣，骂道："阿武妖精！下辈子你是老鼠，我是猫，我要生生咬断你的脖子！"王皇后不屑，萧淑妃怒骂，更激起了武则天的怒火，将两个情敌折磨致死，武则天还不解气，下令把王皇后的姓氏改为蟒，把萧淑妃的姓氏改为枭——毒蛇恶鸟，极尽侮辱。

清除了后宫的隐患，外朝的斗争依然在继续。长孙无忌之死只是一个开端，接下来，柳奭和韩瑗以谋反的罪名被斩首，长孙无忌的两个儿子被处死，因为许敬宗捏造的谋反罪名与李忠有关，前太子李忠也被牵连，废为庶人，发配到黔州。老臣们在劫难逃，当初没有依附李治和武则天的人不是降职就是发配，李治终于清除掉了朝廷上的异数。

有两位老臣逃过了这场劫难。一位是于志宁，闷不吭声的他最后被李治放过，在荣州做了刺史。于家人战战兢兢，鸟兽一样逃到山里避难，唯恐哪一天皇帝皇后想起前事，让于家成为第二个长孙家。好在于志宁一清二白，既没依附过什么势力，也没说过违逆之语，李治和武则天很快忘记了这个人。

另一位是李勣。李治和武则天知恩图报，一直与李勣维持着良好的关系，加官晋爵，经常性的赏赐，闲暇还会聚在一起摆摆宴席。李勣老当益壮，仍是军队实权人物，有这样忠心的老臣在军队，李治就像吃了定心丸。武则天对这位贞观老臣既有感激，又知道他的能力与忠心，并不加以排挤。于是李勣与帝后相安无事。

武则天也显示出她的另一项政治能力：容人。她并不是一味将自己的心腹放在高位上，而是会考虑到对方的才能、人品、性格、对国家的意义。这个时候的主事者依然是李治，武则天在学习、在领会一个统治者应当具备什么，她的决断影响着李治，而李治对臣下的宽厚也无意识地影响了她。

这对夫妻在共同学习治国之道，李治个性上的懦弱被不容置疑的判断一点点纠正，使他在大事上更有帝王的威仪，所以，李治才会依赖武则天，而不是像朝臣们揣测的那样，仅仅因为武则天媚上惑主，而皇帝又没主意，只能被武则天摆布。

长安城的风景变得不太一样，从前李治觉得气闷，如今一扫阴霾，血雨腥风后同样有生机，他也想要立下自己的功业，做一个不输于父亲的帝王。武则天也觉得神清气爽，歌舞升平之中，武则天不认为自己已经走到顶点，她还有更漫长的道路。

第二篇 / 权力之路

第一章 / 母仪天下

高贵的姓氏

纵观武则天的一生,权力是她最大的追求,而这种追求,既因为她有极强的虚荣心,又因为她有极其隐秘的虚弱心理。

武则天总是试图让自己处在绝对安全的位置。所以,她的控制欲极强,总是想要知道每一个人的想法,保证身边人的忠心,对异己分子毫不留情。这显然是她的童年为她留下的阴影。她的童年,她没有可以依赖的人,只能靠自强维持在家中的地位。但是,她和她的母亲、姐姐毕竟是弱女子,她的反抗是不被允许的,甚至会给她带来更多的辱骂和责打。

一个在成长过程中不断经历欺辱的女性很难建立安全感,武则天虽然强悍,内心也有不安的一面,越是不安,她越是要求一些实实在在的保证,以防备那些突如其来的不测。在感业寺她希望回宫,回宫后希望当皇后,当了皇后希望儿子是太子，儿子被立为太子，依然不能让她放心，她还要有更多的东西。

武则天的另一个特点就是喜欢摆排场和出风头，她总是想以最引人注目的方式提醒旁人她的存在，她喜欢华丽的颜色，华丽的物品，华丽的头衔，以及一切能够昭示她的贵气的东西。如今她成了国母，有了权力和机会，她终于能够向全天下展示她的风采，也希望天下人能够认可她的形象。

她先在自己的姓氏上大做文章。

国人一向有这样一种心理：如果自己是哪个名人的后代，总会忍不住和人吹嘘。家里有家谱，几百年前和某位名人同属一族，谈话时也要拿来自我标榜一番，似乎名人那文成武略的基因还藏在自己体内，意寓自己不同凡响。以此类推，曾经和某名人是同学、自己的亲戚是某名人的朋友，等等，都是国人喜爱的谈资。这种自抬身价的行为自古已然，武则天也不例外，她希望自己的出身更加显赫。

武则天的父亲是开国元勋，他的伯伯武士逸也跟随李渊打过天下，但是，武家不是名门大族。就拿与武则天年代相近的几位皇后来说，被她虐待至死的王皇后，是有名的"五姓女"。"五姓"，是指"崔、卢、李、郑、王"，其中博陵崔家、清河崔家、范阳卢氏、陇西李家、赵郡李家、荥阳郑氏和太原王家最有名，这几个家族历史悠久，门风严谨，人才辈出，是当时的"上流社会"，王皇后就出生在太原王氏家族，是显赫的名门之女。

论起血统渊源，武则天不如王皇后；论起出身尊贵，武则天也及不上李世民的正妻长孙皇后。长孙皇后的父亲长孙晟，是有名的隋朝将军，长孙家族在北魏就很有地位；而李渊的正妻窦氏，父亲是隋朝的公侯，母亲是北周的公主；再远一些，隋炀帝的正妻萧氏，更是出身于显赫的兰陵萧氏家族，父亲是西梁孝明帝，可谓金尊玉贵——武则天的情敌萧淑妃也来自这个家族，也是王室后裔；隋文帝的正妻独孤伽罗，其父是西魏的八大柱国之一，北周的卫国公……这些皇后的尊贵身世，让武则天相形见绌。不过，李世民曾经做过的一件事，给了武则天启示，让武则天决定从根本上改变自己的出身。

李世民是个非常在乎面子的皇帝，他会去史官那里讨帝王起居注来看，并提出修改意见；会命手下大肆修改隋朝和唐朝开国的历史，不惜抹黑他的父亲，也要打造自己的光辉形象；在"玄武门之变"这块心病上，李世民下了大力气，把一场兄弟相争，篡改为李建成数次要杀害李世民，李世民不得已自保杀了哥哥……在出身的问题上，李世民觉得李家的声势远不如那些名门大户，于是，他命手下修改了当时的《氏族志》，让李唐皇族成为第一等姓氏，高于那些源远流长的旧氏族。

如今，武则天照葫芦画瓢，提出重修《氏族志》。这个行为并没有引起太大的反对，因为在当时的朝廷上，有很多寒族出身的官员也渴望提高自己的地位。新修订的《氏族志》改名为《姓氏录》，不再按照历史将家族分成等级，而按照社会地位重新划分。皇族与后族成为第一等级，其下是按照官员的位阶再分出八个等，一共有九等。五等以上，就可以称为氏族。如此一来，只要在唐朝做官，不论出身如何，只要官衔高，就会有相应的社会地位，"贵"不再属于老旧的氏族，而渐渐属于新兴的、成分庞杂的官僚阶级。

"文水武氏"从此成为望族，皇后的出身也一跃在众人之上，而多数官员的出身也有了明显的提高，这个举动受到了大小官员的拥护。武则天为自己提高地位的一个举动，也彻底动摇了魏晋以来的"九品中正制"，社会底层的人从此不必受歧视，也有利于唐朝政府吸纳更多的有才之士。无心插柳柳成荫，一个私心的举动却带来历史的进步，可见历史充满偶然因素，武则天的确是一个幸运者。

国母的资本

独木难成林，想要巩固自己的地位，只靠李治的信任和宠爱是不行的，武则天深知这个道理，她也开始考虑经营自己的势力，她需要信得着的人。例如她的母亲杨夫人。她不必担心母亲会背叛她，因为母亲与她的利益永远一致，她位子越高，母亲越有地位；她一旦出事，母亲首当其冲会受到牵连。而永远能和自己站在同一战线上的人只有亲戚。所以，在古代，打仗亲兄弟，上阵父子兵，是最牢靠的军队。

对于母亲，武则天不吝封赏，怂恿李治封杨氏为代国夫人，后来又加封为荣国夫人，成为当时品级最高的贵妇人。对于早已死去的父亲，武则天也要求追封，于是，已经在土里埋了几十年的武士彟成为周国公，封号还将随着女儿的高升而逐步提升。

武则天的身价一高，文水武氏的地位也有了显著提高。对武则天来说，她并不是不想扶植自己的势力，只是少时受的欺侮她到现在还记忆犹新，她不会对自己的异母兄长伸出橄榄枝。但转念一想，若是武氏兄弟须得依仗自己，对自己感激涕零，未尝不是一种报复，于是，曾经对武则天横眉冷对的武元庆、武元爽也升了官职，但这份恩典却没有给两个男人带来喜悦，反而被视为一种压力。

杨氏和武则天这对母女对往日受的诘难刻骨难忘，如今提拔武氏兄弟，既有笼络之意，又有炫耀之情；既希望这对兄弟今后能成为皇后在朝廷上的耳目，又想要在他们面前摆摆架子，一雪前耻。也许就是这样的一种心理，激起了两个山西汉子的逆反冲撞心理，导致异母兄妹间的关系再也不能弥合。

这一天，杨氏在自己的府邸设宴款待武元庆和武元爽。一开始气氛还算融洽，没多久，杨氏想到了旧年的遭遇，不禁想对这对兄弟旁敲侧击一番。于是她说："你们还记得以前的事吗？没有想到你们今天能有这样的富贵吧？"武氏兄弟对这位继母一向冷淡，也不觉得依靠妹妹有多了不起，加上为人直率，他们很不客气地对杨氏说："我们是功臣子弟，所以才能为官，而我们也知道自己的本事，不敢心存通达显贵的妄念。皇后提拔我们，我们忐忑难安，不敢以此为荣。"

杨氏勃然大怒，立刻入宫将这件事告诉了武则天。武则天也没想到武氏兄弟如今仍然敢藐视她。她二话不说就把武家兄弟发配到偏远山区，武元庆和武元爽很快就死了。这件事又被武则天的支持者们拿出来大做文章，夸赞皇后大公无私。在政治问题上，武则天虽然有自己的心腹，却能够不引起丈夫的怀疑，正是因为她对武家人的"冷处理"。此后就算有人奏请应该给皇后的亲戚更高的官职，武则天也会脸色一沉，坚决不允。如此一来，不但李治认为武则天一心辅佐自己，满朝文武也认为武则天是个有头脑、知大体的好皇后。

如今的武则天越来越风光，她精力充沛，不知疲倦地扮演着国母的角色。带着贵妇们躬行荒废已久的桑蚕之礼，对李氏家族的大事小情，她都了如指掌，还经常提醒丈夫不应该怠慢哪个公主，应该加封哪个皇亲国戚。李治和武则天有四个儿子：李弘、李贤、李显、李旦，武则天对这些孩子们悉心教导，无微不至。

在家事上，她面面俱到，让李治没有任何后顾之忧；就连朝堂之事，也经常给李治意见，让李治有了最可靠的臂膀。他保持着与她商量国事的习惯，喜欢听她的判断，她总能想到他忽略的地方。对武则天这个妻子，从任何方面，他都挑不出毛病，似乎这是一桩最美满的姻缘。

文武大臣们对武则天的看法也在逐步改观，他们原本以为武则天只是一个靠美色勾引皇帝，靠心机取得后位的狡诈女人，如今见武则天国事家事天下事，处理得头头是道，且不许外戚干政，比前任王皇后更为妥帖、威仪、有公信力和亲和力，不禁也承认她的头脑和才能，对她多了几分敬重。

但很多人也对这个女人更加畏惧，因为她太善于做表面功夫，而且他们看得出，皇帝在很多事情上都听从这个女人的意见。天子正值壮年，却事事都要找皇后商量，这不是一个好现象。他们忧心忡忡，却引不起李治的重视。在李治看来，武则天比他懂得多，做得好，他为有这样的妻子而自豪。

有一件事可以看出武则天在改善形象上所下的功夫。太子李忠被废，和母亲刘氏一起离开东宫，按照人情道理，他曾经的属官们应该来送上一送。大唐的太子都有自己的属官，为的是多多了解国事，增加经验，增长知识。此时李忠被废，属官们知道这位皇子凶多吉少，又知道皇后的厉害，谁也不敢来和曾服侍过的太子话别。这时，有个叫李安仁的正直官员在前太子临行前求见，与李忠含泪道别，官员们都认为李安仁即将大祸临头，李安仁不愧不畏。武则天知道这件事后，却极力夸赞李安仁的忠心，还劝李治一定要提拔这样正直的官员。这件事让群臣看到了皇后宽容的一面，甚至有人觉得这种做法，有当年太宗皇帝的影子。

　　武则天不是天生就懂政治，她和李治一样，都是李世民的学生。李治资质平庸，她则身份尴尬，但她更知道该如何学习，学习哪些地方。她很欣赏李世民为君的风度：当年玄武门之变后，李世民抓了魏征，知道他曾劝李建成杀掉自己，就指责魏征说："你为什么破坏我们兄弟的关系？"魏征一声冷笑，说："太子如果早听我的话，会有今天吗？"李世民当即赞赏魏征的忠诚，给予高官厚禄。在李世民麾下，有不止一个人曾是对手的部下，后来都为他所用。

　　这种为君的心胸与胆识是李治和武则天所向往的，李治不难做到，他总是喜欢原谅别人，大臣们只要不做得太过火，只要表达一下自己的忠心，他就会体谅对方的弱点。不过，这和政治家的宽容有天壤之别，只会被臣下指责为软弱。而武则天，她是一个爱记仇的人，她最难得的地方在于能够适当地遏制自己的天性，为大局着想，懂得孰轻孰重，在很多时候，她可以藏住不满，面带微笑地宽恕别人的"错误"。即使这笑容背后有杀机、有怨恨，却也只是证明了她已经是一个合格的政客。

　　在提高自己地位，增加自己资本的同时，武则天也没有忘记逐步铲除祸患。她的主要监视对象有两个，一个是被废的太子李忠，一个是萧淑妃的孩子李素节。李忠被废后，整日担心自己会被杀掉，被害妄想严重，有时候甚至扮成女人，逃避莫须有的杀手。他的精神这么紧张不是没有原因，这位前太子一举一动都被监视，稍有不慎就会被身边的宫女上报，说前太子有异心。武则天不着急杀掉这两个人，她有能力确保他们只能活在战战兢兢中，丝毫不能威胁到自己的儿子。

　　武则天渴望更大的风光，她还有一桩心事，就是回到自己的家乡，让父老乡亲看看当年备受欺凌的武家小姐，如今有怎样的尊贵。于是就在陪同李治游东都洛阳时，提出回并州看看的要求。可以想见，李治这样柔情的人，最能体谅怜惜妻子的这段经历，毫不犹豫地就答应陪武则天返回故乡。何况，武则天的故乡并州，是当年李渊起兵打天下的地方，李治也愿意在那里回忆祖上的光荣。

从东都洛阳到并州，一路言笑晏晏，李治和武则天都有说不尽的兴奋。特别是武则天，回忆起那一段黯淡无光的岁月，怎么不感慨万千？在并州，她大摆筵席，款待父老乡亲们。古有汉高祖刘邦还乡唱《大风歌》，今日武则天也同样踌躇满志，接受着乡邻们的艳羡和赞美。此外，武则天还不忘记造福家乡妇女，并州但凡八十岁以上的女性，都给予五品头衔。

端庄、高贵、大方、得体的国母形象，为武则天赢来了很长一段时间的声誉，如果她一直持续着做这样一位国母，对大唐、对李治、对群臣、对天下百姓而言，都是一件美事，史官也会不吝笔墨，称赞一二。可惜，武则天并不想当男人背后的女人，她有一种难以控制的征服欲和占有欲，让她总是想得到更多的东西，而这种特质，恰恰是帝王所必需的。

皇与权

唐高宗李治统治时期，政治的一大特点是皇权的加强。

修改《氏族志》为《姓氏录》只是一个起步，皇族地位大大提高，压制着其他士族，传统的名流格局受到一次又一次的冲击。李治和武则天都想把自己摆在至高无上的地位，不容许任何人凌驾自己，他们说服天下也说服自己相信，自己的权力是不容置疑、不会更改的，这恰恰也是李治最重视的——李治好不容易抓到了政权，最害怕的莫过于政权旁落。

李治对宰相心怀警惕。长孙无忌、褚遂良、来济、韩瑗这些人都是宰相，他们可以监督皇权，可以执掌行政，全国的事务都在他们的号令之下。如果宰相集团联合起来反对皇帝，皇帝也会缚手缚脚。当年李世民一心想要建立明君的美名，而且为人有雅量，不但希望宰相们德行兼备，对纳谏的大臣也常常给以嘉奖。到了李治一朝，情况却不是如此，即使李治想当明君，也不希望自己的权力被干涉，而武则天又最怕被人说三道四，于是二人都希望能架空宰相集团。

方法有两个，一是宰相由自己人担任，保证他们不会出逆耳之言，凡事都按照自己的意思执行。许敬宗和李义府无疑是个好人选。此外，没有与他们为敌过的官员杜正伦、卢承庆、许圉师、任雅相等人也担任过宰相。但是，杜正伦没多久就与李义府有争执，被撤职；卢承庆后来被调职到地方；任雅相死在战场；许圉师也因事被李义府逼迫离职。宰相的数目一直在减少，最后只有许敬宗、李义府和文士出身的上官仪仍旧担任这项工作。少了能言善辩、倚老卖老的宰相在朝堂上指指点点，李治顿时觉得清静不少，武则天也暗自得意。

李治对外戚严加防范。他知道长孙无忌能有那么大的资本，就是因为父亲的信任和支持。李世民在世之时，经常有人提醒李世民小心外戚，也就是长孙无忌，李世民把这些书信全都交给长孙无忌过目，以示信任。甚至长孙皇后临终时不断嘱托，也没能让李世民削一削长孙无忌的地位，最后终于造成李治的烦恼和长孙无忌本人的悲剧。外戚不得不防，不论是长孙无忌还是王皇后的舅舅柳奭，都是前车之鉴。好在，皇后本人并不提拔外戚（也没什么可以提拔的人选），这点倒是让李治大大地放了心。

唯一的漏洞就是他身边的皇后，他一直依赖这位贤内助，并没有真正想过武则天会篡了他的位置。只是国无二君，两个人一起共事，难免分出主次，武则天又处于强势位置，李治在初期自然会觉得事事省力，日子一久却难免觉得憋屈。他发现自己的妻子越来越喜欢在朝堂上安插人手，且不允许自己撼动她的心腹。

他们的矛盾，从李义府身上就能体现。

对李义府这个人，李治不是没有意见。尽管当初他是第一个支持李治立武则天为皇后的大臣，李治对他不是没有感谢之意。可是，被人们称为"李猫"，总是笑里藏刀，动不动就咬人一口的李义府，实在有太多让李治不满、甚至不齿的地方。

武则天刚刚立为皇后那一年，李义府遽然登上高位，得意扬扬地摆起了高官架子，不但在同僚间颐指气使，对国家法律也不那么放在心上。有一天，他去视察监狱，突然看到一个女犯人长得漂亮，便命大理寺丞将女犯人放了，收为自家的小妾。大理寺的长官发现少了一个犯人，自然要责问经手的大理寺丞。李义府害怕事情败露，逼大理寺丞自杀。这一次，刚刚胜利的李治念在他的功绩，不予计较。

有了皇帝的宠爱，李义府更加不知收敛，就连他的儿子也仗着父亲的权势，卖官鬻爵。李家每天都热闹得像菜市场，李家的公子、女婿也如卖菜大妈一样称斤称两，收钱交货。宰相杜正伦是老臣，再也看不惯李义府的猖狂，不但平日骂不绝口，有一次在朝堂上和李义府公然大吵，吵得李治头疼不已，将他们一同贬出长安城。李义府有武则天撑腰，很快，在武则天的劝说下，李义府又被调回京城，依然位居高官。而杜正伦呢，还没有等李治想到把他也调回来，他就老死在任地。

"凯旋而归"的李义府不知汲取教训，贪欲和脾气反而一发不可收拾。有了武则天的支持，他连皇帝的劝诫都不大放在眼里。回到天子脚下，他先逼死一个五品官员，然后大肆修自家祖坟。李义府希望自己的祖坟修缮得豪华气派，这自然需要不少工匠，当地县令只好到处抓劳工，最后亲自上阵累死在工地上。李义府的名声越来越臭，李治的忍耐力越来越差。终于，在李义府从事新一轮卖官鬻爵活动时，李治找来李义府进行谈话。

李治只想批评一下李义府，他尽量以诚恳、温和的语气说："这次爱卿主持选官，但很多人报告说，爱卿的儿子和女婿中饱私囊，任意买卖官职，我为爱卿的面子着想，压下了这件事，希望爱卿你教育一下后辈。"

话说的委婉，但李义府一听就变了脸色，质问李治："这些话是谁说的？"

李治一时没缓过神来，随即怒火中烧。一个好脾气的人不会一直容忍同一个人、同一件事，高宗忍过了长孙无忌，忍着他霸道的老婆，如今老婆的心腹也敢对他大呼小叫。他板起脸对李义府说："我说的都是事实，你何须问我从哪里听的！"

皇帝已经发了脾气，李义府视若无睹，仍然在生他自己的气，也不理会端坐着的皇帝，大袖一拂，气哼哼地走了。李治坐在那里气也不是，怒也不是，好一阵子才反应过来：一个臣子竟然敢对皇上耍脾气！就算是当年的长孙无忌这群人，对着皇帝也是毕恭毕敬，这李义府竟然轻狂放肆到这个程度！

在封建社会，君主是天下之主，走到哪里都有人跪拜、赞颂，无形中养成了他们的傲气，谁若敢轻视他们，他们必然要动用权威，让那个人好看。李治也不例外，他已经不能再纵容李义府如此无视他的存在。他冷静下来，开始思索如何发落李义府。

李义府毫无被厌弃的自觉，依旧骄奢。一日，他听说有一术士卜卦准，就请术士来相面看掌望风水。术士在李府走了一圈，随即长吁短叹，说李府盘旋着一股不祥之气，需要二十万缗钱财镇宅，才能压得下这股邪气。李义府一听，连忙加快了敛财的脚步。可是，二十万缗不是小数目，一缗铜钱是一千文，二十万缗足足要堆几间屋子，李义府不知该去何处弄这么多的钱。他思前想后，突然想到那些被自己弄倒的高官，他们家里一定还积攒着不少银两，如今都在他们的子孙手里。

他首先想到了长孙无忌的后代。当年长孙无忌身为皇亲国戚，又是李世民最宠信的大臣，家里金玉满堂。如今长孙无忌死了，儿子们也死了，还有一个叫长孙延的孙子在长安。李义府派儿子去找没有官职的长孙延，说只要他拿出七百缗，李义府就能帮他弄到一个六品官位。这件事被右金吾仓曹参军杨行颖知晓，一本奏折递与李治，李治冷笑一声，命李勣亲自审理，没多久，李义府种种罪行被揭露出来。

这一次，武则天没有帮助李义府，她明白李治对她已经有了警惕，而她还没有牢牢地握住朝政，不能一而再再而三地激怒丈夫。于是，失去庇佑的李义府被抄家，流放到四川，他的几个把买卖官职当职业的儿子、女婿，也都被流放到穷乡僻壤，昔日荣耀成了黄粱一梦。等到李治封禅泰山，大赦天下之时，还不忘告诉下旨的官员，"天下大赦，李义府不赦。"李义府知道这件事后气得大病一场，不久就死了。直到武则天当上皇帝，才重新追封李义府为扬州大都督，还让李义府还活着的妻子去了东都洛阳，安享晚年。

这是帝后的一次隐蔽的斗争，以李治的胜利告终，他更加确定自己牢牢地掌握着皇权。而武则天含而不露，并不表现出气急败坏，为的就是让丈夫安心。她仍然是丈夫的内参，参与着各种国家大事。这个时期，武则天也显露了她从政的一些特点，这些特点是个性使然，也让她被后世诟病：武则天特别喜欢听吉利话，看吉利事，相信"祥瑞"。有人说在河里看到一条鳄鱼，以为是龙，喜滋滋地上报，她就以为这是真龙现世，把那一年的年号改为龙朔；又有人在厨房发现一段鹿的脚趾，奏明说捡到了麒麟趾，她也深信不疑，于是年号又变成了麟德。诸如此类的事，在高宗一朝屡见不鲜。

武则天更喜欢显示自己的与众不同，总做一些旁人看起来异想天开的事。小说《镜花缘》中，写这位女皇见冬日百花凋零，觉得凄凉，就命百花必须在冬日开放。这正是武则天的个性，她就是喜欢做别人没做过的事，别人不敢想的事。别人说："胡闹。"她反而更有兴致，非做不可。她觉得官员们的官衔老土，就多做改动，如把上书省改为中台、中书省改为西台、门下省改为东台；她觉得皇帝的年号应该改改，就可以一年改三次，总之，她随心所欲，让人无所适从，又毫无办法。

加尊号也是武则天的一大喜好，她喜欢给自己和丈夫的名字前加上各种各样华而不实的称号，每次他们要加尊号，唐朝历代皇帝皇后，武家的列祖列宗的封号也要跟着加长。这个习惯也感染了李治，他也开始热衷加尊号，连春秋时的老子，李家自诩的老祖宗李聃，也被他封为"太上玄元皇帝"，在这方面，这对夫妻志同道合。

比起气势恢宏的长安，武则天显然更喜欢新兴城市洛阳，她怂恿丈夫把洛阳定为大唐的第二个首都，这个充满商业气息的繁华城市令武则天念念不忘，她要求丈夫一次又一次带她去洛阳居住。每一次去东都，都要带着文武百官，皇亲国戚，洛阳也设立了帝国各机构的分支，中央政府一次次整体转移到洛阳去办公。这浩浩汤汤的队伍耗费巨资，几乎要引起国家财政危机。

好在这个时期，唐朝国力不断上升，武则天的心血来潮，并不影响国家大事。而在这个阶段，李治的身体却一天不如一天，患上了头风病，经常头晕目眩不能理事，于是，武则天经常在朝堂上垂着珠帘，和李治一起听取朝臣们的汇报。所以，这一时期取得的成绩也是李治与武则天共同研讨的结果，总的来说，李治和武则天都有不错的决策能力，才保证了前方战场能够胜利。朝臣们也将他们称为"二圣"。这个阶段的决策者依然是李治，武则天是丈夫李治的辅佐者，他们的确想把这个国家治理得更好。这个难得的机会也让武则天得到了宝贵的政治经验，刺激了她更大的野心。

情感危机

李治生病，国家的重担落到了武则天肩上，她冷静而理性的处世态度，不缺乏大局意识的头脑，开阔的政治视野，果敢的决策能力，让朝臣们有些惊讶。很快，他们就习惯了这位女性的政治风格，但他们仍然希望皇帝的身体尽快好转，不要由一个女人坐在朝堂上。

垂帘理政为武则天带来了更大的政治机会，她也深切地意识到了"自己人"的重要。尽管她在朝堂之上有不少亲信，为了拉拢他们也做了很多事，但又怎么能保证这些人能够忠心到底？究竟什么样的人才能真心实意地拥护她？也许只有武家的亲戚们。

武则天对"亲戚"的渴望，产生在发落了武氏兄弟之后。听到武氏兄弟的死讯，武则天总算出了一口气，但气消之后，又觉得有些怅然。武则天遗憾自己没有亲兄弟，只有姐妹。兄弟能在朝堂任职，能身居要津，能随时把握朝廷动向；姐妹的用处就显得微不足道。而且，此时她也不宜启用外戚，招人耳目。那么也只好利用姐妹们的丈夫，以及姐妹们的孩子。

可是这个时候，姐姐已经守寡，拉扯着一儿一女，妹妹也已夭折。武则天对母亲和姐姐都不错，母亲养尊处优，姐姐也被封为韩国夫人。姐姐的儿子贺兰敏之和女儿贺兰氏，也成为世家子弟小姐，尽享荣华富贵。武则天万万没想到，她一片好心照顾姐姐和姐姐的孩子，却引起一场后院大火，烧得她胸闷气促。

　　事情的起因是韩国夫人经常带着儿子和女儿出入后宫，与武则天团聚。武则天也是一个需要亲情的女人，钩心斗角之余，在母亲、姐姐那里享受关怀，对她来说是一种难得的休息。没想到丈夫李治竟然看上了自己的姐姐韩国夫人，二人勾搭到一起，流言传遍朝野。武则天难堪、愤怒、却无计可施。另有野史记载，二皇子李贤诞生不久，便有传言说这其实是李治与韩国夫人的儿子，武则天碍于皇家体面，才承认是自己所生。

　　韩国夫人已经是两个孩子的母亲，是名副其实的半老徐娘，就算风韵犹存，比起后宫的如花佳丽，也有云泥之别。究其原因，是因为在武则天的管制下，李治想要偷腥，难上加难。皇帝本来就有三宫六院，为了传承着想，后宫妃子不宜太少。但李治虽然有妃子，却见不到也摸不到。武则天严格地管理着他的生活。

　　对于李治来说，这件事令他十分痛苦，他也希望能像父亲李世民一样，有很多宠妃，能文的能说的，会唱的会跳的，贞静的妩媚的，享受齐人之福。而他却被武则天管辖着，不能做"越轨"之事。自从有了武则天，李治的所有皇子皇女都由武则天诞下，可见她管丈夫管得多么厉害。所以，李治看上韩国夫人，大概因为韩国夫人是武则天放心的女人，能够与李治接触，也是李治唯一能接触到的美丽女性。

　　武则天不会原谅这种背叛，即使对方是自己的姐姐。没多久，韩国夫人就因饮食不慎去世，宫里的人偷偷传言有人在韩国夫人的饮食里下了毒，李治也怀疑是武则天做了手脚，但武则天大发哀恸，流着眼泪历数姐姐这一生的不幸，谁也拿不到她的把柄。这件事只能不了了之，李治心里不痛快也不便发作。

李治过着味同嚼蜡的生活，他能接触到的女人不过是一些宫女和满嘴三从四德、仁义礼信的女官。幸好这一时期国家不是传来边境的捷报，就是地方汇报丰收，武则天兴致勃勃地参与朝政，李治也觉得找到了心理的平衡点。比起国家大事，后宫的小事只能暂时憋在心里。

但一个皇上对委屈能忍多久？而且，李治越来越觉得武则天太过独断，一个女人怎么能对自己的丈夫大呼小叫？怎么能总是压着自己的丈夫？他也察觉到武则天心机深，当初那个妩媚温柔的媚娘，如今渐渐变了一个人。

在这种猜疑和苦闷中，李治对武则天有了很深的成见。偏偏武则天没有察觉到丈夫的心思，依旧忙碌着，管制着，闲暇时还要搞搞迷信活动。武则天对鬼神之说深信不疑，也经常与和尚道士有来往，希望他们能帮助自己祈福，求上天对自己降下更多恩宠，使自己避免灾祸。接触多了，自然惹人口舌，落人口实，唐麟德元年（664），这件事险些让武则天失掉皇后的位置。

这件事的起因是一座新建的宫殿。武则天以李治需要更加舒适的宫殿养身体为由，兴建了一座富丽堂皇的蓬莱宫。为此，京都附近调集了十万民工，文武百官捐献了自己一个月的俸禄，工人们加班加点，很快建成了这座华丽的宫殿。新宫落成后，武则天很高兴，看着新的建筑、新的家具、新的花园，想要立刻从旧宫搬进去。可是，第一批进到新宫的宫女太监却魂不附体地回来汇报说："新宫闹鬼。"

在古代，尚无人居住的新住宅与久久无人打理的老住宅都容易传出闹鬼的传闻。试想，大宅空空，庭院空空，树木野草间刮着风，簌簌作响，月亮下树影斑驳，花影重重，再有些鸟兽窜过，发出异响，难免让走在园子里的人心生错觉。何况，在长安的皇宫中，常年流传着王皇后和萧淑妃死后怨恨武则天，化为厉鬼盘旋的流言，怎能不让人害怕？

武则天胆子大，但却也相信鬼神之说，传闻她总是想迁往洛阳，就是因为害怕王、萧二人前来索命。听到新宫闹鬼，她大上心事，找来一个叫郭行真的道士每夜念符烧纸，弄得宫中人心惶惶。而且，有传闻说作法期间只有武则天和郭行真两个人在屋子中，谁也不知道他们做了什么。没几天，流言有了新版本，有人说武则天正在搞厌胜术，诅咒李治。

不论如何，这种情况太过可疑，一个叫王伏胜的太监将这件事告诉了李治。

废后

王伏胜的话，让李治大动肝火。

一个皇后在宫里大搞厌胜术，她难道忘记当初王皇后就是因为厌胜术而失去地位吗？何况一个皇后和一个男人单独相处，难道她不怕别人说三道四？李治越想越气，又想到这个女人平日总是管着自己，不禁想假如他能像对待王皇后一样对待武则天，废了她的后位，从今以后，不就再也没人管束自己？

他动了这个心思，就找来自己信任的宰相上官仪来商量。上官仪是新被提拔的宰相，武则天很少注意他，因为他只是一个文人，没有什么威胁。武则天只喜欢看看他写的诗，品品他的书法。李唐家的传统，皇族子孙全都苦练书法，李世民本人以"飞白"著称，他的儿子李泰更临得一手好贴，李治从小就练书法，武则天当年为了讨李世民喜欢，也苦练毛笔字。上官仪一笔好字，一笔好诗，很受帝后二人赏识，而武则天认为文人起不了多少作用，也不把他与李治的要好放在心上。

上官仪是个很有想法的人。他首先是个很有想法的诗人，当时流行的诗歌都受南朝诗歌的影响，南朝诗歌柔靡动人，但缺少风骨，连已过君主吟出的句子也是诸如"妖姬脸似花含露，玉树流光照后庭。花开花落不长久，落红满地归寂中"一类又绮丽又颓废的句子。隋文帝杨坚为人刚肃，但写起诗来依然是"红颜讵几，玉貌须臾。一朝花落，白发难除。明年后岁，谁有谁无"摆脱不了的宫体诗味道。

上官仪改造了这种诗体，在一片风花雪月中，营造出了一种自然和谐的韵味，显得格外清新，他写的"脉脉广川流，驱马历长洲。鹊飞山月曙，蝉噪野风秋"是唐诗中的名篇。这种有新意的宫体诗被当时人称为"上官体"，很快风行于世，让那些受够了旖旎文风的文人找到了一个通气口。慢慢的，宫体诗开始衰落，唐诗靠着初唐四杰、靠着陈子昂，逐步具备了开阔气象，上官仪就是其中的桥梁。可以说，上官仪为官贡献有限，对唐诗的贡献却有目共睹。

不过，异想天开又主观的诗人并不适合从政，李治找上官仪商议，上官仪一不从长计议，二不争取同盟，三不察言观色，一听说李治有废后的意思，就风风火火地说："皇后专横，天下人早就不忿，皇上应该废了她！"这句话虽然有事实成分，但说到"天下人"，就有点主观臆断。

不过这句话无异于火上浇油，李治正在气头上，想到武则天平日的种种做为，想到这些年自己受到的管辖，想到武则天的"不检点"，他终于拿出天子的威风，命上官仪立刻写废后诏书。上官仪才子走笔如飞，没用多久就写完了。没想到，两个人的谈话早被宫女太监们火速通报给武则天，这份诏书墨水还没干，武则天就已经站到房门口，让李治大惊失色。

武则天的嚣张跋扈，让李治难以忍受，他想要教训这个女人，但未必到了要休妻的程度，两口子吵架，外人不能当真，偏偏上官仪是个不知变通的文人，把皇帝的气话当成真话，这张诏书如罪证一般放在案上——武则天看见，双眼如烧了两把火。消息传遍了整个后宫，所有人都想看看这么大的一场风波会怎样收场。而这次废后事件，也可以从侧面看出李治对武则天究竟怀有什么样的感情和态度。

如今，他们就像所有多年的老夫妻，妻子蛮横，丈夫软，时不时有口角，却到不了离婚的程度。李治对武则天有敬畏、有厌恶、有依赖、有年少时爱恋的、有长久的相濡以沫的依存，在国事上，李治依仗武则天的意见，武则天也注意自己的分寸，不会专断独行，让李治真的产生危机意识；在大臣问题上，二人虽然有摩擦，但总的来说武则天有眼光，李治也有底气，这种争执不会真的影响到夫妻关系；在纳妾问题上，武则天也算一个妒妇，而李治因为心存愧疚容忍武则天的行为，究其原因，仍是对武则天存着温柔之情。

也就是这个原因，李治怕老婆是历史上的定论，但对李治来说，这种"怕"，固然有一个性子软的人对泼辣的人的屈就，但其基础仍然是信赖、依赖与多年的夫妻情深。一个皇帝掌管天下，不大可能单纯因为"怕"，就任由皇后管辖。等到临终时宣布儿子继位，又提出由武则天辅政，正是这种信任的重要佐证。

比起李治，唐朝历史上还有一个更惧内的皇帝，就是李治的三儿子，未来的唐中宗李显。他对妻子韦皇后马首是瞻，即使妻子和别的男人眉来眼去，他也觉得妻子到了这个年纪还有人喜欢，能让妻子开心，很好。李显惧内，也有深层原因：数年来，他被母亲武则天流放，随时有生命危险，每当他怕得想要自杀，都是妻子韦氏支持他，鼓励他，让他千万要坚持下去，并在饥寒交迫中张罗起家里的一切，对他不离不弃。

不过，爱是真的，怕也是真的，至少在武则天怒气冲冲地来到李治面前，李治吓的什么都忘了。看着武则天柳眉倒竖，他一句完整的话都说不出来，任由武则天拿着诏书气得全身发抖，他也在一旁直打哆嗦，不知道武则天会如何发威。

武则天定了定神，却没有河东狮吼，反而声泪俱下地问李治为什么要废掉自己，李治条件反射一样推卸掉自己的责任，连声说："一开始我没有这个意思！是上官仪教我的！"于是，帝后长谈一番，言归于好，倒霉的上官仪就这样做了炮灰。

惩办上官仪，武则天做得雷厉风行。这是一个危险的苗头，竟然有人胆敢挑拨皇帝废后，倘若这样的人多了，心存不满的李治难免不动心。当年李治肯对王、萧二人硬起心肠，对长孙无忌等人痛下杀手，不也是因为自己不断吹枕边风？武则天越想越怕，越想越气，对上官仪毫不手软。

武则天的心腹许敬宗再一次发挥了他的作用，他写了一封奏折，说上官仪、王伏胜这两个人以前都侍奉过太子李忠，这次王伏胜告密，上官仪怂恿皇帝废后，都是因为他们想要谋反，趁机废掉武则天，废掉李弘，重新扶持李忠做太子。"谋反"这个罪名屡试不爽，三个人都被问斩，因此事送命的废太子李忠终于结束了多年战战兢兢的日子，再也不用担惊受怕；堂堂宰相上官仪也被抄家，家里的女眷全被收入宫中为奴。

在上官仪的家眷中，有个小小的女孩也被收进宫中为奴。这个孩子出生之前，她的妈妈曾经做了一个色彩华美的梦，梦里有位巨人拿着一个巨秤对她说："你肚子里的孩子能够称量天下。"妈妈原以为会生下一个大才子，没想到襁褓里却是眉清目秀的小女孩，她笑着对女儿说："将来称量天下的会是你这么个女娃娃吗？"这个女孩叫上官婉儿，是上官仪的亲孙女，被充入掖庭时还不记事。后来，她成了杀害自己祖父、父亲之人最信任的女官。

在后宫战争中，武则天大获全胜，一直维护着自己的权力，包括让丈夫不能特别宠爱别的女人，更不能和别的女人生下皇子。丈夫的政权最好也掌握在自己手中。她越来越厉害，李治也越来越软弱，"废后事件"从此再也没发生过。除了多年的感情，李治也深切地意识到除了武则天，他并没有其他可以依赖的人，也许他会偶尔想起早已死去的长孙无忌、褚遂良、来济、韩瑗……这些名字如今太过遥远，以致当初的憎恨不再那么强烈，甚至在极其偶然的情况下，他会想如果这些大臣还在，朝廷又会是什么样子。他打断了自己的幻想，如今病弱的他只能依靠着身强体健又精明的皇后，他没有第二个选择。

收拾了上官仪，武则天松了一口气，可她立刻发现，自己的战斗永远不会结束。后宫又再次有了新的风波，李治有了新宠。她杀掉韩国夫人，同样的事又发生了第二次。这一次，李治看上了韩国夫人的女儿贺兰氏。贺兰氏因为武则天的缘故被封为魏国夫人，享受着皇家公主的待遇，而且往来后宫，并不避讳与李治的接触。

和韩国夫人不同，贺兰氏年轻貌美，很合李治心意。李治很少能接触到如此美貌的姑娘，心中垂涎，终于趁武则天不注意宠幸了这个小姑娘。贺兰氏年轻不经事，不知道自己即将大难临头，还为自己今后能得到的荣华富贵陶醉，而且，她对自己的母亲韩国夫人的死心存怀疑和怨恨，仗着李治的宠爱，对武则天不甚恭敬。

武则天呢，她又一次被丈夫和亲人联手背叛，内心惊涛骇浪般的愤恨险些吞没她的理智。她反复警告自己不要轻举妄动，废后事件后，她更多了心眼儿，尽量避免和李治正面碰撞。于是，她没有表露出不满，反倒对小姑娘亲亲热热，没有了从前妒妇的样子。李治和贺兰氏察觉不到武则天亲热的外表下，已然萌生的杀意。

有了魏国夫人，李治过了几天快活日子，很是满足。而武则天依然精力充沛，她就像一个喜欢打仗的将军，不断地攻下一个接一个山头，还要炫耀她的战利品让人羡慕。每当她想到新的念头，就会去和李治商量——也许并不是商量，只是通知。武则天也了解李治，也会找一些让李治会开心的事，麟德二年，武则天怂恿李治封禅泰山，李治喜欢和"建功立业"有关的一切，高高兴兴地答应了。

第二章 ／ 帝后的辉煌

封禅大典

唐麟德二年（665）十一月，李治和武则天从洛阳出发，前往泰山封禅。

封禅是古代帝王政治生涯中的大事，在遥远的夏商周时代，就有关于封禅的记载。"封"是指皇帝在泰山顶上设坛祭天，"禅"是指在泰山下的社首山祭地。哪位皇帝觉得自己把国家治理得好，国运昌隆，千载难遇，就可以选择去泰山封禅。对帝王来说，封禅泰山是莫大的荣耀，只有极少数的帝王才有这种自信。

在李治和武则天之前，去泰山封禅的帝王只有三个，分别是：一统六国，一统文字，一统货币，威名赫赫的千古始皇嬴政；英才天纵，缔造盛世，驱逐匈奴，光炳千秋的汉武帝刘彻；诛锄暴乱，中兴汉室，尚节崇廉，明于治道的汉光武帝刘秀。这三个人在历代帝王之中，功过不提，都是人中之人，龙中之龙，文成武德非同小可。

离李治较近的时代，并不是没有有资格封禅泰山的人。隋文帝杨坚结束长达三百年的地方割据一统天下，确立三省六部制延续千年，缔造开皇盛世，使原本四分五裂、民不聊生的国家户口激增，人民安居乐业，官吏清明，是古今中外评价颇高的皇帝之一。这样一位帝王，大臣们请他封禅，他觉得自己治理国家治理得还不够好，拒绝这个提议，后来也只是到泰山脚下遥遥一拜，可知其人的务实与谦逊。

还有李治的父亲李世民，贞观之治的功绩对大唐而言，怎么夸耀都不为过，而且李世民南征北战，平四夷服四海，被各个少数民族敬畏地称为"天可汗"，也有不少大臣上书请他封禅。而他不是觉得国家财力不够，就是忙于战事，始终错过封禅的机会。这对他来说是个不大不小的遗憾。但是，即使没有封禅，历史又怎么会忘记李世民这个皇帝？

比起这些人物，李治无论从能力还是资历上，都无法相提并论。但他被武则天吹着枕边风，被群臣上书，再加上在他的治理之下，的确出现了风调雨顺，人民和乐，国力大增，国威大放的事实，像他这样一直渴望名誉的人，不免飘飘然起来，根本不知该如何掂量自己。妄自尊大的结果，就是他接受了皇后和群臣的提议。

这结果令武则天喜笑颜开。武则天最喜欢排场，在万众瞩目的舞台上，表现出自己的雍容华贵，接受全天下人的膜拜。在她初当皇后的时候，很重视的一项公益活动，就是皇后的亲蚕礼。这是历代王朝的一项重要传统。中国是农业大国，农耕和桑蚕是万民赖以生存的基础，生为天子，要为天下人祈求天地，每年三月，天子要亲自在南郊耕种，皇后要在北郊亲自采桑喂蚕，男耕女织，为天下人做出表率。

不是所有皇后都重视这个仪式,武则天之前的王皇后就没有这个心思。武则天却恨不得有更多的表现机会,每年三月,她都会穿上最庄重华丽的朝服,带着皇亲国戚的女眷,有诰命的夫人,长长的彩车队伍,在锣鼓喧天中迤迤逦逦地来到北郊,再在柔和的乐曲中,亲自采桑喂蚕,显示一国之母的温和与责任感。

转眼过了几年,小小的亲蚕礼已经不能满足武则天的胃口,她希望有更大的舞台展示自己,于是,她向往在泰山之上敬天告地。说服李治是第一步,第二步才是关键。封禅自古就是男人们的事,皇后只是陪同者,没有资格主持献祭。自古以来,封禅时都是由帝王献上祭品,称为"初献",再由公卿献上祭品,称为"亚献",整个过程都是男子们在活动,没有女人的事。

武则天一向是传统规矩的破坏者,她郑重其事地上书李治,提出皇后应该参加封禅,还应该主持亚献。理由如下:天为阳地为阴,封禅为祭天祭地,怎么能把代表"阴"的女性排除在外?所以,皇后以及内外命妇理应参加这盛大的仪式,显示阴阳调和,五谷丰登。

李治对这个提议大加赞赏,认为武则天说得非常有道理,这个时候,谁又敢反驳主事的武则天?于是,武则天将要带着嫔妃、公主、郡主、所有三品以上官员们的妻子和母亲,一起参加封禅,并亲自主持亚献。武则天又一次不动声色地拉拢了人心,扩大了自己的同盟,至少,皇宫内外的贵族妇女们听到这个消息,欣喜若狂,千古之下,哪朝哪代的妇女有这样的荣誉?那一刻她们打心底里感激武则天,忽视了家里连连摇头的丈夫们。

于是,许敬宗带领群臣开始准备封禅大典,当时皇帝皇后文武百官都在东都,比起长安,自然少了很多舟车劳顿。但封禅大典非比寻常,一切用度都要高级,要办得风光体面,依武则天的意思,当然要奢华地走上一路,让沿途百姓领略帝后的风采，分享大唐的光荣。于是，预算一而再再而三地增加，幸好此时国泰民丰，国库充足，浪费也算不上犯罪。

这一路极尽风光，彩旗彩幛连绵数里，高头骏马与勇武的骑兵开路，威风凛凛身着明光甲的步兵护卫，乐师们吹奏着热闹的乐曲，大臣们满面春光，女眷们盈盈笑语，跟随的还有黄发高鼻的外国使者，感叹着大唐的大好河山与国威赫赫，夹道的农人欢呼雀跃。到了晚上，住宿的帐篷搭起来，灯火通明，欢宴不断。这一路像是没有尽头，让武则天陶陶然，心潮起伏。其间，李治和武则天不忘接见沿途的老农，这一对亲切的帝后给百姓留下了极其深刻美好的印象。一路走走停停，一个多月后，长长的队伍才抵达泰山。

唐乾封元年（666）正月初一，高宗李治登上泰山之南；初二，在泰山之上行封礼；初三，43岁的武则天的人生又上了一个新的台阶，她穿着华衣锦服，带领命妇们主持亚献，而那些高贵的公卿只能在一旁看着。这种情况亘古未有，妇人们面上生光，官员们面面相觑，不敢多言。

普天同庆的日子，武则天不会让这些官员们不开心，她又对李治提出建议，把文武百官的官阶都加了一级，俸禄自然也跟着增加不少。这一下，成了官员们笑逐颜开，和他们还在回味封禅盛典的老婆、老妈们一起开家宴庆祝。皇后主持亚献这件不合古代礼仪的事，也被他们忘到脑后了。

帝后和群臣在泰山下游玩设宴，一直逗留了十几天才离开。既然到了齐鲁，万代之师孔子一定要拜上一拜，于是，浩浩汤汤的队伍到了曲阜，拜了孔庙，还给孔子封了个"太师"的头衔。接下来又是一路游玩，直到三月，这支队伍才终于回到了东都。这一次，不但帝后风光，百官尽兴，女眷称意，就连那些奇装异服的外国使者也大大叹服，可谓一派欢声笑语。

借刀

　　泰山之行的另一个收获，就是武则天终于找到机会，收拾了自己的小情敌魏国夫人。

　　一直以来，武则天看着魏国夫人在李治面前卖弄风情，却还要强装笑脸，心里早已不耐烦。但她仍然像一个耐心的猎人一样等待着，她不着急，想当年收拾王皇后和萧淑妃的时候，她能耐起性子装上好几年。她知道想要掩人耳目，除掉魏国夫人却不惹人非议，需要一个绝佳的机会，人生风云莫测，这样的机会总能遇得到。

　　这是武则天的做事风格：凡事力求缜密，不给别人留下把柄。她考虑问题考虑得周全：除情敌，要顾及自己的形象，顾及她与李治的关系，顾及后宫诸人的议论。杀一个人简单，但若不事先想好杀人之后需要面对的问题，以及针对这些问题的对策，那不过是有勇无谋。武则天已经明目张胆地杀掉了一个韩国夫人，这一次，她决定借刀杀人。

　　机会来了。封禅这种全国性的盛典，各地的刺史也要随行，其中就有当初总是欺负武则天的武惟良和武怀运。他们和武元爽两兄弟不同，很希望能得到武则天的提拔。但是，武则天一直以来牢记着当年的仇恨，根本没有找他们叙旧的意思。两兄弟想要抓住封禅这个机会，趁着各地官员纷纷献上山珍海味的时机，也送来一些土特产，想要拉拉关系，讨她欢心。

武则天皮笑肉不笑地接受着两兄弟的奉承，心中涌上阵阵反感。昔时被欺侮的记忆一幕幕出现在脑海里，她看着那些食物，计上心来。

回到洛阳后，武则天命侍女招来贺兰氏，拿出武家兄弟进贡的食物，请贺兰氏品尝这些原汁原味的家乡特产。面对家乡的风味，贺兰氏没有防范之心，高兴地吃下这些食物，没多久就七窍流血，中毒身亡。而这时的李治，还在朝堂上和大臣讨论朝政，哪里想得到好不容易平静下来的后宫又添了一条人命。等到他下了朝，想要见见自己的情人，发现美丽的贺兰氏已经变成一具冰冷的尸体。

凭着多年来对武则天的了解，李治立刻明白了前因后果，他没想到武则天下手如此快、如此毒，他反复地问："朕上朝的时候，魏国夫人还好好的，怎么下了朝就死了？"而他问话的对象，是闻讯前来的贺兰敏之，李治问了好几遍，他流着泪，一声不吭。这一幕自然也传到了武则天的耳朵里，武则天说："敏之这小子怀疑我。"

李治对贺兰氏很是内疚，但这件事查办下去，自然查到武惟良、武怀运二人头上，这两个人自然没有好下场。武则天不但消灭了情敌，还顺手搭上了当年羞辱自己的仇人，可谓一箭双雕，天衣无缝。贺兰氏的哥哥贺兰敏之洞悉了一切情况，他是个爱护妹妹的好哥哥，看到无辜的妹妹在宫中惨死，在心里发誓有一天一定要为妹妹报仇。武则天察觉到贺兰敏之的疑心，但她认为贺兰敏之将来要袭承父亲武士彟的爵位，而且也是将来唯一能依靠的后辈，这点小事随着时间会淡化，于是，她对贺兰敏之依旧宠爱。

不过，对可能有异心的人，武则天还是为自己留了一个后手：她对贺兰敏之宠爱，给予高官和机会，却着意不多加管束，让贺兰敏之随着心意飞扬跋扈。武则天知道，一个有才能却不知道约束自己的人，很容易自取灭亡。

也许，她为的是今后事情有变，自己手中有贺兰敏之的把柄，更容易处置他。但这种居心，也为武则天带来了大麻烦，令武则天始料未及。

魏国夫人一死，李治和武则天之间又有了芥蒂，不过，这一次战火没有升温，因为国门外的战火已经烧了起来，他们必须齐心协力应对这次挑战。在大唐的东北角出现了边患，李治和武则天刚刚祭过天地，就要面对天地间的另一个考验。

比起治国，应对战事更能显现一个统治者的素质。李治忧心忡忡，武则天也不敢怠慢，共同的目标，又让李治抛开了对武则天的成见，夫妻又成了同一个战壕里的亲密战友。

建功立业

武则天是个有野心的女人，她的野心并不是做个独揽朝政的当权派，只要自己的位置稳，可以不理天下如何。她渴望成为一个万众歌颂的统治者，有文才，有武略，扛得起重任，担得起兴衰。正因为有这样的雄心，千载之后的人们谈论起武则天，才会在指责她阴狠时，多一丝敬畏。

武则天渴望在各个方面一展拳脚，在战争方面也不例外。她以建功为荣，以施恩为荣，这种野心尽管有虚荣的成分，却也令她格外谨慎地要求自己，注重听取那些老将们的意见，不会想当然地发号施令，独断专行。这种自知之明让她在战争问题上可以做个综合多方意见的决策者，她远不是个军事家，却也不是唐太宗留下的英武军队的绊脚石。

　　李治对军事功绩的渴望比武则天还要强烈得多。他不是不理国事的君主，多数时候，他兢兢业业，关心天下大事，惦记黎民百姓，渴望宣扬国威。大唐传到他是第三代，他的祖父、父亲东征西讨，令四夷降伏，留给他建功立业的机会并不多，好在还剩一块硬骨头，就是隋唐几朝君主都头疼的高句丽。

　　在这个地区，有高句丽、新罗、百济三国鼎立，俨然是一个"具体而微"的三国时代。而作为它们的邻居，中国从隋朝开始，就与高句丽不断发生冲突，到唐朝，冲突还在延续，征辽，成了隋唐子民百代以来的梦想。李世民晚年，还曾经御驾亲征，想要在有生之年完成这一夙愿，可惜，虽然取得了一定的成果，仍然没能建立功勋。此后大唐对高句丽采取骚扰性攻击，不间断地以小波武力不时打击对方，让对方疲于应对。

　　唐显庆五年（660），唐军征服百济，但是，依旧没有机会拔除高句丽。但李治的雄心却空前高涨，竟然提出亲征，满朝文武无不骇然，久经战阵的李勣立刻表示反对，连一向喜欢顺着李治意思的许敬宗，也不再歌功颂德，不断上书请"陛下三思"。亲征不是一件简单的事，战场无情，皇帝有个闪失，国家立刻就会动摇。而且，李治并不是李渊、李世民一般从小就会打仗，了解战场，熟悉军事，能够指挥若定。倘若李治到了前线不顾将领们的意见独断专行，贻误战机，更会丧失宝贵的机会。何况，攻打高丽是硬仗，隋炀帝杨广国库充盈，猛将如云，却一次次在"征辽"这件事上吃亏，导致国破人亡，李治又有多少本事？无论如何，大臣们不同意李治去冒险。

　　武则天也不许丈夫瞎起哄，她温言婉语，打消了丈夫的念头，李治不免扫兴。这个时候，被灭的百济再次爆发抵抗运动，镇守百济的刘仁愿力单难支，于是李治、武则天启用了大唐新一代将领苏定方，又由宰相任雅相率军从北路增援。又命刘仁轨率军渡海，从南路支援。661年，苏定方大军直抵平壤，大败数万高丽军队。只待援军前来便可协力攻城，恰恰这个时候，天不如人愿，任雅相突然病死。

李治只好下令苏定方收兵，这次出征又一次功亏一篑，李治和群臣惋惜不已。他们的叹息还没平息，前线突然传来奇迹般的捷报，留在百济的孤军，竟然在刘仁轨的带领下取得了辉煌战绩！

刘仁轨是一位儒将，胸中万千韬略，为人公正，却很不幸地得罪过李义府。李义府这个人睚眦必报，长期陷害打击刘仁轨，而刘仁轨是硬骨头，从不低头服软。出征高句丽之时，李义府尚在朝廷，不忘落井下石诬陷刘仁轨，害他差点丢了性命。不过，李治和武则天都爱惜刘仁轨的才能，不但留得他的性命，还命他以个人身份随军。再后来，又提拔他为右威卫大将军。

刘仁轨提出，想要灭高句丽，必须先灭百济，而这时又有日本军队想要趁机占点便宜，带着大军前来协助百济。刘仁轨只有水军七千，战船一百七十艘，要对抗日本和百济四万余人的水军和千艘战船。刘仁轨勇字当头，奇谋迭出，在白江口大败敌军，百济终于放弃抵抗，全境投降。满朝的叹息全都变成了欢呼，李治和武则天想到大唐在这一战国威大振，喜上眉梢。

另一场令李治扬眉吐气的战争发生在大唐西境的回纥，回纥一直与唐交好，但在唐龙朔元年（661），回纥的领袖去世，继任者与大唐为敌，李治派薛仁贵率大军出征。农夫出身的薛仁贵在后世有"战神"美誉，他带领唐军所向披靡，留下了"将军三箭定天山，壮士长歌入汉关"的美名，从此，回纥再也不敢与大唐为敌。

胜利的捷报最能刺激人民的自豪感，刺激君主的豪情，李治也希望能有机会再次出师高句丽，完成祖祖辈辈的未竟事业。如今封禅刚过，老天爷就送来了一个绝好的机会，令大唐君臣精神一震：乾封元年（公元666年）五月，高句丽的统帅盖苏文去世，盖苏文长子泉男生继位，却在外出巡视时，被两个弟弟泉男建和泉男产夺了位置，四处追击，泉男生只好向大唐求援。而高句丽另一位受排挤的大将，也在无可奈何之下献出十二个城池，向新罗投降。

一切政事都被推后，大唐君臣们开始紧张地讨论，武则天也全神贯注地聆听着群臣的意见。武则天从小在母亲杨氏的教育下通读文史，李治也是受过大唐高级教育的合格帝王，他们对战事并不是没有自己的看法，难得的是，此刻他们都很虚心，丝毫不浮躁，任由对战事更有经验的大臣们发表意见。最后，君臣一致认为这是灭亡高句丽的最好机会。

英国公李勣主动请缨，亲自出马。有这位老将军出阵，李治和武则天自然放心。李勣老当益壮，豪情不减当年，与薛仁贵等诸军汇合，一举攻克平壤，高句丽从此灭亡，隋唐两朝与高句丽数十年的交战终于画上句点。而这个句号，之所以能由李治来画，是因为前有刘仁轨占据百济，使唐军有了基地，不必像他们的前辈那样先要经过漫长的跋涉，以疲惫之师对抗意志坚强的高丽人；后有高句丽内乱，力量被严重削弱。

这次胜利之后，很多人的目光除了投向丰厚的赏赐，垂头丧气的战俘，还投向了已经十八岁的太子李弘。当李弘听说李治宣布所有在征辽战场上逃跑的军士应全部斩首，他第一次陈述自己的政见，认为逃亡者不能一概而论，那些因生病、被俘等原因逃亡的人，理应从轻发落，更不应该株连他们的妻儿，以示天威公正。李治见太子年纪轻轻，却颇有见地，且对他人怀有一份挚诚的善心，不由欢喜，同意了李弘的提议。

儿子已经到了能够议论国事、提出个人见解的年龄，"吾家有男初长成",自然也让武则天高兴。但她又有隐约的忧虑,若太子形成了个人的政见,群臣趁机提出由太子监国,那么国家大事的决策权,也许要由自己手中转移到儿子手中。这个推想让武则天的笑脸上蒙了一层阴翳。太子长大了,李治真心实意地高兴,武则天的心态却很复杂。

而巨大的胜利是有代价的,征辽需要庞大的军事费用,就连当时最富裕的河北,全年的税收加起来也不过只能解决军队的一部分需要。于是,政府只好发行了一些劣钱,这也引起了市场混乱,百姓抗议,让朝臣们手忙脚乱。

想要巩固战果也不容易,这需要长期大量的兵力。高句丽虽然被灭,但唐朝也没能如愿以偿地控制朝鲜半岛,因为大唐的另一个敌人吐蕃正在急速扩张,唐朝已经无力再派更多的军队前往朝鲜。

很多史学家认为,吐蕃的崛起是李治、武则天的一项失误,这是因为在663年,吐蕃攻打吐谷浑之时,吐谷浑曾向唐朝求助却被拒绝。吐谷浑被征服,直接导致了吐蕃与大唐之间少了一块战略性的缓冲地带,就是今天的甘肃边境和塔里木盆地,接下来,吐蕃开始不断蚕食大唐领土,对此,唐朝虽然不断派出军队,却没能取得任何成就,直到李治去世,吐蕃仍旧是一块心病,他继承李世民遗志,让唐朝边境达到了前所未有的水平,却没能继续保持这个优势,于他是一个遗憾。

在李治统治后期,唐朝在对外作线上没有多少建树,和初期中期的捷报频传大为不同。这固然是因为唐朝疆域一再扩大,所需的战争费用已经严重影响到了国民生计,导致了人民对战争的反感,政府不得不采取息战政策,以外交为主维护边境和平;也是因为在这一时期,内政再一次出现波动,李治的身体越来越不好,武则天的摄政意图越来越明显,群臣的反对不时出现,政府在悄无声息的内斗中,没有更多的心力去改善外部环境。

进退

武则天能够顺利地在政治上起步，产生影响，达到现今的地位，有一大半是李治的"功劳"，因为李治生病又不信任大臣，才需要武则天坐在朝堂之上。起初，武则天偶尔参与国政；慢慢的，她与李治一起理事，成为"二圣"；随着李治病情的进一步恶化，与大臣们议事的人多是武则天，而不是李治。大臣们早已习惯了那道帘子后面威严的声音。

但在朝廷上，反对武则天的声音一直存在。

尽管在成为皇后之后，武则天费尽心机笼络了一批大臣，但此一时彼一时，大臣们当时选择帮助武则天，也只是选择了李治这个皇帝，他们中的多数人有正统的忠君思想，虽然知道皇后不能得罪，却也不能认同皇后代替皇帝。而后来提拔的宰相郝处俊等人，更是经常劝李治不要把权力交给皇后。对于反对的声音，武则天维持表面上的大度，以求不落人话柄，才能让声音不致变大，变强，尽量在自己能控制的范围内。

武则天也知道培养自己势力的重要，从666年开始，她就挑选了一批饱学之士，并特别恩准他们可以从玄武门出入禁中，以示恩宠，这些人以弘文馆直学士刘祎之、著作郎元万顷为首，在武则天的命令下编撰书籍，为皇后出谋划策。武则天希望这批学士能够分割宰相的权力，成为她将来的政治力量。

因为这批人抗议直接从北门出入，就被称为"北门学士"，他们是武则天培养的另一批心腹，饱学多才，很有见识，今后也是一支不可小觑的政治力量。但远水不解近渴，"北门学士"的势力不是一朝一夕就能培养，反对力量不断增长，已经让武则天担忧，而己方力量的减少，更让武则天骤感压力。

唐总章二年（669），李勣病逝，太宗朝最后的老臣在平定高句丽的荣耀中走完了自己戎马倥偬的一生，其人忠义两全，其力辅佐三朝，老将军的去世让李治和武则天都感到真切的悲哀。多年来，李勣一直是他们的支持者，他的存在就像一个保证，保证朝廷不会出现大乱，保证军队忠诚地听从他们的吩咐。

特别是武则天，她与这位老人的缘分还要算到更遥远的年代。在朝廷上，这位老将军虽然不算她的同盟者，但他的存在，从来不让她担心，比起其他宰相，她更信任这位懂分寸、知进退的老臣。李勣重病期间，武则天亲自看望，带着太子看望，一次又一次求医问药，显示出她对这位老先生的尊重和感激。李勣去世，李治和武则天给予了李勣一切能够给予的荣誉，让他以最光荣的方式下葬。

失去李勣，武则天已经为军方对自己是否忠心而犹疑，好在第二年，刘仁轨上书要求退休，曾立下汗马功劳的刘仁轨一直反对武则天掌握太多权力。可是这个好消息没让武则天高兴多久，正月里刘仁轨刚辞官，三月里就收到了许敬宗的退休书。

多年来，许敬宗为武则天做了不少事，从废王立武开始，他就是武则天的头号干将，一直以来衷心拥护着皇后。其人虽然阿谀奉承，奢侈浪费，人品上也总是被人指指点点，但武则天却必须承认他是自己的一线骨干。如今他年纪太老，即使想要留也留不住，只能同意他辞官。许敬宗一走，武则天立刻感到支撑自己的力量少了一大截。

但这还没结束。同年八月，九十二岁的杨氏去世。作为武则天的母亲，这位由贵族杨家培养出来的饱读文史的女性，一直是武则天的智囊，武则天进宫是她的主意，武则天能从感业寺回到皇宫，在皇宫一路高升成为皇后，也有她上下活动，四面出力。数年来，她虽然只是一介老妇，却是武则天最信任的人之一，也是武则天依仗的帮手。母女连心，武则天悲痛不已，如今谁还能像母亲那样，一切都为自己着想？

仿佛是故意要考验武则天，正在这个时候，各地地震、水旱的消息接踵传来，受灾群众纷纷抱怨国家总是在打战，导致税收激增，如今天灾人祸，何以度日？抱怨声层层上传，直传到李治和武则天的耳朵边。偏偏就在眼近，唐军和吐蕃交战，吃了一次大败仗。一个接一个的问题全都摆在武则天面前，显然在指责她的失职。

武则天明白这一关不好过，李治也理解这种压力。当年李治刚即位，各地就发生地震水灾，连绵不断，这本是自然灾害，但人们都在质疑他这个做皇帝的人没有资格，所以上天降下惩罚。对于这次的考验，李治采取了老办法，又是公开责备自己失职失德，又是表示自己要减少宫中开支，和百姓们同甘共苦，渡过这次难关。

皇帝已经表态，按理说就代表了皇后的意见。可是武则天知道事情没有那么简单。这些年来，政事由自己处理，如今就算有麻烦，也需要自己亲自表态，不然就会遭到群臣耻笑。这一次，武则天再次显示出她的大胆和智慧，她竟然对高宗和群臣表示：灾祸不断，全是她没有尽到责任，她要求避位，以承担天谴。

李治曾经想过废掉武则天，没想到现在她竟然自己提出这个要求。武则天一脸自责，却早已把丈夫的心思揣摩得透彻。李治不可能答应这个要求，他虽然性子软，却有一国之君的担当，不会把治国不力的责任推到一个女人身上。果然，李治断然回绝了这个要求，说皇后只是代理自己执掌国事，一切政策都是他本人的主意，责任理应由他来担；而武则天的态度，也让群臣缓和了不少，这一招以退为进，既保全了自己的面子，也暂时转移了矛盾，为自己赢得了时间。

李治对武则天又一次产生了同仇敌忾的温情，老夫老妻，多年扶持，在这个时候理应相濡以沫。为了安慰武则天，李治下令为岳母杨氏举办了隆重的葬礼，而且亲自写了墓碑，这个举动再次确定了武则天至高无上、不可动摇的地位。武则天再一次把危机变成了机会，让人不得不为她的手段叹服。

后院起火

一招以退为进，让武则天化险为夷，地位更胜于从前，但她遇到的问题还远远没有结束，她没想到武氏集团的内部出现了问题，一把大火烧得她很是狼狈。而放火的人却是她一手提拔培养的贺兰敏之。

年轻英俊的贺兰敏之是历史上有名的美少年，文章做得相当不错，也是当时长安城最有名的纨绔子弟。贺兰敏之每天拈花惹草，还和武则天的母亲杨夫人发生了不伦之恋。一位老妇人和自己的外孙子搞在一起，说来着实令人震惊。何况一个是白发苍苍的老妇，一个是玉树临风的少年，让人不禁怀疑这是污蔑之言。可是，这段关系是后来武则天的诏书上明明白白写的，是皇后亲自定的性，谁又能怀疑？

仗着外祖母的宠爱，贺兰敏之作威作福，毫无建树，令武则天一番苦心付之东流，还要应付御史们对贺兰敏之的弹劾。对贺兰敏之的胡作非为，武则天只能充耳不闻。可是，即使武则天想要装作相安无事，贺兰敏之却要一而再、再而三地招惹武则天，挑起她的怒火。

也许是对妹妹贺兰氏的死难以释怀，贺兰敏之最爱令武则天难堪，与杨夫人的乱伦大扫武则天的颜面，还算小事。等到武则天的母亲杨夫人死后，居丧期还没结束，这位少爷就穿起彩衣，载歌载舞，丝毫不惦记杨夫人数年对他的疼爱。

更有甚者，当武则天的大儿子、当时的太子李弘即将娶妻，贺兰敏之又送了李家人一份大礼。李弘的未婚妻，是司卫少卿杨思俭的千金，这位小姐美丽贤良，虽未出阁，美名却在长安广为流传。武则天也对这位小姐略知一二，很是满意，择来给大儿子做正妻。而贺兰敏之却将这位小姐强奸了。于是，李弘只能娶另一位小姐，失去清白的杨小姐想要自尽，幸好被人救了下来。

而且，贺兰敏之竟然把主意打到了李治和武则天唯一的女儿太平公主身上，史书上说他曾经在杨夫人的府上逼淫太平公主的贴身侍女。有不少人分析，也许贺兰敏之不只逼淫侍女，有可能非礼太平公主，才导致武则天如此愤怒。不论真相如何，武则天一封诏书宣布贺兰敏之的几大罪状，包括与杨夫人乱伦、居丧期作乐、强暴杨小姐、逼淫公主侍女。这位美少年被流放到韶州，随即死在那里（官方记载为自缢而死）。

武则天失去了一个候补力量，看到老的离职，新的流放，她急于重振自己的势力，急需信得过的手下。思前想后，她再一次想到了武家人。这么多年来，她对武家人的厌恶从未减少，但那种刻骨铭心的恨意已经随着仇人们的死亡消减。上一代的事结束了，下一代仍然和她留着相似的血。而且，武家人和她休戚与共，她决定提拔武家的后代做自己的帮手，让后位能够更加稳固。武则天把活着的几个侄子从流放地招到了京城，给了他们官职。

一代人有一代人的思想，当年的武元庆、武元爽性子硬，对武则天的封赏嗤之以鼻，但他们的下一代，又是另一种个性。武元爽的儿子武承嗣一见武则天，便跪地叩首，称这位姑妈为他的再造恩人——武家子弟因为父辈的关系，全被流放在岭南，武承嗣受了很多苦——此话倒也并非虚言。武则天见武承嗣知趣，就命他袭了武士彟的官职，于是，不久前还在岭南做苦工的武承嗣，成了穿金戴玉的堂堂大唐三品官员。

对于武承嗣来说，武则天的宠信，无疑是一块从天上掉下来的馅饼。他被多年的流放生活折磨，看不到翻身的可能，如今终于有了生活的希望。他没有得意忘形，而是小心翼翼地侍候着他的姑母，从不违抗武则天的命令，还经常说些亲热话、奉承话让武则天开心，一再表达忠心让武则天放心。更难得的是，武则天察觉到姑母虽然在朝廷上威风凛凛，却也有为难之处，于是规规矩矩，更不做贺兰敏之那些飞扬跋扈，令人侧目的勾当，俨然是一位老成而有实力的政坛新人。武则天没想到自己的侄子如此让她放心，也感到欣慰。

武则天终于在朝廷上安插了自己信得过的人，她以为假以时日，武承嗣等人会在自己的职位上得到历练，培养智慧和能力，成为独当一面的强人，在内政外交上有所作为，成为强助。她却忘记了不是所有人都有她那被贵族女子教育出来的博学底蕴，以及天性中的刚强和要强。武承嗣等人从小就过着颠沛的生活，念过一点书，也在多年的苦役中忘得一干二净，而且有姑母撑腰，他们更是不肯用功自强，只把所有的心思放在如何讨好武则天这件事上。侄儿们如此不争气，令后来的武则天大伤脑筋。

而在大臣看来，武则天任用外戚的企图再明显不过，显庆年间那个坚决杜绝外戚的皇后早已不在，由此可知此女的心机。此时的武则天无暇顾及大臣们的非议，何况以她今时今日的地位，几句非议又能如何？她为自己的行为找了一个很合适的解释：不希望武家没有后代。而病重的李治也没有力气干涉这件事，前不久刚刚燃起的温情转瞬即逝，他躺回病榻，不再多言。就让妻子去做她想做的事吧，她有她的需要，他的需要则是有人帮他打理繁重的朝政。于是，在夫妻二人无言的对抗和默契中，又一年过去了。

第三章／新的斗争

天后

唐咸亨二年（671）正月，武则天又一次命令文武百官从长安迁往洛阳，这一次，她留下太子李弘监国，辅佐太子的一批人，自然留在了长安。不是武则天想给太子锻炼的机会，而是她想趁这个机会打发一些对她意见大的大臣，在东都洛阳重建她的势力。

这次迁都，武则天的理由是东都洛阳更适合李治养病，长安经过多年过度开发，已经出现严重的生态问题，不但空气不好，水质不好，还只能从外地运来粮食。而东都洛阳挨着河北，不论在环境上还是给养上，都比长安来得方便。何况比起长安陈旧的建筑，武则天更爱洛阳新建的宫殿，这符合她喜排场的个性。而李治，在这些问题上一向不能提出反对意见。到了洛阳后，李治养病，依旧由武则天掌管政事。

咸亨三年的一项捷报令李治稍稍振作了精神，在西南的军队令蛮人三万户归顺朝廷，这给苦于边境问题的大唐君臣们带来了一丝慰藉。不过这并不能支撑李治让身体更加强健，到了第二年，他又患上了疟疾，又是发冷又是发烧，这一次，连偶然的上朝都不能进行。武则天和群臣忧心忡忡，只能到处寻找名医。

李治在后宫病中无聊，发展了业余爱好，开始监制一些乐章，李家人都爱好音乐，李治监制的《上元》、《二仪》、《三才》、《六律》、《七政》等曲子，从名字看，都表达他的治国之情。武则天更不会放过这个绝好的机会，她又开始新一轮的文字游戏和尊号运动。这一次，她要把自己的位置摆得更高。

唐上元元年（674），与群臣瞠目结舌的表情相映成趣的是他们更换一新的官袍。依照武则天的喜好，官袍也变为金色、紫色等女性喜爱的颜色和样式。群臣们早就习惯武则天在朝廷上搞花样翻新，但对于身上过于鲜艳、并不适合庄重男性穿着的官袍，他们还是不由自主地露出苦笑。

封号是武则天最在意的东西，她怂恿李治追封唐高祖李渊为神尧皇帝，太宗李世民为文武圣皇帝，然后说，先辈都称皇帝、皇后，我们这些小辈理应避讳一些。于是，李治和武则天的称呼变成了"天皇"和"天后"。

历史上古来就有三皇五帝的说法，到了秦灭六国，嬴政一统天下，自认功高盖世，创造性地将"皇"与"帝"合二为一，自称始皇帝，寓意千古一人，千秋万代。历代皇帝都沿袭这一称号，从无例外。而熟识掌故的大臣们却也忍不住苦笑，当年北周宣帝宇文赟，昏庸无道，在父亲的葬礼上大骂父亲宇文邕死得太晚，登基后杀功臣、逐信臣、大兴土木，立了五位皇后（其中之一是隋文帝杨坚的女儿），此君也爱好上尊号，曾把自己封为天元皇帝，皇后们按资排辈，有天左皇后、天右皇后，等等。这位荒唐皇帝二十二岁就纵欲而死，老丈人杨坚篡了他的位，北周从此成为历史。

不知道武则天有没有联想到这段历史，即使想到了，她也不会认为治国有道的自己和宇文赟有什么相似之处。群臣和李治一样，对武则天的心血来潮毫无办法，没有人会劝谏，朝廷环境看似轻松，实则高压，谁都想提防从这位妇人那里袭来的暗箭。这个封号给国民带来了一些好处，天皇天后下令大赦天下，不少人免除了牢狱之灾。

大赦之下，李治心里仍然不是滋味，他一方面佩服妻子的治国能力，一方面又觉得给妻子如此高的权力并不妥当。就在这种说不清道不明的心态下，李治赦免了一个人，他下令恢复长孙无忌的名誉。长孙无忌重新恢复了官职，灵柩被运到昭陵，陪在李世民的身边，长孙无忌的曾孙也被封了高官。这个突来的举动很是令人惊讶。

也许是因为不断有朝臣上书，也许是李治终于开始承认长孙无忌的好处，希望仍然有他这样有力量的大臣在自己身边，不论如何，这都不是对武则天的一种支持。朝臣们甚至以看好戏的心态，等待着武则天的反对。但武则天没有反对，她喜欢做面子功夫，也不会老是与丈夫对着干。如今她是天后，不必跟已经死了多年的、曾经反对过自己的大臣过不去。难道长孙无忌还能从坟墓里爬出来，继续和自己对立吗？同意李治的决定，不也正可以显出自己的大度与宽仁吗？于是，一场可能的冲突大事化了。

武则天终于从接二连三的冲击中缓过神，她没有被这些困难打倒，反而越战越勇，又升了一个级别。武则天不只是贪恋权力，还渴望有所建树。在其位谋其政，她也准备对这个国家的问题，提出进一步的治国构想，以自己无上的权威保证这些构想的实施。从构想到实施，是一个艰难的过程，古今中外的政客们都有一套又一套的政治愿景，而武则天不但敢想，更加敢做。她提出的政治主张少不了北门学士们的参与，更是从自己的政治经验中总结的施政纲领，这些主张共有十二条，史称"建言十二事"。

建言十二事

建言十二事，是武则天多年治国经验的总结，也是她继续统治全国的施政纲领，内容如下：

重视农桑，减轻徭役；

免除京师一带百姓的徭役；

息兵，以道德教化天下；

南北中尚禁浮巧，提倡节俭；

减少工程建设，节约政府开支；

广言路；

杜谗言；

王公以下皆习《老子》；

父在为母服齐衰三年；

官员按时退休；

八品以上京官增加俸禄；

任职已久的官员，以能力定官阶。

这十二条措施，涉及了当时国家方方面面的弊病。尽管也有研究者认为这是武则天搭的花架子，华而不实，但仔细研究每一条每一款，会发现武则天的确切中时弊，且为王室，为官员，为自己，均考虑周详，显示了她的成熟和努力。

针对国计民生，武则天提出了节俭、息兵、轻徭薄赋，这满足了当时民众最普遍的心声。历代政治家在国家经济出现严重困难时，都会搬出老子治国的思想，即"无为而治"，令人民自行耕种，不夺其时，不薄其利，无论汉朝还是唐朝，都靠着这一方法使国力迈上了新台阶，汉朝的"文景之治"。唐朝的"贞观之治"，其主导思想都是如此。而减少工程，节约开支，使政府能为国家做更多实事。

针对皇家地位，武则天提出了尊崇《老子》，这正是在无形中抬高李家王朝的身价，因为他们自称是老子的子孙。此外，强调京师的特别地位，提高京官的待遇，又一次体现朝廷的至高无上，皇家的特权与威风。

针对官员待遇，武则天又一次大讨官员们的欢心，不但让退休制度得到保证，还强调了位居人下、怀才不遇的官员，可以通过自己的能力得到更高的官衔；而且，"广言路"、"杜谗言"两条，同样是在整肃官员队伍。

任何时候，武则天都不忘在自己的纲领中夹带私货，建言第九条，明确提出子女必须尊重母亲，为母亲也要服丧三年，与父亲同等待遇，大大地提高了妇女的地位，而提高妇女地位，一来提醒臣民们自己的天后地位有法可依；二来告诫当时的太子要敬服母亲。

高宗看到这么一份纲领，大为佩服，连连叫好，立刻颁布诏书实行。武则天并没有让这份建言成为给自己脸上贴金的空头支票，在她的力主下，多数政策都得到了切实的落实，一时间人民欢喜，官吏欢喜，上上下下一派喜气,武则天又一次大出风头。等到唐上元二年(675),李治的病情更加严重,不但头晕目眩,更兼周身疼痛,就更放心地让武则天去处理政事,相信有这样十二条纲领,国力再创新高指日可待。

大唐的忠臣们又一次在武则天手中吃到了败仗。在这场悄无声息的战争中,大臣们始终想要给武则天压力,给李治动力,希望皇帝能亲自理政;偏偏武则天处处先人一步,抢尽风头,李治的身体处处拖着后腿。而皇后,现在是天后治理国家,的确可圈可点,似模似样,于是,战争始终不能公开,武则天仍旧是他们的女领导。正在灰头土脸、郁闷之际,皇帝又召集他们商议要事,提出"禅让",要把位置正式让给武则天!

在"异想天开"的天赋上,李治比武则天差一点,但与她却是同道中人,不然武则天的那些匪夷所思的想法,他不会每一次都高高兴兴地答应,兴致勃勃地执行。他对武则天有诸多不满,但病中仔细想想,自己这么多年被身体所累,一副担子全交给妻子,难为妻子将国家治理得有声有色,如今又有十二建言,处处为大唐考虑。一时之间,李治惭愧不已,认为自己尸位素餐,理应让武则天名正言顺地享有这个天下才对。

然后,他想到了上古的"禅让",尧老了,把帝位传给有能力的舜;舜老了,把天下交给有功劳的禹。这是何等心胸?李治不禁向往起来,如果他也能效仿其事,相信也是一桩千古美谈。他兴致勃勃地与大臣们说了自己的想法,大臣们不顾他龙体欠安,将一盆接一盆的冷水当头泼下。特别是宰相郝处俊和李义琰,恨不得拿出当年褚遂良在大殿上磕头的力气,劝阻皇帝立刻、马上、必须、彻底打消这个荒唐的念头。看到宰相们各个面色严肃,大义凛然,李治的圣旨哪里还颁得下去。

就连武则天也不同意这个做法。她已经掌握了实权,此时不宜再张扬,要个虚名做天下的把柄。她再一次柔情款款地与丈夫深谈一番，表明自己的所作所为都是为了丈夫，为了国家，从来没有私心，不明白丈夫为何产生这样的想法。然后请丈夫为了国家的长治久安考虑，放下这个念头。一番话令李治大为感动，再一次体会到夫妻间的深情和武则天的好处。

"禅让事件"成了茶余饭后的笑料，被轻轻揭过。武则天却又从中得到了一些启示。她一定要想办法攻破宰相集团这个壁垒。北门学士的崛起，获准参与国事，已经夺取了宰相的一些决策权，看来，她做得还远远不够，如何继续推进自己的意图呢？武则天决定静待不动，等待恰当的时机。

宰相们劝止了天皇，总算是取得了一个不小的胜利。但任务依然艰巨，天后正在有步骤地培养自己的力量，她的羽毛正一天天丰满。此时的朝堂仍有无休止的明争暗斗，武则天固然想巩固势力，大臣们也寸步不让，双方僵持不下。而大臣们比武则天要轻松，他们也始终相信武则天有一天会下台，因为，大唐的太子正在成长，皇帝虽然病重，太子却也到了可以继承国统的岁数。

皇家母子

随着皇子们的渐渐长大，在权力的天平上，武则天有了新的敌人。

这些人是她的血脉，有她不具备的资本，他们有资格直接继承李治的一切。很多向一个女人跪拜多年的大臣们都盼望着皇子长大的那一天，他们早已对李治重新夺回权力放弃了希望，也知道李治本人对皇后的信任。他们是李唐大臣，只能希望随着皇后年老，太子年长，国家的权力重心渐渐掌握到太子手中。

武则天有四个儿子，一个女儿，她喜欢这些子女，对每一个儿子，都悉心教导，是一个又严厉又慈爱的母亲。对小女儿，她多了娇宠，更能享受母女间贴心的亲密。随着这些孩子们渐渐长大，母爱开始渐渐退去。龙生九子各不相同，李治和武则天的儿女们各有特点，武则天以母亲和皇后的双重角度看他们，各自的分量自然也不一样：

长子李弘。当年初回宫的武昭仪，为自己诞下的皇儿取了"弘"字作为名字，希望他将来能一承大统。一直以来，武则天对这个大儿子有着更多的喜爱，因为是他的诞生，让她告别了阴霾，看到了未来的希望。她曾经希望由这个孩子继承皇位，就像每一个后宫嫔妃对儿子期望的那样。李弘像一切长子那样，孝顺父母，疼爱弟妹，礼让大臣，虽然没有卓然的资质，却也是可造之材。他最大的缺点就是身体太弱，和他的父亲一样经常躺在病榻上，如果有一天李治死了，病弱的李弘无疑会成为第二个李治，把所有的事情都交给母亲去做，不会有怨言。所以，最早的时候，武则天并没有把李弘当作敌人。

次子李贤。一位人人赞颂的皇子，具备一切优越的条件：聪明，健康，礼貌，懂事，这是一个会令父母骄傲的孩子。但武则天骄傲不起来，因为李弘的病弱，李贤很可能成为未来的太子，一旦由他来继承大统，她这位母亲就可以光荣退休，成为太后，在某处宫殿养老，再也享受不到指挥群臣的乐趣。随着二子渐渐年长，武则天为儿子骄傲的情绪里，又掺杂了一丝害怕。而李贤并没有想过自己会有机会继承皇位，更不知自己已经成为母亲的眼中钉。

三子李显。在四位皇子中，李显显得最为平庸，还不如当年的李治。他也会写诗，也懂典籍，也会骑着骏马驰骋在猎场，但胸中学识远比不上两位哥哥。不过，李显也并不想和哥哥们比较，他只想尽心孝顺父母，友爱兄弟，做一个最清闲不过的王爷。显而易见，李显没有任何政治野心，如果是这样的孩子今后当了皇帝，也许更容易被她操纵，不会做违逆她的事。

四子李旦。李旦是幼子，却没有平常家庭小儿子的那种轻狂，年纪轻轻就显得稳重，有分寸。李旦是个才子，从小就爱好书法文学，而且为人重情重义，很有口碑。不过，这个孩子年纪小，位置不重要，武则天并未将他放在眼里。而李旦似乎是最知道自己身份和朝廷局势的人，他小小年纪，却总是露出深思的表情，没有人猜得出他在想什么。

小女太平公主。李治和武则天最宠爱的女儿。也许是对那个被自己掐死的小公主心怀内疚，武则天对女儿的宠爱超过所有儿子。而且，太平公主和武则天很像，相貌像，个性像，头脑像，武则天对她更多了一层欣赏。最重要的是，她不必担心女儿会与她争夺权力，所以，只有在太平公主身上，武则天才能安心地露出慈母的一面,她也喜欢让聪明的女儿对她撒娇,满足女儿一些骄纵的要求,母女亲密无间。

母性是女人的一种本能,武则天也不例外,她曾像天下所有母亲那样,以欣喜的目光看着孩子们降生,悉心逗他们笑,给他们讲故事,在静谧的夜晚将孩子放在身边,希望孩子们能够成长为栋梁之才。她还记得有一年要去东都,留李弘监国,李弘却哭着不肯离开母亲,紧紧扯着她的衣服。她的心一下子变软,那样无奈又欢喜地将大儿子带在身边,仿佛他一辈子都会这样依恋地在她怀中一样。她也记得她是如何为这几个子女选择老师,如何为他们在神灵前祈福,如何考虑他们的将来,让他们小小年纪就都有了无比尊贵的爵位……

可是,孩子长得太快了,转眼间他们就成了玉树临风的青年,转眼间他们有了自己的心思,转眼间他们不再那么需要母亲。武则天享受过天伦之乐,如今这乐趣在她心中变成一种遥远的回忆,比起孩子们柔软的小手,她更喜欢把自己的手放在黄金铸成的宝座上,放在白玉雕成的玉玺上,她简直离不开这些东西。

权力是最迷人的,它曾经让武则天将一双丰嫩香柔的玉手伸向女儿的摇篮,如今,再次让武则天把一双没有人看得透的眼睛投向自己的儿子们。透过一张张年轻的面孔,她似乎看到了严肃的大臣们逼迫的眼神,看到她的位置正在摇晃。她既要防患于未然,也要随机应变,做好母子反目的准备。私心里,她已经将四个儿子看作敌人。

第一个敌人是李弘,武则天并不害怕。李弘是一个翻版的李治,有着敏感多愁的个性,在父母与群臣的关爱下长大,没有经过风浪。他显然比李治要聪明,八岁就开始监国听政,十岁就带着下属们编了一本五百卷的文集

《瑶山玉彩》，专门收录古今文集中的佳句。这个文艺青年受到了父亲的表彰，而他对于文学的情有独钟，也让个性中多情的一面越来越明显。

这种多情也给他自己带来了麻烦。早已死去的萧淑妃有两个女儿，这二人被囚禁在宫中，年过三十还没有嫁人，过着心惊胆战的生活。一日，李弘无意中看到她们，吓了一跳。得知是从前嫔妃所生，和自己有血缘关系，不禁动了悲天悯人的心肠，写了一封情真意切的奏折，请父亲可怜姐姐们的处境，给她们找个好人家。

这个举动无疑狠狠地打了武则天一个响亮的耳光，萧淑妃是在她的一手安排下失宠、被废、死亡，她的两个女儿也是在她的示意下被一直囚禁，没想到自己的儿子竟然会来拆台，这不是公然指责自己不够仁慈吗？李治夸奖了李弘的善心，武则天也不动声色地在一旁称赞，并以最快的速度将两个公主嫁给值班的侍卫。武则天做事滴水不漏，在嫁公主的同时升了两个侍卫的官，既侮辱了萧淑妃的女儿，又让大臣们挑不出毛病。

这件事让武则天开始正视她与儿子们的关系。她曾经希望的"儿子继位，母亲摄政"，看来并不是那么容易达成。儿子是个有想法的人，未必愿意被母亲摆弄，而且，他现在不是已经开始和母亲对着干了？假以时日，再加上他手下的一班大臣不断晓以大义，难保他不对母亲心怀异志。即使他性子软，也不能小看，性子软的李治不也扳倒了长孙无忌？

武则天的担心实在多余，李弘身子弱，心理承受能力更弱，他如一朵温室娇花，满脑子与人为善的思想，不了解人世险恶，更受不得风吹雨打。大婚之前，贺兰敏之强暴了他的未婚妻，为此他大病一月有余。也许他根本就没有想过去争夺母亲的位置，他每天有吃不完的药，断不了的病，还有父母与群臣给他的期望与压力。哪里还有余力思考自己和母亲的关系？在他心目中，母亲始终是慈爱的，威严的，智慧的，他对她没有丝毫怀疑。

就在萧淑妃的两个女儿出嫁不久，李弘悄无声息地死了。太医诊断，太子的死因是酒后急泄，更大的原因当然是太子的身体从来没有好过，而今再多的药也救不了他的命。这是上元二年的四月二十五日，李弘只有24岁，还没有生下任何子女。

以李弘的病情看，死亡并不意外，但事情正好在母子有冲突的关口，于是，另一波流言涌了上来，说太子因为失爱于天后，才被天后毒死。更有人说，在太子死前，天皇去东宫看望过太子，还对太子表示，只要病情能够顺利好转，他立刻就传位给太子。就是这句话，让武则天动了杀机。

武则天很难追究这些不负责任又不动脑子的流言来自何方，但却切实为她带来了困扰。她从小悉心培育的儿子如今亡故，她怎么会不伤心？就算这个儿子已经和自己有了一些矛盾，但是，不失为李治死后的另一个很不错的工具，她怎会下手杀害，让各方面条件都更加优秀的二儿子李贤有机会当皇帝？

但她最了解流言的本质。有些流言来自猜测，有些却是有心人的捏造，而危言耸听的内容让旁人听了去，更会呼朋引伴地加以传播。流言如火，无法扑灭，且越是去扑，越容易引火烧身，还让人以为扑火的人心虚。唯有不去理会，随人们风言风语，时间久了，说的人没有更多的话题，听的人无趣，流言自然就会消失。

本就病重的李治大为哀恸，他喜爱太子的忠厚与仁爱，喜爱他的努力和要强，他在太子身上总能隐隐看到年少时的自己。他为爱子举行了大规模的葬礼，建了豪华的陵墓，还念念不忘地封他为孝敬皇帝，这也缓解不了他的心痛。

武则天却很克制，她亲自撰文一篇，回忆母子间的往事，表达哀思。她不似李治可以在后宫里体味生死离别，放纵自己的感情，她还要面对堆积如山的国事。而忙碌是对抗伤痛的良药，随着悲哀的慢慢淡化，武则天不得不承认，太子之死让她一阵轻松，这个从小就培养的接班人，无论如何，都是她的威胁。

比起一直放不下太子之死的李治，武则天要面对更多东西，太子一死，朝廷格局又有了新的变化。原本属于太子班子的大臣们，刘仁轨、戴至德、郝处俊、李敬玄等人，如今官职照旧，只是他们都成了新太子的部下，也就是说，反对武则天的人一个没少，这些大臣准备养足精神辅佐新的太子。而且，一个叫来恒的官员也升为宰相，此人是当年宰相来济的堂弟，他的加入使反武阵营又添一员大将。

太子是一国之本，是未来的保证，两个月后，德才兼备的李贤被册封为新的太子，这件事没有任何意外，早在诏书颁布之前，朝廷上两派力量就已经形成各自阵营，不同的是，一个光芒万丈的新太子，代替了死气沉沉的旧太子。这一次，武则天知道自己必须打起全部精神，来应对第二个敌人。

第二个敌人

　　第二个敌人最可怕。李贤，一个偶像式的人物，他有健康的身体，聪明的头脑，而且，李贤是大臣们寄予幻想的对象。在朝廷之上，有谁不向往一个李世民一样的君主？不但李治和武则天是太宗的学生和效仿者，大臣们也都以唐朝有这样一个皇帝为荣为傲。提到贞观之治，提到李世民的仁慈、爱民、纳谏，提到太宗皇帝荡平四方，提到凌烟阁，他们不禁逸兴神飞。他们也希望指挥自己的是这样一位天纵英明的帝王，而不是一个城府极深的妇人。当他们看到李贤被立为太子，所有关于大唐未来的伟大构想全都涌上心头。

　　当了太子的李贤，也对未来充满各种构想，他理所当然地认为自己会是一个好皇帝，他可以像太宗一样文能治理天下，武能平定边疆，他对自己有自信，大臣们也认同这种自信。而这种自信所绽放的光芒，却让武则天忌惮。和这样的儿子有和平相处的可能吗？断然没有。他定会收回所有权力，放开自己的手脚，到时候，母亲会是他的障碍，他们早晚势不两立。

　　在皇室，夫妻也好，父子也好，兄弟也好，都绕不过"权力"两个字。历史上为权力反目的血亲比比皆是。远的不说，就连众人称颂的李世民，也为了这两个字杀掉了兄弟，囚禁了父亲，皇室哪里会有真正的亲情与孝顺？只有赤裸裸的权力争夺。武则天比李贤更早地认识到这一点，也就更早地下定了除去李贤的决心。

　　李贤的聪明没有水分，他很小时候就熟读各种典籍，而且过目成诵，令教导他的老师们赞不绝口。更难得的是，他从小就知道礼贤下士，当他读到古书上"贤贤易色"之时，反复吟咏，显示出不一般的胸襟。如今，他一跃成为未来的天子，有了太子府，有了一批精明强干的太子臣属，更是如虎添翼。

　　当一个人跃跃欲飞的时候，最不能忍受有人把自己关在笼子里，而武则天，恰恰就是挡住李贤翅膀的一条条栏杆。李贤很快发现，国家所有事情都要拿给母亲过目，所有事情都由天后决定。他心里渐渐开始不舒服。他正是应该学着处理国事，为父皇分忧，怎么能什么事都在一旁干瞪眼？武则天如何察觉不到他的心理变化，只让一切如旧，静观其变。

　　武则天不是普通女人，这个特殊在于她那善于谋划的头脑。女性因为思维习惯常常被眼前的一点小事、一点小利益绊住手脚，所以古来便有"头发长见识短"的俗语讽刺妇人的短视。聪明一点的妇人，懂得放弃眼前，设想将来，即使对于重感情的女性来说，放弃眼前会让她们失落不已；再聪明的女性更有大局观，她们能让几件事同时进行，有条不紊。该忍的时候忍，该争的时候争，事情拿在手中，轻重缓急，一眼便知。所以，武则天不忙着对付李贤，她的当务之急是继续建立自己的政府班子。

　　令她欣慰的是，努力已经初见成效。自己提拔的人手在政治上有了起色，而自己提拔的亲戚，也就是武承嗣等人，规规矩矩地做事，等待有朝一日能够发挥作用，比起天天惹事的贺兰敏之，让她省了不少心。武则天的计划是建立一个可以抗衡太子府的人才班子，这个班子有根底——北门学士，但不要有组织，松散一些，分散在政府各个部门，让李治和群臣放松警惕，她如织网一般把连接点找好，只待有一天伸手拉网，获得巨利。

这也是对付李贤的最好办法。聪明人想要拔除一根钉子，不会贸然冲上去硬生生地拔取，而是会先让钉着钉子的木板松动。对付棘手的敌人，她一向采取这等包抄策略，让对手成为瓮中之鳖，没有反击余地。她不紧不慢地布局，如今李贤已经显示出急躁、不安，她已经完全掌握了局面。

成长中的统治者

经过多年的行政试练，武则天在用人上有了更进一步的心得。从前，她会故作大方地夸奖反对她的人，如果对方没有危险，她也愿意象征性地升对方的官，这是为了自己的名声着想，也是为了建立一个宽宏大量、虚怀若谷的形象。私心里，她是一个有仇必报的女人，别人冒犯她、反对她，她一定要给对方教训，而且要把反抗扼杀在萌芽状态。

但真的开始经手朝政，才发现统治者如此不易，大事小情全需要打理，没有一个过硬的宰相班子，会让自己累死。如果光提拔那些听话却能力不高的人，如何有效率地保证政府的运转？当上皇后后，她曾经尽量削减宰相的数量，造成的结果就是凡事都要由她过目，凡事都要由她思考，她也只有一个脑子，一天也只有十二个时辰，如何应对一个如此庞大的帝国？她深刻地体会到了君主治国，需要尽量多的能臣，不能当光杆司令。

于是，她自己也开始提拔那些有能力的人，宰相肚里能撑船——她是宰相上的宰相，必须为宰相班子负责，她越来越认同这句俗语。即使宰相们对她多有意见，她也做到了衡其才，而不是任人唯亲。

她也渐渐学会了与不同政见者相处。她是个虚荣的人，总想听到夸奖，总希望朝廷大臣和天下万民支持她的每一个决定。实际情况却是，她说的话经常有人反对——太宗朝遗留下来的风气就是如此，人臣可以对君上直言，指责君主的错误。这个时候武则天必须按捺住她的性子，再也不能重演当年在朝堂上大喝一声"为什么还不杀了这个乡巴佬"的泼辣架势。其实对那些"铁杆反武派"，如郝处俊等人，她也不像以前那样，恨不得除之而后快。她对驭人之术有了更切实的了解。一个人反对自己不重要，重要的是他能做什么。在名将裴行俭的任用上，最充分地体现了这一点。

裴行俭被誉为唐朝战神李靖的继承者，他同样是一个颇有传奇色彩的人物，此人是个博览群书的君子，和刘仁轨一样是个儒将。但他说话做事直截了当，不时得罪他人。当年武则天想当皇后，裴行俭和长孙无忌等人站在一边，等到长孙无忌等人被贬，附和这位国舅的党羽不是被杀就是被流放，裴行俭也由显赫的京官成了西域的一个长史，昔日繁华变为大漠孤烟，满目黄沙，幸而保住了性命。

远离了中央权力机构，却也给了裴行俭发展的空间，他文才武略皆高于常人，很快名声传遍了西域。而且，他屡出奇谋，稳定大唐边疆，还经常举荐有潜质的将领，李治爱惜这个人的才能，想要将他召回长安。武则天知道这样一个智勇双全的人，回到长安会进一步增加自己的麻烦，但权衡轻重，仍然决定任人唯才。裴行俭回到朝廷后，虽然是武则天的政敌，却也着实改革了政府机构，他最大的特点就是看人眼光奇准，为朝廷确立了一套选拔机制，大大提高了政府官员的质量，也缓解了武则天的人才压力。

一方面论功行赏，一方面，武则天也学会了适时打压，防止对手扩大势力。调露元年，突厥首领阿史德温傅造反，附近二十四个州响应，朝廷军队被打败。裴行俭奉命率军讨伐，他奇谋连连，为唐军制造机会，又行反间计，策反了另一位突厥首领阿史那伏念，使对方投降，内外夹击，平定了这次突厥叛乱。

回到朝廷后，裴行俭为阿史那伏念求情，希望朝廷念在他的功绩，原谅他的叛乱。这时，和裴行俭同族的亲戚裴炎突然站了出来，认为阿史那伏念投降，不是因为裴行俭的策反，而是因为看到突厥气势不如唐朝，才不得已投降。裴炎提出，阿史那伏念已对朝廷有异心，如果放其归去，必然酿成大祸，必须斩草除根。

裴行俭重约守信，自然不肯让步，何况，自古以来，杀降不祥，朝廷不应开这个先例。这时决策权在武则天手中，她下令问斩阿史那伏念，对裴行俭的功绩也并不表彰。裴行俭说："杀降不祥，以后谁还肯归顺朝廷呢？"从此心灰意懒，闭门不出，三年后去世。

这又是武则天想要看到的结果，以当时裴行俭的功绩，理应升为宰相，但裴行俭这样的人放在边疆打战，放在中央选官都可以，若是行宰相之权，武则天的权力必然受到辖制，她断然不会为自己制造如此强大的敌人。裴炎的进言，不知是武则天的指使，还是出于对裴行俭这位族人的忌妒，或只是抒发自己的见解，却给了武则天一个除掉裴行俭的机会。反正，裴行俭年纪已老，用处不大；有用处的时候，再请他出山打仗即可——这就是武则天打的算盘，如今她的驭人之术精纯，早已不是当年那个空谈"铁鞭、铁锤和匕首"的少女。

恰当地安排反对派，是武则天的一大进步，也是她从一个有政见的妇人，跃升为政治家的标志。裴行俭一代人杰，却也只能任由武则天升迁贬黜，为朝廷出尽气力，他提拔的程务挺、张虔勖、王方翼、刘敬同、郭待封、李多祚、黑齿常之等人都是后来大唐名将，而他自己却在族人的背叛、朝廷的冷落之下郁郁而终。平心而论，武则天对裴行俭非常欣赏，裴行俭死后，她还到处收集裴行俭的书法作品，如果不是政见相左，裴行俭的结局，可能是另一番景象。

用人之道谙熟于心，武则天更不惧怕李贤的挑战。她是个不安分的人，没事也要找点事做。封禅泰山结束后，武则天很是回味了一段时日，后来战事吃紧，财政困难，不但李治下令裁减开支，自己也在"十二条"上明确提出禁止浪费。不过，泰山的盛况一直烙印在武则天心中，她希望能有第二次机会，再向天地、向万民宣扬自己的功绩。

可是，泰山已经去过了，总不能再去封禅一次，这可就不像话了。她灵机一动，想到了离洛阳很近的嵩山。众所周知，封禅是由儒家学者们搞出来的，而鲁地又是儒学的发源地，以当时人的认识，泰山就是最高的山，于是封禅泰山就成了最高礼仪。后来证实，嵩山才是五岳之中的魁首，如果封禅的话，理应封禅嵩山。武则天越想越兴奋，又开始怂恿躺在病床上的李治。

病怏怏的李治赞同这个主意。他因为病中不能处理国事，常常郁闷，内心更是空虚，希望靠着万民的歌颂，为自己寻找一些存在感。即使身体状况并不好，他仍然兴致勃勃地颁下诏书，准备冬天就去嵩山封禅。

天不从人愿，正在武则天兴高采烈地准备第二次封禅、第二次亚献、第二次全国大典，吐蕃人的军队攻了过来，于是大唐军队出动，战况接连不利，封禅活动只好作罢。在高宗晚年，边境始终不太稳定，唐军有败有胜，这也是因为老一辈的将领谢世,新一辈的将领还在成长,青黄不接之际,难免出现国防上的疏漏。李治和武则天纵使有心,也不能揠苗助长,只能静待国力继续积累,将领逐渐成熟。

　　武则天不会没有对手,看到丈夫的身体越来越弱,而自己扶植的势力渐渐崛起,她又一次把目光对准了她的敌人:太子李贤。

第三篇／独尊天下

第一章 / 高宗逝世

李贤的对策

唐调露元年（679），李治命太子监国。李贤带着一班臣属在长安处理国事，李治和武则天在洛阳，分隔两地的现状让李贤心中大喜，他以为自己终于有机会一展拳脚。

不过，接下来出现的状况，却让李贤始料未及，他原以为自己是一块大好的材料，是看得到光芒的璞玉，岂知木秀于林风必摧之，世道人心的险恶，让他心中凉了大半。

李贤当了太子后，一个久远的流言突然又出现在人们口中，不知是有人蓄意煽动，还是人喜欢散播小道消息的本性所致，这流言越传越广，越传越真，一直传到李贤的耳中。人们都说，李贤并不是天后的亲骨肉，而是李治与早已去世的韩国夫人所生，武则天害怕皇家丑闻影响李治的形象，不得已将李贤认作自己的儿子。

就连李贤自己也怀疑起来，他看得出，母亲对李弘、李显、李旦的照顾，明显多于自己。如果是亲生儿子，怎么能有这么大的差别？但是在武则天那边，所有事都解释得通。当父母的，很难一碗水端平，对幼子偏疼一些是人之常情；而长子从小身体就单弱，难免更费心力；三子从小就显得庸碌，难免要多多管教，多多栽培。只有二子样样都好，不用母亲花费太多心思。没想到这也成了母子嫌隙的导火索。平心而论，武则天给李贤的东西并不少，因他的优秀，李治和武则天不知封了多少官给他：还是幼年就封他为潞王，其后刺史、都督、大将军、大都督……官职一路上升，可知他们看好这个儿子的能力。

疑心生暗鬼，李贤却看不到这些，他越想越不对劲。更可怕的是，流言的实质不是讨论李贤的出身，而是一种危险的猜测：天后一定会废掉现任太子。佐证也不少：天后为了夺后位掐死亲生女儿；天后怕前太子继位毒死了年纪轻轻的前太子。李贤静下心来分析这些流言，发现半真半假，无从分辨，心里对武则天又多了一层隔阂。

武则天表面上并没有改变对李贤的态度，依然是一个慈爱与严厉并存的母亲，李贤当上太子，武则天命北门学士写了两本书送李贤。一本叫《少阳正范》，一本叫《孝子传》，前者是指导李贤怎样做一个合格的太子，后者则是指导他如何做一个孝子。而且，武则天还写了几篇文章，回忆自己抚养李贤的不易，浓浓的亲情牌一张张打了下来。

嫌隙人生嫌隙事，李贤本就心中有疑虑，看到武则天送来的书，更不会往好的方面想，直觉认为武则天在教育自己，说他既当不好太子，也不是个孝子，而《孝子传》一书，明明白白地是在警告他必须听母亲的话。

武则天命人写的书，未尝没有给李贤一个下马威的意思，但李贤的反应也有过激之嫌。完全曲解母亲的意思还不算，他也召集了一伙人给《后汉书》做注，李贤本就是才子，手下人又认真，这本《后汉书注》质量极高，以后人的眼光，李贤的这本书依然是上上品。李治看了赞不绝口，当场就赏了三万匹丝绸给太子——在唐朝，皇帝赏赐财物常常以丝绸布匹的形式，这些布匹可以直接拿到长安城的街市之上交易，相当于一般等价物。三万匹，不是个小数目。

而武则天心里又有不快，范晔所著《后汉书》，里边外戚专权导致汉朝朝纲荒废的内容比比皆是，而李贤偏偏在这方面做了许多绝妙的注解，武则天越看越生气，自己赐给李贤两本书，李贤就用这种方法回敬，真是不能小觑！

李贤有才能，缺城府，锋芒太盛，在这么危险的时刻，却一点都不知道收敛，反倒和母亲对着干。经过大风大浪的武则天不会自乱阵脚，她不慌不忙，继续看李贤监国，但是，关于李贤神秘身世的谣言越演越烈，甚至东宫的臣属们也有些动摇，有些人怕跟着太子今后会遭难，打起了退堂鼓，李贤的命令，越来越难以执行，他暗暗着急。他认为眼前的状况和他的母亲脱不了干系，却没有任何证据能够指责母亲，不禁有些消沉。

更令他消沉的事出现了。永隆元年（680年）正月，武则天登上洛阳城的门楼大宴百官，俨然一派国主气象，李治生病不能来倒还罢了，好端端的太子却只能待在太子府，这无疑是一个严厉的警告，看到群臣对母后如此惧怕，李贤终于也肯将自己的傲气乖乖收起，甚至有些后悔在著书时发表了那么多影射武则天的议论。

到底是读书人，又有一批臣子私下里谆谆告诫，李贤终于想到历代太子的难处，当太子和当皇帝不是一回事，谁要是以为当了太子就稳坐皇位，那他的位子肯定已经危在旦夕。仅高宗一朝就立了三位太子；李渊看好李建成，但太子之位还是被李世民抢了，李建成身首异处；隋朝的杨坚立长子杨勇为太子，因杨广功劳大又善于笼络人心，杨勇被废还被杀……李贤想到这些历史，不禁一身冷汗，如今母亲大权在握，父亲病中难以断事，如果母亲想要废掉自己，不是轻而易举？

李贤终于认识到必须和母亲和平相处，不能让她升起怀疑之情、嫌恶之心。他也是聪明人，知道想要武则天放松警惕，最好像武承嗣一样阿谀奉承，听任摆弄，但如今他已经和自己的母后交过手，结过梁子，再去伏低做小，只会让武则天更怀疑他的居心。于是，李贤决定尽量降低自己的锋芒，开始了声色犬马的生活，为的是让母亲认为她荒疏政事，耽于玩乐，不再是个威胁。

谋反，还是谋反

转眼间，李贤在太子的位置上坐了五年，从一开始的雄心万丈，到后来的度日如年，李贤只觉人生不易，岁月催人，风刀霜剑，坎坷丛生。他已经不再是那个意气风发的二皇子，他如履薄冰地捧着父皇母后赐予的权柄，生怕一个不小心，摔个身败名裂。他已经收起了他的雄心，希望保持一种和平，让母后满意，让自己平安。更多的愿望，他不愿多想。他把更多的时间用在纵情声色之上，想要迷惑母亲，也让自己的情绪有一个发泄口。

如果李贤就这样低眉顺目，故作荒唐下去，也许母子之间尚有和平可能，但世事岂能如人愿，李贤刚刚下定决心，宁可不断听李治和武则天的责骂训诫，也要装成一个花花大少，又有新的情况出现。在李治身边，有人不断指责李贤不堪重用。李贤深感太子的不易，做得好引起皇后怀疑，随时都有被废的可能；做得不好又让父亲不满，仍然有被废的可能。他可以料想得到，如果他故意走中庸路线，做得不好不坏，仍然会有人在父母面前打小报告，要么说他才能庸碌，要么说他城府太深。

在李治耳边递小话的人是个道士，叫明崇俨。据说这明崇俨是个奇人，他的发迹路线也充满了神奇：当他还是个小吏，上司的女儿病入膏肓眼看就要死了，他献上一剂药，小姐奇迹般地恢复了健康。于是，明崇俨声名鹊起，被当地人奉为活神仙，就连国都里的李治都听说了他的名字，也请他前来治病。这明崇俨大概有些本事，又是开方子又是作法，让疾病缠身的李治舒坦不少，武则天也很喜欢找他驱魔降鬼，保护自己的平安。

因为受到帝后的宠信，明崇俨胆子也越来越大，渐渐和李治谈起国事。李治病中无聊，与他高谈阔论一番，心里更舒坦，于是经常找他商议国家之事，说说烦恼。皇帝晚年最大的烦恼就是接班人，李治本来对李贤大为看好，谁知年轻人好玩，当了太子后刚做出点成绩，就迫不及待地沉湎于声色之中，让他如何能放得下心？

对于那些懂得避祸的大臣来说，在敏感问题上，不会和皇帝深谈。何况李治又是个"有前科"的皇帝，若干年前，他把想要废后的责任推给了替他写废后诏书的上官仪，害上官仪丢掉性命，全家遭殃。而明崇俨却是个大胆的人，他不但与皇帝交换意见，还明确地表示李贤根本不适合当太子。

明崇俨顺着李治的话题大大发挥一番，大肆议论了太子的作为，然后很肯定地说，李治的第三个儿子很有李世民的风采，是人君之相，堪承大统。李治的三子李显其他方面平平无奇，但在身材长相上，却是人高马大，很有气派。明崇俨说了这话，宫女太监议论纷纷，这议论一直传到李贤的耳边。没多久，明崇俨又有了新的论断，他品评了诸王的相貌后对李治说："要说起面相，还是最年幼的相王最为尊贵啊！"此话一字不漏又被李贤听到。

朝野上下都认为明崇俨是武则天的亲信，在武则天的指使下说了这番话。但结合后来的历史看，这明崇俨未必是武则天的帮凶，也许真的是一位奇士。他说李显有君王之相，李显后来真的做了皇帝；他说李旦最为尊贵，李旦后来也做了皇帝，又以太上皇的身份颐养天年，算是李治四个儿子中结局最好的一个。

不论他是真的有本事，还是有目的的胡言乱语，都让当时的李贤大为不快。即使有人对李贤的身份抱有怀疑，从没有人如此大胆地挑唆皇帝。李贤更在意的是李治和武则天的态度，如果李治处罚了这个道士，代表他心中认可太子，不受人离间。但李治根本没有责备明崇俨的意思，武则天乐得给太子施加压力，更不会责备明崇俨。帝后的态度让李贤更为紧张，也更为消沉，对明崇俨有一肚子的恨意。即使在欢乐的宴会之中，李贤也藏不住阴郁和杀气，有些大臣不禁为太子担忧起来。

就在这个时候，明崇俨竟然被人杀了。

明崇俨是李治和武则天的近臣，在洛阳无缘无故地被杀，算得上当时最轰动的刑事案件。关于他的死，众说纷纭。有人说他因为得罪了鬼神才被害，有人说他与人结仇被仇家杀害，最让人信服的一种说法是他在李治面前夸奖了李显和李旦，惹得太子一怒之下派人刺杀了他。洛阳城的捕快们到处缉捕凶手，凶手如飞鸿踏雪，不留痕迹，大案成了悬案，更让人怀疑是太子做了手脚。

李治对这件案子极度重视，因为明崇俨的医术、法术和游说之术，他真的觉得自己的身体比以前要好，明崇俨被杀，一定是有人公然与自己作对，案子迟迟没有结果，更让李治不安。相比之下，武则天要镇定得多，她对这案件表现出适当的关心，却并没有十万火急地要求洛阳官员限时办案，于是，案子一直在查，一直没有结果。

明崇俨案是唐朝的一桩疑案，后来查出的结果没有人信服。关于这桩案子，意见分为两派，一派认为李贤年轻沉不住气，害怕明崇俨谗言动摇李治，于是动手除去这个祸根；但反对者认为李贤虽然年轻，却颇有头脑，不会在这个时候轻举妄动，因为事情一发，他会首先被怀疑，情况反而对他更不利。后一派人认为这是武则天有意的安排，为的是更加动摇太子的位置。综合后来发生的事情，这种怀疑也许更有道理。此时的武则天已经认定李贤是一个不安分因素，想要自己的位置长久，必须除掉李贤。

李贤并不是没有漏洞，他太年轻，难免会让人抓到把柄。何况近日李贤耽于玩乐，可以做文章的地方就更多了。恰好有个官员不满太子荒疏，上了一本奏折，说太子在府中豢养男童，有伤风化。武则天看过奏折微微一笑，这是一个多么好的突破口。她派了一群人冲进太子府抓了赵道生。

李治还在后宫昏昏欲睡，武则天已经指挥人手审理太子的风化案。这些人级别不低，全是宰相，而且还是武则天一手提拔的宰相，其中裴炎更是武则天集团的新一代骨干力量。他和另一位宰相薛元超，御史大夫高智周一起开始了案件的审理。

赵道生年纪小，皮肉嫩，严刑拷打之下，招出了武则天最想看到的结果：

赵道生承认，刺杀明崇俨的人就是他，为的是保住太子的位置；

赵道生又说，太子害怕天皇天后废掉他的位置，与人图谋造反。

接下来，在太子府不但找到了刺杀明崇俨的凶器，还搜出了几百套盔甲，太子要这几百套盔甲做什么？在这耐人寻味的疑问句下，风化案升了一级，成了谋反案，昨日还锦衣玉食的太子，一下子被囚禁起来，有口难辩，有冤难诉，也许他早就知道自己早晚会有这么一天，干脆听之任之，沉默地接受了加在他身上的一切罪名。

而李治在李贤被废的过程中，显然没有发挥任何作用。当武则天对李治说了事情结果，一直很喜爱李贤的李治不禁再次心软，开始给这个孩子求情。而武则天，一面说身为母亲，自己的孩子做出这样的事，她有多么心痛；一面又以皇后的身份，要求李治为了江山着想，不能饶恕这样一个逆子。最后妥协的仍然是李治，在与武则天的对抗中，他基本没赢过。

八月，关于太子的最后处决颁布下来，太子被废为庶人，被押解回西京长安，后又被流放到巴州，李贤想要活命，于是写了一首诗给母亲，希望她手下留情，即使不对自己手下留情，也放过两个弟弟。这首诗是这么写的：

"种瓜黄台下，瓜熟子离离。

一摘使瓜好，再摘使瓜稀，

三摘犹为可，摘绝抱蔓归。"（《黄台瓜辞》）

古有曹植为逃避曹丕的迫害，七步成诗；如今李贤为了逃开母亲的毒手，也写了这样一首寓意直白的劝诫诗。可惜武则天这个人从不愿给自己留下后患，她可以饶过的，都是些老弱病残，不包括年轻有能力的李贤。她不会立刻杀了这个儿子，但也不会给他复起的机会。李贤想到前太子李忠的遭遇，也知道自己命不久矣。

纵观武则天对待政敌的方法，"谋反"这个理由屡试不爽，古人有云："欲加之罪何患无辞"，武则天的政敌们都在她的步步紧逼下成了砧板上的鱼肉，而武则天是个惯于斩草除根的人，不给他人留有任何余地。

古代统治者最忌谋反，一旦与谋反扯上关系，便是罪无可赦。武则天或用栽赃陷害，或用大狱严刑，将谋反之罪定下来，不但铲除对手，还能借机铲除对手的集团，顺便塞几个她看不顺眼的反对者，有人"谋反"一次，她的势力就再升一级。她一次又一次尝到甜头，认为这个方法最有效，今后还会实施下去，发扬光大。

最可怕的敌人消失了，武则天终于松了一口气，不论是李显还是李旦，她都有自信能让他们乖乖听话。同年八月二十二日，高宗和武则天的第三个儿子英王李显被封为太子，改元"永隆"，朝臣们看到太子一个接一个被害、被废，不免神色黯然，即使又一次的大赦天下也缓和不了这种气氛。新太子李显不是一个聪明人，他甚至没有从二哥被废的过程中察觉到血雨腥风，不过，当上太子的他也并不觉得特别快乐，他失去了往日无忧无虑的生活，开始学习如何当太子。

新太子的确立并没有给李治带来喜悦，他的身体更加糟糕，到了双目失明的地步。这时候，有个叫秦鸣鹤的医生进言说，也许开颅放血能够让天皇重见光明。开颅术是来自大秦（古罗马）的医术，中原地区守着自古以来的望闻问切传统，外科虽然有一定建树，却没有多少人有开颅的经验，这个提议可谓大胆之极。

武则天听了秦鸣鹤的建议后大怒，认为此人妖言惑众，想要谋害李治。"打开脑袋"这种骇人听闻的事，怎么可能治病？但李治却显示出他有决断的一面，他决定死马当活马医，冒险一试，任凭武则天如何劝告，都要接受秦鸣鹤的手术，最后，天后让步。从这个手术也能从侧面证明，李治并不是事事依从武则天，他仍然有决定权。

手术的结果很理想，李治的双眼重见光明，但身体依然没有起色。武则天每日仍然嘘寒问暖，夫妻多年，她对丈夫有利用，有打压，有钩心斗角，也有相濡以沫的感情。她身体强健，不知会比丈夫要多活多少年，想到丈夫会在不久后的某个日子离开自己，她也不由伤感迷茫，于是，对丈夫比从前更多了温柔依恋之意，这对病榻之上的李治来说，无疑是巨大的安慰。他们像所有相守一世的老夫老妻一样，因为死亡将至，才加倍地珍惜起对方的种种好处，体谅对方的种种难处。他们进入了最后的和平时期，李治在妻子温柔的陪伴下，无能为力地等待着死亡的到来。

李治最后的岁月

在煎熬的等待中，有一件喜事让李治欣喜，就是他心爱的女儿太平公主到了出嫁的年纪。太平公主是天之骄女，从小就围绕在父母身边撒娇，又聪慧伶俐，深得李治和武则天的欢心。有一年吐蕃要求太平公主嫁到吐蕃和亲，即使为了军国大事边境和平，帝后二人还是舍不得爱女远嫁，于是借口说太平公主为了外祖母的丧事出家尽孝，做了女道士。又在皇宫里盖了一座道观掩人耳目。太平公主这才免于被嫁。

太平公主青春热情，年纪稍大，就思索着想要嫁人，无奈她的父母太过喜欢她，迟迟没有指婚的意思。她灵机一动，想了个办法。一次宴会，李治精神不错，也在席上喝酒听琵琶，只见女儿穿着飒爽的男装，站到父母面前作揖，为父母跳起了舞。唐朝人深受胡风影响，都喜欢载歌载舞，李家人也都是歌舞高手，没事就作作曲，排排舞，很是热闹。太平公主从小就练舞，如今跳着男人的舞蹈，舞姿也很迷人，李治和武则天看得大笑。

一舞完毕，李治对女儿说："你一个女孩子家，怎么做武官的打扮？胡闹，胡闹！"太平公主狡黠地眨了眨眼睛说："那么把这身衣服赐给驸马，怎么样？"李治和武则天笑得更欢，这才想起女儿的确到了出嫁的年龄。不由感叹："女儿想出嫁了。"

那么，嫁吧。他们对女儿怜爱甚笃，在驸马人选上挑三拣四，最后终于挑中了出身好、样貌好的薛绍。薛绍是贵族后裔，母亲更是唐太宗李世民与长孙皇后的女儿城阳公主。而且，他的父母都已去世，太平公主嫁过去，不必服侍公婆，可见武则天处处为女儿精打细算。太平公主出嫁后，没有像当年高阳公主一样，不时传出丑闻，她很快当了母亲，可见夫妻生活圆满。

子女儿孙的问题上，李治知道自己不必有更多的挂记，儿孙自有儿孙福，他能做的都已经做到。李治已经预感到死亡的来临，早在很多年前，他就有这样的预感。他的母亲三十六岁就去世了，他的父亲身体较好，也只活到了五十三岁。他的姐姐长乐公主活了二十二岁，他的妹妹晋阳公主仅仅活了十二岁，就连他的大儿子，也只活了二十四岁。他更加迷信，不论是道士还是医生，他都希望对方仔细为他看一看，对生命的贪恋，越是虚弱便越是明显。

李治的身体已经露出日暮西山之象，太子清楚，朝臣清楚，武则天更清楚。谁也不知道李治还会活多久，也许几天，也许几年，朝臣们并不认为借助李治的力量能够扳倒武则天，他们一向寄望于太子。但新太子虽然很有干劲，却并没有太多才干，这让大臣们也感到了未来的渺茫。而这个时候，大唐的时局也并不安稳。

尽管裴行俭在战场上战胜了突厥，但花费的金钱难以计数，国家又出现了财政危机。对吐蕃的战争没有任何进展，李敬玄两次出征都以失败告终。当武则天以低沉的声音在病榻边向李治报道这些消息，夫妻二人相对叹气。这叹气很快变为一连串的叹气，丰年跟着荒年，大唐又一次陷入各种灾难。

这些事发生在682年，首先是洛阳发了一场大洪水，连皇宫都惨遭荼毒，难民们哆哆嗦嗦，暗自议论老天为何会在帝都降下这样的灾祸。接下来，北方发生旱灾，西北发生蝗灾，京城发生疫病，一时间大江南北天灾人祸不断，强盗盛行，又有地震洪水，连绵不断。武则天为此在嵩山修建大庙，祈求天地息怒。

让李治开心的事不是没有，682年，李显的长子李重照满月。看到大唐的新一代发出咿咿呀呀的声音，李治的心被滋润了。不论自己的身体如何，下一代在成熟、在成长，希望在延续。他将这个孩子封为皇太孙，确立了李重照的地位。又改元为永淳，大赦天下。这一年，李治的病更重了，他下令由太子李显监国，李显也开始接触国事。

683年，国家的状态并没有好转，李治的身体也一样。受喜欢热闹的武则天影响，即使在病床上，李治也不愿清闲，他惦记着被搁置的封禅祭典，而且，洛阳临近嵩山，自己的身体大概可以支撑。这一次，武则天并不热心，一来李治的身体太过虚弱，经不得长途劳顿；二来国家财政吃紧，这个时候封禅不但办不好大典，还要被百姓埋怨。但李治有这个兴致，她不想反驳，于是，一道诏书宣布这一年的冬天，帝后带领群臣封禅嵩山。

其实，李治还有一个心愿，就是能够在长安度过最后的岁月。长安，当年李渊率领军队攻打的隋朝都城，那时起义军一队又一队的加入，就连李渊的女儿平阳公主，都招募了一支七万人的娘子军亲自擂鼓上阵。那时候高祖李渊如龙似虎，那时候自己的父亲、叔父都还年轻，各自逞勇。就在那里，李渊身登大宝，定国号为"唐"；也是在那里，自己的父亲夺下皇位，开启了贞观之治；他在那里出生，和自己可爱的妹妹晋阳公主度过了无忧无虑的岁月；他在那里被立为太子，也在那里上书请求父亲宽待哥哥李承乾和李泰；他在那里遇到了父亲的才人媚娘，在那里与老臣们斗争，亲手挽起心爱的人，封她为后……那里记录了李家的光荣和他的一生，落叶归根，他希望回到长安。可这只是个希望，洛阳到长安，路途遥远，他的身体经不起这么大的颠簸。如果还能在活着的时候封禅嵩山，已经是上天赐予的恩典。

就在李治为生死问题茫然不已时，极富实干精神的武则天，却不会放过任何一个机会大捞政治资本。她一下子提拔了四位宰相：郭待举、岑长倩、郭正一、魏玄同。这些人资历尚浅，有的还不是三品官，可是武则天凭借手中的权力，硬是借着皇帝的名头提拔了新人。武则天眼见李治来日无多，抓紧最后的机会打破了宰相的门槛。今后，她就能够随时提拔四品、五品官做宰相，便于自己控制宰相集团。这是她借着丈夫的名号做的最后一件让自己获利甚丰的事，也保证了丈夫死后，自己的号令还能在宰相集团得到执行。

遗言

十二月初四这一天，李治决定改元"弘道"，多年来他深受武则天的影响，总觉得在文字之中隐藏着冥冥天意，可以让一切顺遂。久病之人更是希望借着字面上的吉利，能够给自己、给天下带来祥和。这一天李治心情不错，他决定亲自登上洛阳的则天门，宣布这道吉利的诏书，也让洛阳的百姓们一睹天皇的风采。

武则天知道丈夫的身体状况，本不愿安排其事，但见丈夫一把病骨，似乎只剩下一些残存的心愿，想要在万民和众臣前挣最后一份体面。她眸中微泪，吩咐侍卫下去准备。皇宫到则天门的道路一路清扫干净，铺陈摆设齐整，夹道早有看热闹的人群，华美的步障上龙欢凤舞，仪仗队已经开拔；乐师们擦拭自己手中的乐器，只待一声令下；大臣们穿着庄严的朝服，在心里祈望皇帝的身体能够好转。

一切有条不紊，李治面带笑容，被人扶起。他想要自己走上几步，却觉天旋地转，几乎栽倒在地，在侍女们的惊叫声中，武则天匆忙回头，丈夫已经被人扶回床上。武则天上前好说歹说，希望丈夫放弃登楼宣诏，而李治却要起了脾气，无论如何都要与百官、百姓同贺。

武则天没办法，只好在大殿前召来百姓，命人扶李治坐上龙椅。李治似乎知道这也许是他今生最后一次享受帝王之尊，他气喘吁吁，勉力支撑，看着大殿前黑压压的人群,听到他们三呼万岁,他的心灵得到了一些安慰。他断断续续地宣布改元的决定,底下的百姓流水一样上前磕头,他留意到很多大臣的眼睛里泛着泪花。

这一刻李治感慨万千,他显然不是一个尽职的皇帝,全靠着妻子和这些大臣才能顺利地处理朝政。如今看到大臣们真情流露,他心肠中的善感、善意全都涌了上来,他也忍不住流下泪水,大臣们连忙下跪,一而再、再而三地恭谨叩头,愿李治龙体安康,这是君臣都不能相信的谎言,却是他们共同的愿望。

短暂的朝会之后,李治又被扶到了龙床上,太医惶恐地号脉开药,李治眼角的余光触到颜色黯淡的药丸、药汤,吃力地摇摇头,他希望能安静地独处,死后万事皆空,但摆脱万事的只是死去的人,活着的人还要照旧生活,李治必须把他的身后之事考虑清楚。他想到他的父亲李世民,想到李世民当年是那样用心良苦,一面带病教导自己如何当皇帝,一面安排大臣,这才是一个有责任感的皇帝,如今他也必须这样做。

皇帝的死意味着权力的移交,现在权力虽然在武则天手里,但那只是借用,权力的法定所有者仍然是李治。如果李治死了,法定权力就会转移到太子李显身上。太子年轻不经事,在很长一段时间都不能担当大任,必须有个合适的辅佐人选。他看重的人是宰相裴炎,这个人有能力,也很强硬,应该可以托付。更有实力的老臣,都被武则天留在长安。没关系,他并不指望那些老臣。

李治完全不信任大臣,他是最了解大臣得到权力,会怎样把皇帝摆弄在股掌之间。也正是对大臣们极度的不信任,导致了李治被武则天摆布,到他临终前,他的一举一动完全被武则天监视着,没有任何自由,大臣们对此无可奈何。就算他们曾经上书，建议皇上不要给皇后太多的权力，但这种上书在李治眼里是什么呢？至高无上的权力自己不能使用，交给大臣，又会出现第二个长孙无忌，但是，当他把这权力交给武则天，难道就比交给大臣更好吗？痛苦的李治在病床上不断回忆自己一生的经历，他不得不承认人与人在资历上的差异，他的父亲会遇到这样的问题吗？不会。他可以把自己的软弱归责于性格、健康状况，但归根到底，造成今天的结果的，终究是他的无能和软弱。

但是他又忍不住要为自己辩护，他并不是不理朝政，把一切都交给武则天。他有他的判断、他的理智、他的勤勉、他的用心，他也如父亲一样恭谨地对待着自己的责任。他一直崇尚节俭，一直宽以待人，一直爱护百姓，一直心系大唐的一切……他没有父亲那种夺目的帝王气质，但他很努力，也在武则天的帮助下交出了一份硕果斐然的答卷。但这一切都将成为过去，他是个半死之人，却还要为未来做出选择，承担皇帝最后的责任。

李治是个矛盾的人，他不是不知道武则天的野心，但他反复思量，反复比较，最后还是决心选择帮自己打理多年国事的武则天。也许他还留恋多年前，在父亲病榻之畔，那个风情万种的媚娘给自己带来的安慰、留恋那个在感业寺里给自己写泪眼婆娑的情诗的女人；也许他相信作为孩子的母亲，武则天即使霸道，即使架空了儿子的权力，至少也会治理好大唐的江山——儿子比年轻时的自己更懦弱，江山交给他，也让李治不安。

武则天就在李治身边，她泪眼婆娑地看着丈夫，忍不住猜测此刻丈夫在想些什么，在想他从小失去母亲的孤独？在想从小缺少父亲关注的落寞？在想他作为帝王的功过得失？在想死后国家的命运？武则天猜不透丈夫的想法。她的心情很是复杂，既有对丈夫的不舍，又有丈夫死后的种种算计。一时间，她心乱如麻。

李治最后一次回想这一生的光阴，他不知道自己究竟是幸运，还是不幸。他本是一个普通的皇子，却因为哥哥们的纷争当上了皇帝；他排除万难娶到了意中人，却多年被这位心上人限制；他是四夷口中的上国皇帝，大唐的边境一再扩大，他也登上了泰山封禅，但国家却也时不时出现问题，迄今无法解决……他费力地睁开眼睛，发现妻子、太子、大臣们原来都在这个房间里，他们在等待什么？

环绕着的人听到皇帝颤声地叫道："显儿……显儿……"太子连忙上前扶父亲起身。也有人认为皇帝在模糊之中叫的是"贤儿"，那个他一向喜爱且寄予厚望的前太子。李治对太子嘱托几句，然后命宰相裴炎为顾命大臣，又令裴炎拿起纸笔，说出自己的遗嘱。他命太子在自己灵柩前继位；自己死后不可厚葬，应为国家节俭；最后，他规定"军国大事有不决者，取天后处分。"

裴炎一边写这道遗诏一边拭泪，而一旁的武则天，没想到丈夫会有这样一句嘱托，想起与丈夫相识、相爱的点点滴滴，想起这一生她对他的利用、算计、威吓……而他仍信任她，她泪如雨下。李治睁开眼，看到的是妻子苍老流泪的脸庞。

李治一时觉得千头万绪，感慨无限。他把他的江山托付给了这个陪了他一辈子，时近时远的女人，他不知道自己这个决定是不是对的，但是这么多年的夫妻感情，总不会假吧？直到最后，李治都是一个温情的人，永远无法摸透武则天那帝王般的心思。

弘道元年（683年）十二月二十七日夜，唐高宗李治病逝。

在他五十六年的生命里，有三分之一在懵懂中度过，有三分之一在奋斗中度过，另外三分之一在病床上苦挨。他将身后之事交给了陪伴自己大半生的妻子，武则天看着他合上眼睛，脑子里有几千个念头同时闪过，她还要面对比悲伤更多的东西。当太子还在父亲的遗体旁哀哀哭泣，她已经强打起精神，有条不紊地下达一条又一条的命令。她没有时间悲伤。

七日攻防

天子驾崩，举国居丧，但在权力场上，却是一个地震期，旧的权力制衡已经崩溃，新的权力体系尚未建立，那些一直以来依附武则天的人，害怕继任的太子挤走武则天，他们的权柄也会落空；而那些太子府的官僚们，却知道武则天不会老实地让太子坐稳皇位，何况如今的宰相集团控制在武则天的手中。

武则天沉稳地应对着时局。趁着天子还没有继位的机会，顾命大臣裴炎上书一封，称此时太子守孝，国事应由天后全权处理，又为武则天争取了时间和空间，她要趁着太子服丧的七天，把该布置的事情全都布置好。在李治死后，她最怕的事情有三件：

第一件，权柄旁落。她担心丈夫一死，老臣们立刻拥立太子排挤自己。大臣们倘若万众一心，她就算想要凭借这些年的威望和手中的权力镇压，也需花费极大的力气。而且，一个女人和一个体系作对，自己的胜算并不高。如今丈夫选裴炎为顾命大臣，又盼咐自己仍有决策权，这为她打了强心针。

裴炎是她的合作者，丈夫御口将权力交给自己，老臣们再没有借口干涉自己。

第二件，皇亲生事。新旧君主交替，正是国家动荡的时候，如果有臣子心怀叵测，或者哪个李氏宗族的亲王有心生事，就有可能拥兵自立，趁机夺取皇位。为了安抚人心，武则天立刻下令为李氏皇族的子孙们加官，韩王李元嘉、滕王李元婴、鲁王李灵夔、越王李贞等人都收到了晋封的诏书，武则天以此向亲王们示好，让他们放下警惕，安心接受她的领导。

第三件，外敌入侵。国有丧事，却是外敌入侵的大好机会，而大唐的外敌一向不少。为了防止他们趁火打劫。武则天派几员大将分别去往并州、益州、荆州、扬州四大军事重镇，并州在山西、益州在四川、荆州在江汉、扬州为江南，天南地北，全有武则天派去的重兵，不论内敌外患，均被挟制。

武则天一边筹划着李治的葬礼，一边下令给亲王们加勋、向边境派兵，不愧是惯于政事的老手，李显只能在一旁傻愣愣地看着，自愧不如。这时武则天又想到了另一个人，就是在长安的老臣刘仁轨，武则天知道这个人有很大的威望，很怕他占据长安从中作梗，干涉自己处理政事。想来想去，她决定提升刘仁轨的官职，命他负责西京的一切事务。并亲自写了一封书信，恳请老先生一定要尽忠职守。

刘仁轨当年曾经向高宗辞职，想要回家养老，李治赏识他的才华，信任他的为人，不论如何都不肯答应，刘仁轨只好留在朝廷做个闲散的宰相。他是聪明人，明白武则天的居心。他写了一封回信，表达自己年老体衰，不愿继续为官的心愿。并告诫武则天不要犯吕雉的错误，祸害王室，贻笑千年。武则天恭谨地写了一封回信，为表郑重，命武承嗣亲自送到长安。信上表示，刘仁轨的提议让自己大有收获，再一次请他留在西京，刘仁轨不愿与武则天有所争执，又是一片忠心，于是仍然居官。

将所有的一切安排好，七日尚有空余，武则天终于能坐下来歇一口气，想想死去的丈夫。除了丈夫，她还要想想那个即将当皇帝的儿子。武则天希望他是一个听话又有事业心的皇帝，虽然这种期望本身就充满了矛盾。那时候的武则天并没有想过自己有朝一日能够成为皇帝，她只希望一直把握手中的权柄，生前死后一样尊贵无比。

李治死后的第七天，一直在哭泣的太子李显终于有事可做，他在父亲灵前继位，成了大唐第四任帝王，称为唐中宗。而李治的灵柩，按照他最后的遗愿运往长安，那是他临死前心心念念的地方。尽管大臣提出在洛阳附近建造陵墓比长安更优越，更有条件，武则天仍然帮丈夫完成了心愿。

送葬之日，武则天写了一篇情真意切的悼文，即《高宗天皇大帝哀册文》：

瞻白云而茹泣，望苍野而摧心。怆游冠之日远，哀坠剑之年深。

泪有变于湘竹，恨方缠于谷林。念兹孤幼，哽咽荒襟。

肠与肝而共断；忧与痛而相寻。顾慕丹楹，迴环紫掖。

抚眇嗣而伤今，想宸颜而恸昔。寄柔情与简素，播天声于金石。

肝肠寸断，忧痛难明，阴阳永诀，睹物思人，短短的文章情深意切，哀思深重，就如当年二十八个字的《如意娘》，都有夺人心神之笔力。在泪水和叹息中，唐高宗李治退出了武则天的舞台，也令她成为舞台上唯一的主角。

短短几天，武则天就尝到了唯我独尊的美妙滋味。

独揽朝政，天下大事悉听决断。

武则天和历代昏君、庸君有本质上的不同。这些君王愿意享受的是皇权带来的便利，他们的愿望一出口就有人执行；他们想要什么，即使在天边，也有人取来捧到面前；他们可以对他人生杀予夺；他们可以占有任意一个有兴趣的女性……这种权力没有人约束、限制，就算有谏臣提出异议，他们也可以用权力让对方闭嘴，甚至将对方杀掉。

于是，皇权成了一个黑洞，很多皇帝本想驾驭它，最后却被它吞噬。于是，他们不会限制自己，要求自己，只由着自己的性子和喜好做事，人性中的自私、霸道、唯我独尊全都展现出来，他们可以不理朝政、挥霍无度、玩物丧志、糊涂专断，可以点起烽火让诸侯千里迢迢的奔波，可以挖出大臣的心脏看看是否七窍玲珑，可以在江山飘摇之时躲在宫里和女人寻欢作乐……

而武则天不但有野心，也有雄心。帝王的雄心以获得帝位为前提，除了某些幸运的、从一开始就有王位继承权的皇帝，很多帝王需要先打天下、夺天下、冒着悠悠之口杀亲人、杀好人、杀一切可能有危险的敌对者，才能坐上御座。而后他便要努力让天下百姓安居乐业，要思考政府如何运行才更为高效；要思考用什么方法招揽更多人才；要思考军队如何才能更加勇武；思考国防、外交、农田、水利、国库、粮仓、赏罚、纳税、交通……甚至臣子间的矛盾、嫔妃间的心机、子女间的斗争，都要由他们一一判断，想要做好这些事，需要夙兴夜寐，需要深思熟虑，需要任人唯贤，需要大智大勇。

武则天并不想做王位上的蠹虫，她帮高宗李治管理天下，学习方方面面的事务，既懂得依靠有才能的大臣，也懂得在关键时刻表决或否决；既有提倡的头脑，又有推行的手腕；既享受过万民歌颂的成功，也遭遇过各地大乱的焦头烂额。但那个时候一切事情有丈夫的名义顶着，她可以退，可以进，如今她发现，原来她并不需要一个人在她前面挡风，看看她这几天的大谋大断，完全控制了局势，她根本不用留一条退路。

　　不论数年来的治国经验与成就，还是这几日雷厉风行的行动，都让武则天更加自负，让她更确认自己有控制一个朝廷、一个国家的能量。她有用不完的精力与朝臣们讨论，看一封接一封的奏折，思考国计民生的大问题，预防可能发生的危机，事到如今，谁也不能让她对权力放手，丈夫一死，这份权力就应该是自己的。以功劳、以能力，以任何一条标准，她才应该是坐在至尊宝座上的那个人。

　　令武则天想要独占天下的是她从不遏制的野心。都说欲壑难填，人的野心正是如此，到了高位就想去更高的位置，赚了一笔又想赚下一笔。有时候也有另一个称呼，能够很好地控制自己的欲念、既实现自己的野心又适当地照顾其他事，就叫作"人往高处走"。武则天最初只想当上国母，做一个令天下人垂慕的出色女性，虽然她控制着丈夫，但她仍有分寸。而今她有了走向更高处的机会，她不会放过。

　　但权力必须有一个恰当的形式，武则天决定仍然让自己的权力包裹在"合法"的外衣上，即她仍然是辅政，皇帝是儿子李显。只是与高宗朝相比，这种"辅佐"有了质的区别。李治活着的时候，即使在内宫卧病静养，仍然是朝廷的主宰，绝大多数朝臣都认定自己在为皇帝做事，而不是为皇后效力；如今时移世易，武则天要让所有人知道她虽然没有坐在御座上，但行驶决策权的只有她一个人，所有人都要替她卖命。

　　现阶段的"合法"不代表武则天没有更大的野心，但她善于等待。她喜欢多年经营，然后水到渠成；而不是莽撞冲动，让事情毁于一旦。她了解儿子的个性，这个儿子翻不出他的手掌心，根本不足为虑。需要考虑的倒是朝廷上的重臣。顾命大臣裴炎和她很有默契，在军方，武则天也有个想要依靠的人，就是左武卫大将军程务挺。

程务挺是开国之臣程名振之子，由裴行俭在军中提拔，在抵御突厥人的战争中屡屡立下战功，令突厥人闻风丧胆。这个人是裴炎的好友，也是武则天看重的人才。如今宰相集团大多是自己的人，军方也有可靠的臣子，武则天自觉高枕无忧。今后的路怎么走，要相时而动，因势利导，她并不心急。现在她可以安心地休息一晚，只等儿子正式临朝。

第二章　动荡的时局

糊涂天子

江山易主，在武则天的铁腕之下，成了一件无惊无险之事。朝臣们所担心的风波并没有出现，当然，他们期望的风波也一并不曾出现。李显安稳地坐上了皇位，他将在万民的期待下书写大唐历史的新篇章。

当年李世民登上皇位，曾立志要做一个光耀千载的帝王；李治继位时，曾暗暗发誓不会辜负父亲的遗志；如今李显登基，脑袋里一片空白。

李治和武则天的三儿子李显本是替补队员，因为正选队员不是病死就是谋反，才糊里糊涂地当上了太子，而今又当上了大唐天子，心中的欢喜在所难免。但长期以来，他受到的教育和李弘、李贤大不一样，他没有从八岁就开始监国，把国事上上下下摸透的经历；也没有从小经史子集，努力研究学问的精神；所以，从他被立为太子开始，他就不太能适应这个角色的转换。

过去，他是个闲散的亲王，偷懒犯错都不会有人计较；当上太子后，一双双眼睛全在看着他，他顿感压力沉重。

好在李显虽然资质庸碌，却也有一番虚心向上的志向，何况有大臣们的提点，父亲母亲殷殷的期望，令他不敢怠慢。但他的政治感觉是迟钝的，既不会察言观色，也不会吸取前车之鉴，他只知道按照父母吩咐的做，按照群臣指导去做，就像一艘没有罗盘的船，别人往哪个方向推，他就往哪个方向走，很少想想为什么要走这个方向，更不会想还有其他的方向。对于李显的听话，武则天很是满意。

不过，每个孩子都有叛逆期，李显也不例外，长久被管束，被指挥，让他觉得被压制，心里不痛快。他和李治一样是个软性子，这一类的人遇到不快就憋在心里。不快越来越多，心事越来越重，他们很少能自己解开心结，任由这份情绪沉甸甸地压着，直到有一天爆发。所以，他期待有一个突破口。

李显当太子的时候，万事听母亲吩咐，还认为自己是个孝顺的孩子，理应如此，母亲不放心自己，替自己分担，劳她费力。一旦当了皇帝，确认自己是天下至高无上的主宰，看到百官在朝堂之上跪拜行礼，那份飘飘然的感觉令他忘记了一切。皇位还未坐稳，他已经开始想如何才能当个名正言顺的皇帝，不再像在东宫时，事事都需听从母亲的意思。

等到百官叩拜完毕，他真的开始处理第一天的公事，才发现上上下下，从内宫到外省，从高层到基层，从侍卫到军队，竟然都是母亲的人手，这让他有些惊慌，也有些气愤，更有些无奈。他发现自己就像一只被蜘蛛网住的虫子，重重包围之中，连伸手伸脚都困难。

朝臣们表面上对自己尊重恭敬，其实都在等待母亲的旨意，他这个皇帝成了傀儡，这情况并不能全怪朝臣，他们并不全是武则天的亲信，甚至大部分人一心拥护李显，但是，论到处理国事，青涩的李显处处显出短视和幼稚，哪里能和干练的武则天相比？他们不能因为李显是皇帝，就违心地执行他的错误命令。于是，在表面上看来，朝臣们倒像是百分之百听命于武则天，李显更看不出其中的深层原因，不由对母亲心生埋怨。

何况，他和母亲武则天之间并不是没有心病，他们之间横着一场人命官司。

李显现在的妻子姓韦，他曾有一个前妻赵氏，这位赵氏家世不错：父亲，赵瑰是李治的侍卫将军，祖父赵绰是大唐开国功臣之一；母亲，常乐长公主，高祖李渊的第七女。赵氏与李显年纪相当，两个人在皇室常有的游玩中，早已互生情愫。当时的太子李弘最是热心，发现他们郎情妾意，弟弟李显又是个温吞的性子，不敢亲自去对父亲母亲说婚姻之事，他就迫不及待地在父母面前为弟弟张罗婚事。

李治和常乐长公主关系不错，听说这件事便一口答应，武则天但笑不语，暗自厌恶。这位常乐长公主对武则天很有意见，对她多有议论，武则天表面上答应了这件事，却对这位和自己平辈的儿媳很是不满。而常乐长公主因为身份尊贵，加之与皇帝李治素来亲密，自然也不把武则天的不满放在眼里。

李显与赵氏婚后没多久，赵氏去给武则天请安，不知底里地进了武则天的内寝。武则天斥责她不知避讳，缺乏王妃的礼仪，赵氏深感委屈，为自己争辩几句，武则天悠悠一笑，命人将她软禁起来。李显新婚燕尔，妻子却被软禁，也不敢说情。他盼星星盼月亮地等着母亲息怒，等了几个月，等来的不过是赵氏在软禁处饿死的消息。侍卫宫女们都称每天都有送口粮给赵氏食用，也追究不到谁的责任。而赵氏被发现时，尸体已经腐烂。

对武则天这样的女人，李家父子都有一种无力感，当年王皇后、萧淑妃被虐待而死，李治充耳不闻；如今新婚妻子不明不白横死，李显也不敢表达不满。后来，李显娶了新的王妃，丧妻的伤痛才逐渐被抹平。他习惯于服从母亲的每一个安排，不敢违逆母亲的每一个命令，但赵氏的死就像一根刺，始终扎在心头。他想来想去，想到的不是母亲心狠手辣，而是儿子必须孝顺母亲，儿媳本应恭顺对待婆婆，发生这种事都是老天无眼，造化弄人。

头脑被一个念头占据，就很难想到更多的事，当时的唐朝正属多难之秋，河南河北水灾泛滥，流民失所，就连西京长安也被大水所困。此时又有西突厥军队趁火打劫，边疆告急，而李显，满脑子都是如何在朝廷里安插自己的人手，如何才能与母亲抗衡。李显的想法，轻重不分，舍本逐末，其人的心胸眼界可见一斑。

李治的资质不算优秀，但却是个肯想肯做的人，即位之初行节俭、修吏法、赈灾民，做足了帝王的功课。当时李治也有老臣们分权，但李治懂得权衡轻重，以国事为大；更有自知之明，不在自己羽翼未丰之时与老臣们冲撞。李显却反其道而行之，将国事放后，一心想着如何确立皇帝的权威。与李治相比，更显庸碌，让朝臣们失望不已。

赵氏死后，李显有了新的王妃姓韦。韦氏是个美艳的妇人，李显一即位，就封她为皇后。韦皇后性格大胆泼辣，颇有巾帼不让须眉之风。但她空有干练的外表，却没有相应的城府。自从当了皇后，她恨娘家人并没有因为自己而得到高升，不时和李显要要脾气。而李显也正为朝廷上没有自己的人手而烦恼，二人一拍即合，李显决定他的岳父韦玄贞由一个小官提拔为刺史。

但刺史也不是高官，没几天，李显又下了一道命令，要把豫州刺史韦玄贞提拔为侍中，也就是提拔为和宰相同级的官。同时，李显又想到一个可以帮自己的人，就是他的乳母的儿子，他要给对方一个五品官。这既可以看出李显的头脑有多么贫瘠，从政经验有多么浅薄；也可以知道他捉襟见肘，根本没有可以提拔的人选。

李显糊里糊涂地当上了皇帝，他不知韬光养晦，守拙驯顺，保住自己一条小命，反而更糊涂地开始学着和武则天作对；他想要提拔人、依靠人，不去和李氏家族的皇子皇孙们搞关系，不去琢磨如何和顾命大臣谈合作，反而选择一个根本没有势力的外戚；他最糊涂的地方在于真的以为自己一言九鼎，君威赫赫，想到什么就能做到什么。

皇帝的命令想要下达，必须由宰相起草执行，如今的宰相班子经过武则天的更换筛选，只剩下一些资历浅的年轻宰相，唯顾命大臣裴炎一人独大。他听到这个命令后很是惊讶，公事公办，他劝皇帝不要这么迅速地提拔一个官员，怎么能把一个芝麻绿豆大的小官连升几级，一直升到宰相的位置？这完全不符合朝廷的择人标准。

裴炎本着公事公办的态度和皇帝讨论这件事，他并不是不能理解李显的心思，但提拔一次已是破例，还要破格提拔第二次，视国法于无物，这让裴炎不能苟同。而他强硬的反对，引起了李显的反感。李显不相信裴炎，他认定裴炎和母后是一伙儿的，反对他就是故意与他作对。何况他不是小孩子，难道还需要裴炎教导他如何提拔人吗？

裴炎未必在乎一个没有名气又没有实力的韦玄贞，但太子急于提拔"自己人"的举动，却刺到了他的神经。他一再劝阻皇帝不要这样做，又搬出国法为皇帝讲解，李显听得怒火中烧，大叫道："我就是把天下都给了韦玄贞又能如何？为什么不能任命他当侍中？"

李显怒气冲冲，裴炎竟然不再劝告，只是以高深莫测的眼光注视着李显，礼貌地行礼告退。李显犹自忿忿，而碰了一鼻子灰的裴炎，下了朝也不往家走，直接求见太后。将事情的来龙去脉原原本本地说了出来。

"你说皇上说什么？"武则天不甚相信，又问了一遍。

"回太后，皇上说他就算把天下让给韦玄贞也没什么不可以。"裴炎回答。

武则天怒不可遏。

大殿上的废立

公元684年，多事之秋。

这一年年初，刚继位的唐中宗李显将年号改为"嗣圣"，他在母亲武则天的虎视眈眈之下做了几十天皇帝，苦闷至极。想要提拔自己的岳父韦玄贞，又遇到宰相裴炎的阻挠，君臣争吵不休，最后李显脱口而出："我就是把天下都给了韦玄贞又能如何？"裴炎立刻去武则天那里告了李显一状。

武则天没想到自己的三儿子如此没脑筋，如此轻易地就把把柄送到自己的手上。她原本想要留着儿子在皇位上，当个听话的傀儡，任由自己弄权，没想到李显如此明目张胆、迫不及待地想要培植自己的人手。她原以为三儿子是个老实人，现在看来，面对权力，谁也不会老实，谁也不能相信，权力，不管是实质上的，还是形式上的，必须把握在自己手里才安心。

武则天看着裴炎，叹了口气，象征性地悔恨自己教子无方；裴炎与她心照不宣，感叹天子如此昏庸，不是社稷之福。两个人一人一句，接下来就开始讨论"如何是好"。对掌权皇太后和机要重臣来说，废掉毫无根基的李显轻而易举，但必须理顺接下来的关系，当年李治还活着时，钦定李显和韦氏的长子李重照为皇孙。也就是说，李显下台，皇帝就应该是那个还在吃奶的小娃娃。

武则天和裴炎都不希望小娃娃当上皇帝。

武则天虽然胆大妄为，但她很看重自己的名声，也懂得做事要循序渐进。如果李重照当了皇帝，辅政的理应是李重照的母亲韦皇后，就算自己依然控制了朝政，太皇太后辅政，依然显得名不正言不顺。武则天想到了自己的第四个儿子，这个儿子不像老三那么糊涂，也不像老二那么精明，更不像老大那么体弱还多事，也许他是个好人选。

裴炎表面上顺着皇太后的心思，心里却也有自己的算盘。小娃娃李重照当皇帝，就会有更多的权力落在皇太后手中，对自己并无益处。作为顾命大臣，裴炎处处为自己的利益打算，他知道皇太后权力欲极强，早晚要和他这个顾命大臣起冲突，而自己，又不太想事事听从武则天的安排。倘若能立一个本身有些实力的人做皇帝，不但可以联手对抗皇太后，且自己有拥立之功，可以保证今后继续飞黄腾达。于是，他也想到了李旦。

为了自己的利益，他们不约而同地想到了相王李旦，不约而同地夸赞李旦倒是一个天子的材料，看上去既儒雅又有担当。最后他们一致决定要把皇帝宝座上的人由李显换成李旦。武则天稳坐宫中，裴炎自去以皇太后的名义联系大臣。

他首先找到了自己的好友程务挺，以及另一位羽林将军张虔勖，又找了同为宰相的中书侍郎刘祎之——刘祎之不但是武则天一手提拔的人，还是相王李旦的老师，对这件事当然不会反对。四个人商量一番，有人开始写诏书，有人去调兵遣将，将事情布置妥当。而郁闷的李显还被蒙在鼓里。

过了一个晚上，李显多少冷静了一点，但想到上朝后又要听母亲的亲信们奏事，就提不起精神。李显认为满朝文武都是武则天的手下，其实大臣们听武则天的话，不过是畏惧她的权力，多数人心里仍是忠于李家人，他却根本看不出这一点。这时突然有人传来一个消息，说皇太后今日也要上朝，李显纳闷，母亲上朝有什么事呢？

他无精打采地坐上九龙銮驾，从内宫到大殿的一路都在思索如何发泄昨日的不满。等到他坐上皇位，发现大臣们也在暗自议论，一时间朝堂上没有平日的严肃，反而有一种诡异的气氛。他正不安，只听殿外一阵喧哗，一队威武的御林军迈进大殿，走在最前面的有四人：裴炎、刘祎之、程务挺、张虔勖，群臣从未经历这等阵势，一时不知如何是好，李显也呆呆地不知该作何反应。

在满朝大臣惊骇的表情中，堂堂天子被人从皇位上硬拉下来，裴炎拿出一张诏书大声宣布："奉太后之命，废无道之君李显为庐陵王！"

李显被人拖向殿外，他用尽力气挣扎，大叫："放开我！我有什么罪？"

这时，武则天早已坐在朝堂之上，冷冷地说："你能把天下让给韦玄贞，还不是大罪吗？"

满朝文武无人敢吭声，当朝废掉天子，可谓大不敬，但先皇遗令"军国大事取天后处决"，李显继位后又庸碌无能，不得人心，而今又说出"把天下给韦玄贞"这样的浑话，他们与李显并无亲厚的君臣关系，此时也只能茫然地听着武则天命人宣布的李显的罪状。没有人是糊涂虫，他们当然知道"让天下"只是一句气话，但谁能为李显分辩？

当了不到两个月皇帝的李显，就这么糊里糊涂地被拉下大殿，关押看管。

武则天雷厉风行，第二天，就把四子李旦立为皇帝，帝号睿宗，改元"文明"。但是，皇帝根本没有亲政的资格，他被人送进东宫，被侍卫宫女们伺候监视，政事全由皇太后全权处理。满朝文武已经摸透了太后的脾气和她的实力，谁也不敢提出异议。

嗣圣、文明、光宅

轮到李旦坐上皇位，李旦有几千几万个不愿意。

在武则天的儿子中，年纪最小的李旦因从小就刻苦读书，博学深思，再加上为人淡泊，对朝廷之事看得比三个哥哥更为透彻，都说"伴君如伴虎"，但在李旦看来，他和三个哥哥"伴母如伴虎"，母亲对权力的重视远在亲情之上，儿子稍有违逆就可能会有大祸。他曾经认为自己算是一个幸运的，毕竟上面有三个哥哥。可是短短数年，三个哥哥死的死废的废，就连当上皇帝的三哥，也可以被母亲的手下拉下皇位，推搡着关进监牢，他怎么能不惧怕？

他就这样被囚禁在东宫，空有皇帝之名，实为东宫囚犯。这样也好，不与朝臣接触，就不会被怀疑心怀不轨，结党营私；老老实实地待在母亲视线范围内，一举一动都被她监视，才不会有人趁机挑拨；尽量从事与吃喝玩乐有关的活动，显得胸无大志，才不会勾起母亲的疑心；不要过问任何政事，不要发表任何政见，才能降低危险性，让母亲找不到借口危及他的安全……

而且，他的确是个心地纯良的孩子，并没有与母亲作对的念头，也许就是这自始至终的纯良和顺从，让他在任何风口浪尖，都保住了性命。

被关起来的李显终于在残酷的现实面前认清了形势，但这个时候，不论他如何求饶，如何想要和母亲见面亲自道歉，如何检讨自己的过失，都为时已晚。他开始后悔，责备自己的愚蠢，他竟然敢以卵击石，这难道不是找死？死亡，从前离他很远，此刻近在咫尺，他不知道明天到来的时候，母亲会不会下一道旨意，处死他这个"无道昏君"。他被巨大的恐惧感折磨，这种恐惧即将伴随他几十年，直到他的母亲去世。

公元684年新登基的皇帝被废，另一个皇帝被立又被囚禁，不过，这一年的故事远远没有结束，"嗣圣"改为"文明"，只是这一年的序幕，这一年还有一个年号叫"光宅"，代表了另一段历史的开端。那是真正的由一个女人独断专行的王朝历史。

这段历史的序幕是百官为武则天上了皇太后的尊号，从此由武则天临朝称制。这代表着皇帝的权力正式变成了皇太后的权力，幽禁在东宫的李旦不再有任何作用，他也不会有机会发号施令。从此朝官们跪拜的人不再是象征天子的武则天，而是武则天本人。他们心里都知道这种区别，但长久对一个女人下跪，已经让他们麻木，还有一些人一直清楚自己在为武则天做事，如今只是武则天又换了一个称号。

武则天不给敌人以任何机会，她立刻下旨废掉了皇太孙李重照，李显还有一个儿子李重福在西京长安留守，武则天也剥夺了他的留守地位，并再次"关照"了刘仁轨。另外，被废为庐陵王的李显也被塞进一辆大车，送往房州。房州地处湖北，四面多山，想要逃跑也只能在山林里迷失道路，是个关押囚犯的好地方。

李显战战兢兢，常常一身冷汗，认为母亲马上就会派人来杀自己。这个时候，一向刁蛮任性的妻子韦氏却像变了一个人，充满巾帼气概地安慰自己的丈夫。流放地条件极其恶劣，她却成了一个当家的妻子，料理起李显的饮食起居，时时刻刻安慰李显。李显根本没想到在这个时候，身边还会有个人对自己如此忠诚、体贴、温柔，他一下子就有了生存下去的勇气，没有像李治的第一任太子李忠那样，被折磨到精神失常。

血雨腥风远远没有结束。

中宗被废，武则天没有忘记她还有另一个儿子，就是在巴州流放的庶人李贤。她相信反对派一定会利用这个皇子，而李贤又是个有雄心有头脑的人。一不做二不休，中宗被废的第三天，武则天就派亲信左金吾将军丘神勣前往巴州监视李贤。丘神勣如何不明白武则天的想法，到了巴州后逼李贤自杀。

李贤早就知道这一天一定会到来，他也听说了三弟李显被废，四弟李旦被囚禁，谁能争得过他们的母亲？不，她只在他们幼小的时候才是一个母亲，而今却是一个嗜权如命的妇人，她还会继续清除那些可能威胁到她的人，想到这里，已经知道生死天命的李贤不禁为大唐的前途担忧起来。而连性命都无法保住的他，一份忧思又有何用？在长叹声中，李贤结束了自己的生命。

李贤死后，武则天不忘做戏，在群臣面前大大地为二子哀悼一番，还处罚了"办事不力"的丘神勣，降了他的官职。皇子无罪死亡，经手的官吏却只是降职，不到半年，武则天又将丘神勣调回身边。可知李贤之死，完全是出于武则天的授意。死者已矣，武则天命人将儿子的尸体葬入昭陵，算是全了母子情分。

直到数年后李旦登上皇位,想起当年二哥为了保住他和李显,写下的那首《黄台瓜辞》。又想到李贤为人的才干与不幸的经历,才为这位二哥重新确认了皇太子的身份,谥号"章怀太子",后人也都喜欢用这个很有古意的名字称呼李贤。

临朝称制后,武则天又改了年号,"文明"变为"光宅"。她首先想到的仍然是自己的武氏家族,想要追封包括她父亲、祖父在内的五代祖先,武承嗣这个时候已经不是当初那个安安分分的新晋官员,看到姑母终于得势,他也开始不安分起来,张扬着这件事,这引起了宰相裴炎的不安,他连忙上了一张奏折,劝武则天不要追封。

武则天吃了一惊,她没想到已经到了这个时候,还有人明目张胆地跟她作对,裴炎的奏折她没理会,武家的祖宗们依然被封公封王。武则天还派人回老家文水大兴土木,立了武家祠堂。她一直留意着裴炎的神色,发现裴炎对她的所作所为有很多不满。她这才意识到,这位宰相并不如自己想得那么简单,他并不是想成为下一个许敬宗,为自己贡献心力;而是想成为下一个长孙无忌,把朝政攥在自己手里。

裴炎的失误

武则天曾经把裴炎视为战略合作伙伴,她也知道裴炎是个贪图权力的人,当年他可以背后捅自己的族人裴行俭一刀,借着机会落实自己的地位,就可以看出此人的秉性。但武则天从来不把"人品"当作提拔人的标准,她从前的亲信许敬宗、李义府的人品都不怎么样,李义府更是众人皆知的小人。

君子也好,小人也好,武则天只要求这个人能做事,能领会她的意思,其他方面只要不过分,她都能睁一只眼闭一只眼。甚至,如果对方愿意死心塌地给自己跑腿,哪怕这个人有野心也可以。当然,这野心也必须是在她允许的范围内,不能越界。裴炎如今却有了"越界"的企图。

在高宗逝世后,裴炎上书一封,确保了武则天的地位,让所有大权都落到了武则天的手里,也有自己的考虑。他不是太子党(太子还来不及结党),和武则天关系良好,对李治效忠,那么在未来皇帝李显眼中,他这个顾命大臣肯定不是可以信赖的对象。可以想见,将来李显一定会另外培植人手,来夺自己的位置。想到当年长孙无忌的下场,裴炎很有危机感。他帮助武则天,就是为了打压刚继位的李显,不让李显有发展势力的机会。他希望新皇和天后之间能够相互限制,他可以在这种平衡中获得更多的权力。

这是明显的弄权,运用宰相的权力架空皇帝,他为此很是得意。当他发现李显有发展个人势力的企图，立刻联合武则天废掉了皇帝。他的本意是扶植李旦，获得拥立之功，没想到皇太后快手快脚，一个轿子将李旦送入东宫，没有放出来的打算。她自己堂而皇之地坐上朝堂，裴炎的心里很不是滋味。

权臣能做很多事，可以像李勣那样身在朝中，却不参与朝廷上的争斗，一心保家卫国，只在君王需要的时候一展所长；可以像李义府一样，搜刮财物，享用美色，享受人生；可以像长孙无忌那样，独揽朝纲，所有政令都服从他的意思……裴炎做不到李勣的潇洒，也不想像李义府那样遭人唾骂（即使他的人品也常常被人非议），他很希望能当长孙无忌那样的大臣。他知道长孙无忌的结局，也不想太过张扬，只想尽量保住地位。可是，他做了很多，甚至当朝废掉了一位天子，最后发现自己的一切努力都是为人作嫁，最后让厉害的武则天坐在朝廷上发号施令，这令他很是沮丧。

作为武则天的新对手，宰相裴炎的资历并不出众。他既没有显赫的家底，又没有舆论的支持，他只是在老宰相们老死（如郝处俊），或者被武则天设计留在西都（如刘仁轨）的时候，踩着空子、使着手段才得到了机会，刚巧得到了李治的信任，得到了顾命大臣的身份。论实力，论经验，论名声，武则天都不会把他放在眼里。

但是，裴炎也有武则天忌惮的地方。首先是顾命大臣的身份，他有这种身份，在朝堂上就有发言权，甚至可以代表先帝发言。正因如此，他才可以以大臣的身份废掉一个皇帝，如果裴炎真的有意和她作对，在舆论上，他会占一定的便宜，甚至可能有一部分大臣被他拉拢过去；其次，他有军方做后盾，他和程务挺等人是好友，如果勾结起来，自己毕竟是一个妇人，恐怕会有危险。正因如此，武则天才不动声色，与裴炎和平相处。

裴炎懊恼之余，总是寻找着机会，想要压压武则天的风头。而武则天对此没有任何不悦，让他的胆子越来越大。但他终究也是官场上的老油条，仍有适当的分寸，不敢与皇太后当面顶撞，只敢旁敲侧击，提醒皇太后朝廷毕竟是李家的，一个女人家，为了名声着想，最好不要太招摇。武则天兵来将挡水来土掩，每次都承认裴炎的话有道理。

之前也有人劝过武则天不要觊觎大权，这个人就是远在长安的刘仁轨。但刘仁轨是有赫赫军功的重臣，说话的分量自然和裴炎这个半路插进来的宰相不一样。而且刘仁轨伴君多年，说话既有忠肝义胆又有忠臣的分寸，不会引起武则天的敌意。刘仁轨的信中比量出吕雉，说起了汉朝因外戚专断而亡，还贴心地给出了这些外戚的下场，武则天看过只是笑笑，还装模作样地回封信表示不明白刘仁轨的意思，但很受教育。而对裴炎有野心却欠火候的人，武则天没有宽宏和大量，只等着哪一天找到机会，换一个听话的宰相。

正在武则天和裴炎各怀心事，都想找机会收拾对方之时，在离洛阳很远的江南，独占了天下三分之二明月的扬州城，几个失意的官员正在一间小酒馆喝酒谈心。他们谈着近日的时局，谈着高宗刚刚去世，李显没当几天皇帝就被弄权的皇后废掉，新皇帝李旦又被囚禁，不由越谈越是忧国忧民，愤世嫉俗，一腔爱国热血没处发泄。

他们谈着谈着，就开始幻想大丈夫理应齐家治国平天下；开始向往匡扶王室，力挽狂澜；开始憧憬揭竿而起，所向披靡；他们甚至已经看到了热泪盈眶的李显（或李旦）在他们的搀扶下，重新坐上龙椅，用感激的声音表彰他们的功德，给他们高官厚禄……

这很像市井小店里，三三两两的汉子喝着烧酒吃着酱牛肉的吹牛。但偏偏，这些人中既有武将，又有文员，还有皇家大臣、公侯子弟，对军事、政治、朝廷都很熟悉，而且这些人还有一个共同特点，他们都于近日因为或大或小的失误，被朝廷降职，心里除了忠君报国之情，愤世嫉俗之慨，还有一肚子苦水和抱怨。

他们中既有心怀报国之志之人，也有人看重了这是一个政治投机的大好时机。一个被贬值的官员想要重新风生水起，必须有一定的业绩。这显然是一个漫长的过程。而眼前却有一个大好机会，让他们用最短的时间，获得最大的收益，而需要的成本是"雄心"和"胆略"。他们盲目地相信，天下人都对武则天恨之入骨，只要他们敢于第一个起来反对，百姓们就会云集响应，各地军队就会将洛阳重重围住，逼武则天交出手中的权力。他们越想越兴奋，越想越按捺不住。

于是，就在这么一个小酒馆，闲谈变为密谈，变成了各自联络人手，起兵造反，想要推翻武则天的统治，重新确立李家王室的地位。而且，就是这样几个失意分子，竟然真的占据了扬州这个水陆交通便利，兵甲粮草财物盈满府库的城市，并在十几天内号召了十来万人加入造反的队伍，一时间声威远播，扬州附近的几个地方县也跟着投降。

为了让自己的行为更加名正言顺，几个人打出了李贤的旗号，说李贤是他们的首脑。但李贤早已去世，武则天似乎早就料到有人会利用李贤谋反，不但要了他的命，还将他的死讯迅速、正式地告知天下百姓，让人人都知道李贤的遗体已经被运往昭陵。如今他们打出的旗号，难免让人觉得糊涂。不过，听到消息的李显和李旦却暗暗感谢这伙糊涂的反贼，倘若他们打出的是李显或李旦的旗号，他们两兄弟不知还有没有活路。

造反的消息以最快的速度飞入洛阳朝堂，武则天并不感到意外。她一连串的动作一定会引起他人的反弹，她一直竭力避免有人造反，但并不害怕有人真反。她要认真了解情况，做出正确的部署，杀一儆百，让后来者不敢模仿，这也是她保证政权的必须步骤。

谋反的消息倒让裴炎心头一喜，他认为这是一个劝谏武则天的大好机会。有人造反，这不正是说明天下人不希望被皇太后领导？而这次谋反一定给武则天造成了巨大的压力，这不正是他扶正李旦的时机？于是，当武则天找他问对策时，他对武则天说了这样一番话："有人谋反，是因为皇帝年长，太后却没有让皇帝亲政。如果太后愿意还政于皇帝，那么叛军自然不战而降。"

武则天但笑不语，裴炎也跟着微笑，裴炎总是错误地估计形势，错误地轻视武则天的野心，错误地估计自己的分量。武则天正在为谋反消息烦恼，他却来个落井下石，劝武则天在这个时候交出政权。偏偏他是个顾命大臣，还有几个掌握御林军的朋友，这句话多了政治威胁的意味。就在那一刻，裴炎未来的命运被决定，武则天在心里为他判了死刑。

裴炎的忤逆，武则天并不意外，从裴炎上书反对建武氏宗庙开始，君臣就已经有了分歧。最让武则天意外的是另一件事。那一天她坐在朝廷之上，听大臣汇报扬州传来的造反消息，她泰然处之，不疾不徐地问："反者何人？"

"柳州司马李敬业。"

武则天听后双眉紧锁，不由问了一句："可是英国公之孙？"

"正是。"

这一次，处变不惊的武则天着实吃了一惊。

一次造反

人与人的缘分很奇妙。

在武则天很小的时候,一位老将军出现在她的家里,井井有条地安排着她父亲的葬礼,礼貌而周到地安慰哭泣的武家女眷。她隐隐听说,这位老将军叫李勣,是朝中重臣,在边疆立下过赫赫战功。那英武的身姿在武则天脑中一闪而过,并未留下深刻的印象。那时,她还要面对一脸刁难的兄长和满怀恶意的族人,过着她艰难的人生。

一转眼过了很多年,再遇到老将军时,她是身着华服的天子嫔妃,他仍是英武的朝中重臣,岁月没能改变他威严的体貌。在她与王皇后的争斗中,在李治与长孙无忌等人的争斗中,老将军以一句"天子家事"为他们打开了局面,无异雪中送炭,让她能够顺利地当上大唐皇后,某一天,她自他手中接过了象征皇后权力的印玺,象征着她的人生走上了高峰。

又一转眼,老将军更老了,当她与朝臣们商讨要不要对高句丽发兵,这位老人又站了出来,雄心万丈地表示自己会亲自领兵,争取大唐的胜利。而后,他将高句丽的俘虏带回朝堂。那时丈夫日渐病重,天下已经在她的治理之下,这光荣属于大唐,也属于她,她忘不了那时的激动和自豪,以及老将军意气风发的神情。

没多久,他病入膏肓,她是那样殷勤地为他求医,为他祈福,带着太子亲自去他府上看望了一次又一次。她并不是一个全然无情的人,多年来,对这位老将军,她有一种信任,一种倚仗,一种女人对缘分的说不清的亲近和迷信。直到老将军死的那天,她还记得那份悲哀与失落。

所以,当大臣向她通报了反贼的姓名,她竟然无法立刻相信,谋反的人竟然是李勣的孙子李敬业,真是世事万变,让她不得不再一次感慨人心的反覆。没有余暇多想,朝臣们尴尬的脸色,让她知道还有更令她生气的事。果然,有人汇报说,一张檄文也已通传天下,已经看过檄文内容的大臣们战战兢兢,等待皇太后大发雷霆。

这张檄文内容不长,字字雷霆,句句诛心,既是一篇战斗檄文,又是一篇可以玩赏的文学名篇,出自初唐四杰之一的骆宾王之手:

伪临朝武氏者,性非和顺,地实寒微。昔充太宗下陈,曾以更衣入侍。洎乎晚节,秽乱春宫。潜隐先帝之私,阴图后房之嬖。入门见嫉,蛾眉不肯让人;掩袖工谗,狐媚偏能惑主。践元后于翚翟,陷吾君于聚麀。加以虺蜴为心,豺狼成性。近狎邪僻,残害忠良。杀姊屠兄,弑君鸩母。人神之所同嫉,天地之所不容。犹复包藏祸心,窥窃神器。君之爱子,幽之于别宫;贼之宗盟,委之以重任。呜呼!霍子孟之不作,朱虚侯之已亡。燕啄皇孙,知汉祚之将尽。龙漦帝后,识夏庭之遽衰。

敬业皇唐旧臣,公侯冢子。奉先帝之成业,荷本朝之厚恩。宋微子之兴悲,良有以也;袁君山之流涕,岂徒然哉!是用气愤风云,志安社稷。因天下之失望,顺宇内之推心。爰举义旗,以清妖孽。

南连百越,北尽三河;铁骑成群,玉轴相接。海陵红粟,仓储之积靡穷;江浦黄旗,匡复之功何远!班声动而北风起,剑气冲而南斗平。喑呜则山岳崩颓,叱咤则风云变色。以此制敌,何敌不摧?以此攻城,何城不克?

公等或居汉地,或协周亲;或膺重寄于话言,或受顾命于宣室。言犹在耳，忠岂忘心。一抔之土未干，六尺之孤安在？倘能转祸为福，送往事居，共立勤王之勋，无废大君之命，凡诸爵赏，同指山河。若其眷恋穷城，徘徊歧路，坐昧先机之兆，必贻后至之诛。请看今日之域中，竟是谁家之天下！

这篇檄文尽显才子的笔力，第一段形象地勾勒出武则天的个性，不肯让人，狐媚，善妒，狠毒，都是人们常常指责武则天的罪名。为了宣传效果，骆宾王夸大了武则天的作为，把武则天描绘成一个杀皇帝、杀母亲、杀亲人、杀忠臣的杀人狂。并指出如果放任这个女人，李氏宗族的气数即将耗尽。

第二段笔锋一转，夸赞李敬业是忠臣后代，此次起义实为忠肝义胆之举，并无觊觎天下之心，并号召更多的人加入讨伐武则天的队伍中来，以表自己的忠心。最后一段更是激动人心，"一抔之土未干，六尺之孤安在？"充满刚烈之气，令人为之血热，"请看今日之域中，竟是谁家之天下！"有诘问，有号召，令人奋起。

听人读这篇檄文之时，武则天的情绪变化也很激烈，最初愤怒，继而冷笑，待听到"一抔之土未干，六尺之孤安在？"又不由击节称赞。待读完最后一段，朗读的人已涔涔冷汗，叩头谢罪，武则天却不无遗憾地说："此人没有担当大任，真是宰相的过失。"如此淡然地夸赞了自己的敌人，令满朝文武为之一震。

武则天对有本事的敌人从不吝啬自己的赞美。她砍了上官仪的头，抄了上官仪的家，若干年后在宫中发现了上官仪的孙女才华横溢，立刻放到身边做了近身侍女；她降了裴行俭的官，坐实了裴炎对裴行俭的诬陷，裴行俭死后，她照样到处搜罗裴行俭的墨宝，不时观赏临摹一篇。都说女人心眼小，武则天倒显得大气可贵。

夸归夸，武则天却未必有什么惜才的念头，只是在群臣面前再做一场戏，显示自己临危不乱，胸有成竹，也打压住那些有不安分念头的大臣，让他们不敢有反抗的意图。武则天明白，此时自己有一丝平常妇人临事的慌乱，就会有大臣以为她不足为惧，和反贼来个里应外合，唯有淡然处之，才能让人不敢小觑她。

第三章／谁家天下

迅速平叛

临危不乱,武则天详细了解了叛乱的情况,摸透了这支叛军的核心人员:

李敬业。李勣的孙子,因事贬为柳州司马,是这次造反的核心人物,自诩忠臣后裔,也是这次谋反者中背景最显赫、名声最大的人。此人为武将之家的子孙,从小就学习军事,骑射本领了得,有些才智,但比起祖父李勣,实在相差太远。

李敬猷。李敬业的弟弟,和哥哥一样因为贪污被贬官。这俩兄弟虽为李勣的孙子,空有家学,自身却并无傲人的本事,如今兴兵,短短十几天把队伍扩大到十几万人,想必正自得意,难免忘形。

骆宾王。骆宾王何人?现今的孩子们入学所学的第一篇古诗"鹅鹅鹅,曲项向天歌"即是此人七岁时随口所作。骆宾王虽是个大才子,却官运不佳,曾因事下狱，在监狱里写出了"无人信高洁，谁为表余心。"的名句。当年最擅观人的裴行俭老先生很是赏识骆宾王，但也觉得此人性格浮躁，恐怕不得善终。老先生一言成谶，如今骆宾王果然造起反来。

魏思温。此人本是监察御史，是个比较称职的京官。后来被贬为县尉。降职后没有好好工作，又被人弹劾，直接被罢了官，成了两手空空的庶民。这个人做事不认真，却有些投机取巧的头脑，这一次造反，一大半的主意都由他出，是造反派的军师。造反派能占据扬州，亏了他想到联系过去的同僚薛仲璋。

薛仲璋。薛仲璋也是监察御史，在收到魏思温派人送来的密信后，他认为这是一个捞取官职的好机会，于是打着监察地方的名义公出到了扬州，将长史陈敬之诬告下狱，命李敬业为长史，这才使造反派快速地占据扬州。而且，这个人还是裴炎的外甥。

这是武则天独揽大权之后的第一次危机。军事层面的造反，是她过去不曾涉猎的领域，但她并不畏惧。她立刻调集三十万大军，命左卫将军李孝逸领兵讨伐叛贼。李孝逸名为将军，却对军事一窍不通，但这个人是唐朝宗室子弟，唐高祖李渊的从弟李神通的孙子，唐高宗李治的堂叔，在李唐王室辈分很高，用李唐王室的人去打叛军，李敬业等人所说的"光复王室"立刻就显得站不住脚，武则天第一手就技高一筹。

第二手依然令人称道。武则天知道李孝逸这个人不是打仗的材料，就给他配了个搭档——殿中侍御史魏元忠。这个人因为几次上书分析唐朝军队被吐蕃打败的原因，得到了李治的重视，武则天也考察过他的实力，此时命他做监军。如此一来，三十万大军既有响亮的名头，又有实力派的统帅，还有源源不断的后勤补给，这支军队信心百倍地出发了。

另一方面，叛军也有了新的动作。

武则天已经传下旨意，剥夺李敬业的"李"姓，如今他叫作徐敬业。徐敬业攻打下一些土地，看到粮马充足，很有成就感。这时军师魏思温提议，义军应该马不停蹄直取洛阳，这才显得名正言顺，还能打武则天一个措手不及。而薛仲璋则提出反对意见，认为徐敬业应该攻打南京，因为南京是几朝古都，有王气，且易守难攻，可以自拥旗帜。徐敬业想来想去，选择了第二条路。

徐敬业开始思考两条路线的利弊。他的军队打着匡扶王室的旗号，应该以攻打洛阳，解救李旦为目标，但是，军队人数毕竟有限，且都是在市井招募来的混混儿，恐怕不能与洛阳的正规军队抗衡；反观南京路线，却让他能够避开危险，壮大实力，说不定还能让他就此站稳脚跟，称霸一方。最后，他决定南下攻打南京，占据这座历史悠久的古城。这种选择表明他并非想要勤王还政，只想找个山头当割据的藩王。

徐敬业的军队想要南下，李孝逸率领的三十万大军却已赶了过来。两军交战，徐敬业的军队势头正猛，打败了大唐的先遣部队。李孝逸是个太平王爷，哪里见过真正的战事，一看到军队打了败仗，就吓得魂飞魄散，按兵不动，再也不敢进军。

这时武则天指派的监军魏元忠派上了用场，他诚恳地劝说李孝逸："朝廷因为您是皇室贵胄，才将这个职位指派给您。天下承平日久，如今有人作乱，百姓们都盼着您早日得胜。如果您止步不前，朝廷里定有人认为您持观望状态，说不定还会怀疑您与叛军勾结。如果朝廷派了其他人取代您的位置，您回到朝中如何交代？千万不要再迟疑，否则一定会有大祸临头！"李孝逸听得冷汗直冒，立刻决定进兵。

魏元忠好人做到底，又给李孝逸指点如何进军，他建议李孝逸不要直接与徐敬业的军队交锋，因为徐敬业的军队刚刚打了胜仗，势头正劲，此时应先去攻打正要去淮阴的徐敬猷。李孝逸依计而行，先派军队与徐敬猷交战，徐敬猷既没有打仗经验，手下又是一批乌合之众，三下两下就败于唐朝的正规军队。而后，唐军才与徐敬业的军队在阿溪进行决战。

是时天寒地冻，西北风吹得正凶，魏元忠又为李孝逸献上一计，借风使力，用火烧得敌人全线溃败。主力部队全被斩首，徐敬业本人带着一小撮部队逃回扬州，准备找一条船渡海逃往高句丽。徐敬业的队伍组织得匆忙，根本没有几个得力部将，手下更谈不上效忠。见徐敬业急于逃窜，几个人商量一二，将他杀死，投降了唐军。

而此次叛乱唯一的亮点，是那篇连武则天都拍案叫绝的檄文，它的作者，大才子骆宾王则不知下落，民间有传闻此人避祸出家。数年后宫廷诗人宋之问被贬，曾在杭州灵隐寺作诗，吟出"鹫岭郁岧峣，龙宫隐寂寥"，而后才思塞滞，在庭中冥思苦想，一老僧言道："何不接'楼观沧海日，门对浙江潮'？"宋之问大叹妙句。第二日再去寻找老僧，老僧早已离去，一个小和尚偷偷告诉宋之问："那个人就是骆宾王！"声势浩大的起兵，最后只留下一个缥缈的传说，这也许是历史的逸笔。

立威

外面李孝逸和魏元忠以最快的速度平定了叛乱，洛阳城里武则天快手快脚地将宰相裴炎打下大狱，命人审问裴炎为何要造反——造反者薛仲璋正是裴炎的外甥。裴炎虽有私心，却也一心为王室考虑，哪里肯承认这种罪名。但皇太后金口玉言，硬说裴炎谋反。

朝廷毕竟不是武则天的一言堂，裴炎也着实尽到了宰相的义务，大臣们为他抱不平，要求皇太后拿出宰相谋反的证据，武则天一口咬定裴炎谋反，反而要求大臣拿出裴炎没谋反的证据。朝堂太后说太后的，大臣说大臣的，鸡同鸭讲，根本无法沟通。

最后，武则天决定不管大臣们的反对，十月十八日，裴炎以谋反罪被斩。

裴炎的错误在于错误地估计了武则天的实力，他太过看重自己顾命大臣的身份，忘记了谁才是朝廷上的主宰。他认为顾命大臣的权力能够和天后抗衡，并且试探性地挑衅武则天。而武则天却不会给对手任何机会，直接夺了他引以为傲的权力，证明他妄自尊大的结果不过是以卵击石。裴炎没想到武则天半点不留情面，对曾帮过她的人可以痛下杀手，这时候他即使求饶，即使后悔，也没办法保住自己的命。

程务挺听说好友裴炎获罪，大吃一惊。武人性子直，脾气急，连忙写下一封奏折替裴炎求情，希望天后念在裴炎有过功劳，从轻发落。武则天干脆利落，一纸诏书宣布程务挺与裴炎勾结。于是，曾将前任皇帝拽下王位的程务挺也做了刀下鬼。为武则天卖过命的程将军落得身首异处的下场，令人扼腕。

曾被程大将军收拾得人仰马翻的突厥人听说这件事后，一片欢呼，连连开宴会庆祝少了个大对头。开完宴会，他们想起程务挺威风凛凛，心里仍有余悸；又想起此人英武善战，想必是天上神仙，于是为程务挺立了一座祠堂，每次作战（去大唐烧杀抢掠）前都要拜上几拜，望程将军保佑他们旗开得胜。这消息传到大唐，听到的人又好气又好笑，又不禁暗暗惋惜国家少了这样一位人才。由此也可知，武则天的野心远在雄心之上。

裴炎被斩首后又被抄家，官员们发现裴宰相家徒四壁，没有任何财物，此人虽有政治野心，却也是一位称职的、难得的宰相。这件事很快在人们的叹息声中被淡忘，唯有被囚禁的唐睿宗李旦感念裴炎的拥立之功，若干年后他登上皇位后，念念不忘地将裴炎追封为大都督，又钦点谥号"忠"，可见在他心目中，裴炎是李唐的忠臣，也是自己的忠臣。裴炎一心拥立李旦，为了李旦费了不少心思，数年后，这份忠心也算得到了一个圆满的结局。

老将军李勣遭了殃，因为两个孙子造反，李家一切荣誉都被剥夺，祖坟被掘开，家财被抄没，直系子孙全都被斩首，李勣原本姓徐，因对大唐功高被赐姓为"李"，如今这一姓氏也被剥夺。这就是武则天的为人，与自己为敌的，即使当年有恩于己，她也决不心慈手软，留下祸患。就连李家的旁支也纷纷逃窜到边疆。百年后，吐蕃人俘虏了千余名汉人俘虏，突有一徐姓男子自称徐敬业的后代，已在吐蕃繁衍数年，自占土地，自拥兵马。徐姓男子释放了千名同胞后飘然而去。想李勣一世倥偬，为大唐荡平边疆，子孙却只能混迹于边寨，着实令人感伤不已。

一场声势到达十几万人的叛乱，被武则天用了一个多月就平定干净。叛乱的首领都已伏诛，李孝逸继续带人追捕逃窜的叛贼。这场叛乱虽然打出了光复王室的旗号，但借用一个已死皇子的名字，做的又是攻取南京、划江而治的勾当，实在不能让天下人信服。

何况武则天协理天下这么多年，取得的成绩有目共睹，不论朝廷还是百姓都已经习惯了被她领导，没有几个人真心响应这支队伍。徐敬业等人召集的多是监狱里的犯人和市井上的无赖，这样的人有投机之心，无善战之能，面对朝廷正规军队，无异以卵击石，失败在所难免。武则天不费吹灰之力就取得了胜利，稳定了局势。

此外，裴炎谋反的消息，由武则天派人送往西京，通知仍在长安驻守的官员们，武则天也想知道这些官员对裴炎一事的反应。使者是郎将姜嗣宗，作为武则天的钦差，难免得意扬扬，一副凌人的架势。接信的人正是老臣刘仁轨，他问及洛阳的状态，姜嗣宗夸夸其谈，并对刘仁轨说："我早看出裴炎要谋反！"刘仁轨反感他对朝廷大员的傲慢态度，不动声色地问道："你是说你早就知道裴炎要谋反？"姜嗣宗想要继续夸耀自己的"未卜先知"，连连点头。刘仁轨暗自冷笑，将这番话写进一封密信，托姜嗣宗呈交武则天。

姜嗣宗拿着密信回到洛阳，本以为会得到皇太后的嘉奖，没想到武则天看信后脸色一沉，对姜嗣宗说："你早就知道裴炎要谋反，为什么不报告？存的是什么心？"姜嗣宗瞠目结舌，糊里糊涂地被人拉下去处斩——这一时期的武则天，今天杀一个叛臣，明天杀一个叛将，用的是"杀鸡儆猴"，对一切异己力量不遗余力地打击、击溃，让朝廷上人心惶惶，众臣只能屈服在如此"雌威"之下。

一日，武则天威风凛凛立于朝堂之上，注视群臣，突然喝道："这么多年我帮先帝治理天下，自认无愧于天，你们知道吗？"

群臣连忙下跪叩首，口称："臣等知陛下劳苦功高！"

武则天怒斥："我以社稷为重，为天下事夙兴夜寐，不想竟有反贼内外勾结作乱，为首的竟然都是朝廷的重臣与将门后裔，真让我大失所望！你们听着，你们之中有谁地位显赫如裴炎？有谁是将门之子如徐敬业？有谁是善战的名将如程务挺？这三个人都是人杰，他们对我不利，我杀了他们，你们要是认为自己的才能可以胜过他们，尽可以继续跟我作对；如若不然，就从现在开始对我忠心耿耿，不要自作聪明，落得被天下人耻笑的下场！"

满朝文武悄无声息。

武则天完全取得了政治优势，压得朝堂之上无人再敢持有异议。她的侄子武承嗣成为宰相，还有另一个侄子、武元庆的儿子武三思，当了兵部尚书，握起重权。此外还有武惟良和武怀运的孩子武攸宜、武攸绪、武攸止、武攸望等也被封王封官，就连武士彟的兄长武士逸的孩子武重规、武载德、武懿宗、武嗣宗也被召到洛阳，接受封赏。而武承嗣的六个儿子小小年纪，也都被封为郡王。仍然在世的武家子弟，都得到了相当的地位和官衔，武家成了另一个皇族大家。

骆宾王的讨伐檄文中有一问：请看今日之域中，竟是谁家之天下？

而今日之域中，正是武家之天下。

安全问题

多事的684年在武则天的胜利中落幕，685年，武则天改元为垂拱，并大赦天下。

当徐敬业造反事件终于平息，有可能成为肘腋之患的裴炎、程务挺也被除去，武则天终于可以休息片刻，但当她想要安稳地睡上一觉，突然发现自己无论如何也合不上眼睛，一种巨大的恐惧感从四面八方袭来，她不知道地位稳如磐石的自己为什么要恐惧。

也许是徐敬业事件给她的刺激。在冷静地处理这次叛变时，她并不害怕，直到这件事再也没有波澜，她才开始后怕。这件事带给她很多方面的思考：

看来，即使她兢兢业业地治理天下，还是会有人心生不满，还是会有人瞅着空子，趁着机会招兵买马，更可怕的是，这群人真的有能力招买兵马，和朝廷作对；

看来，即使是她曾经信任的人的后代，也可能不顾旧情，与她势不两立；

看来，即使是她以为不敢反抗的大臣，也会在她出现困境的时候，趁机逼她交出权力……

有些事就怕想得太多，越想越觉得可怕，女人尤为如此。这时武则天才更确切地知道她失去了丈夫，丈夫虽然多病懦弱，却也的确是她的一座靠山，他活着的时候，她很少担心自己的安全会受到威胁。现在，她觉得民间有不知多少个心怀不满的人等待叛贼的召唤，地方上有不知多少个徐敬业正准备起兵，朝廷里有不知多少个裴炎正要落井下石，军队里有不知多少个程务挺可能心存异志……她只有两只眼睛，两个耳朵，如何提防他们？

谁是可以信任的呢？谁都不可以信任。就连丈夫也曾经想要废掉自己的位置，就连儿子都可能起异心反对自己，更何况大臣、侍卫、宦官、宫女……人都要追逐自己的利益，她也是如此，她不也可以随时背叛他人，来换取自己的步步高升吗？只是升到最高位之后，怎样才能确保自己不跌下去？怎样才能保证自己的安全？她越想越觉得不安全。

这种不安全感，是历代很多帝王、重臣、巨富商贾都曾有过的，他们拥有的东西越多，就越觉得四周都是觊觎的眼睛，根本没有安全的地方。他们必须带更多的保镖，住房必须有更多道保险，他们会反复试探周围的人，判断他们是否足够忠心。一千多年后，中国最后一位帝王爱新觉罗·溥仪在回忆录里写过这样一段话，可以让我们更好地了解武则天当时的心理：

我这时想起许多太监都受过我的责打，他们会不会对我行凶呢？想到这里，我简直连觉都不敢睡了。从我的卧室外间一直到抱厦，都有值更太监打地铺睡着，这里面如果有谁对我不怀好心，要和我过不去，那不是太容易下手了吗？我想挑一个可靠的人给我守夜，挑来挑去，只挑出一个皇后来。我从这天起让婉容整夜为我守卫，如果听见了什么动静，就叫醒我。同时我还预备了一根棍子，放在床边，以便应变。一连几天，婉容整夜不能睡觉，我看这究竟不是个办法。为了一劳永逸，最后我决定，把太监全都赶走不要！

溥仪怕的是身边的太监，武则天怕的不只是这些，她还怕悠悠之口，还怕朝野上下一片反对之声，她害怕的比千百年后的末代皇帝要多得多，而且，她还是一个女人，感性的头脑有更多想象空间，那些无端的害怕会越来越逼真，促使她尽快拿出解决办法，那么，如何牢牢地控制臣民们的举动，随时发现可能出现的隐患？

武则天首先想到的是她的情报网。

当年她从感业寺回到宫中，就着手建立一张巨大的后宫情报网，她会把所有的赏赐分给太监宫女，会特意笼络那些与王皇后、萧淑妃敌对的人，为的就是了解她们、了解皇帝的一举一动，以便及时应对。靠着这张网，她在与王、萧二人的争夺中，稳稳地占了上风。这张情报网一直在发挥作用，李治的每一个举动都逃不过她的掌握，每一个"不规矩"的行为都能被她及时制止，甚至在李治想要废掉她的后位时，她也能第一时间赶过去，阻止那一次危机，可见，情报是多么重要的东西。

武则天进一步想到，如果这张网不只撒在后宫，撒向大唐帝国的城市乡间，一旦有人有异动，身旁的人立刻就会通告给她，这不就既能保证自己的安全，又能对天下人起到威慑作用吗？想着想着，她来劲了，在她聪明的头脑里，开始出现各种构思，各种想法。这是关系到今后地位的大事，她不会着急启动，而要等计划更全面，方法更得当的时候再实行。

更何况，叛乱才刚刚平定，一定要有一个安抚王室、安抚大臣、安抚百姓的缓冲期，她也不必急于一时，她只是发布了一条看似合理的命令，说今后倘若有人有冤屈，不论身份如何，都可以到朝堂上来击鼓鸣冤，御史要及时处理。这似乎是在体恤民情，为民做主。但这条命令却包含更加曲折的心机，即想要告密的人可以不经过府衙，直接把消息上告到朝廷，也就是她的耳边，如此一来，她就可以及时掌握天下的动向。

于是，表面上的和平又一次回到了李家朝廷，尽管坐在皇位上的是一个外姓女人。三皇子李显已经被迁往房州，四皇子李旦仍被囚禁，大臣们被武则天威吓一番，一时无人敢有异动，也有人期望就这样和平地过下去，反正皇太后也是先皇的妻子，今后皇帝的母亲，难道她还能自己当皇帝？

他们小看了武则天的野心，当权力欲达到了顶峰，武则天急于想要有与之匹配的身份。还有什么比"皇帝"这个身份更能匹配她的尊贵、她的身份、她的智慧、她的成就呢？她有这个想法，但知道此时此刻还行不通，她还要多做一些工作，以防止可能出现的反抗。在忙碌和思考中，这一年很快就过去了。其间，她发了一张《求贤令》，希望更多的人才能够走上朝堂，为国家做出贡献。

唐垂拱二年（686），新年伊始，经过一年和平期的大臣们稍稍放松了神经，在爆竹声中祈祷新一年的风调雨顺、官运亨通。他们穿上清洗一新的官服，拿着擦得一尘不染的象牙笏板走上辉煌的朝堂，互相用眼神和点头打招呼，安静地等待皇太后临朝。63岁的皇太后神色奕奕，丝毫显不出老态，她的新年计划让大臣们大吃一惊，她说，如今天下太平，她这个过渡期的皇太后终于能安下心，准备把政事交还给年轻的皇帝。

朝堂再一次鸦雀无声，没有人敢说话，谁也不知道皇太后突然要还政究竟是什么意思。即使知道，他们也不敢同意或反对。多数人倾向于这是武则天的另一次试探，如果有人欢天喜地表示接受这个决定，这个人无疑是皇太后的反对者，今后肯定会受到排挤、甚至迫害。李旦脑子最清楚，一听说母亲要还政，二话不说开始写一封封书信，表示自己由衷地钦佩母亲的治国才能，陈述自己的无能与平庸。

经过一段时间观察，武则天放松了对李旦的管制，李旦也可以在宫外行走，有了一定的人身自由。但李旦是何其聪明的人，怎么会不知道母亲的试探之心。他在各种场合表示自己对国事无能为力，必须仰仗皇太后，坚决地要求母亲收回成命，希望母亲继续为这个国家辛苦。

连现任皇帝都不同意，心里有高兴念头的大臣们自然不敢再说话。暗自猜测也许皇太后又有什么新的想法。这不奇怪，"以退为进"是武则天常用的把戏，善于打架的人想要发重拳，都会先退一步。群臣摸不透武则天的心思，只能暗自希望这一次不会出现大变故。

儿子李旦的"懂事"令武则天很满意，她谦虚一番，表示自己只好勉为其难，继续主持国政。同时，她又启用了几个官吏。最初，这个行为没有引起大臣们的注意，他们的名字：侯思止、来俊臣、周兴、索元礼，再陌生不过，根本不知道皇后从哪里挑中了这么一些政绩平平的人，更不知道他们有什么用处。这些人都是武则天精挑细选之后才任用的，他们的用处，此刻还不必解释。

铜匦

到了草长莺飞、万象更新的三月，武则天又开始搞新鲜试验。她命人铸了一个大铜箱，叫作铜匦。铜匦的设计者叫鱼保家，是个头脑灵活的手艺人，最擅长制造各种精密的工具和武器，徐敬业起兵的时候，他曾为徐敬业做了不少杀伤性兵器，大大提高了叛军的战斗能力。李孝逸剿杀余党时，他侥幸漏网。

鱼保家是个心思活泛的投机者，跟随徐敬业造反不成，少不得另觅良机。他见皇太后不断贴出告示，鼓励民众们到朝堂"伸冤"，而那些在朝堂上诉说地方长官"异动"的百姓，竟然获得丰厚的奖励。鱼保家立刻明白皇太后贴

这些告示不是为了爱民,而是为了监视国家和地方官员。鱼保家看准了武则天的需要,设计了这么一个箱子:

箱子方方正正,在四个方向都有投信口。中国古代不论建筑还是工具,都讲究方位上的美感与协调感,将信仰与精美结合在一起。具体说来,东方尚青,有苍龙庇佑;西方尚白,以白虎为祥瑞;南方尚红,以朱雀为瑞鸟;北方尚黑,以玄武为神物。这个箱子也设了青白红黑四个口,东方青口受理求职信,觉得自己有能力的人可以毛遂自荐,附上资历,朝廷会派人考核选拔;西方白口受理冤狱,对官府的审判结果不服可以来这里告状,以平反冤假错案;南方红口受理人们对朝政的意见,以便政府能够更好地为百姓服务;朝北的黑魆魆的口子专门受理告密信,监察朝野民间有没有人对朝廷心存异志。

配套设施,武则天也考虑得很是周详:

铜匦设在洛阳城的四面,方便人们投递信件;

朝廷多了一个官位,叫作知匦使,他们负责每天晚上打开大铜箱,将里边的信件分类,并将内容报告给武则天;

朝廷多了一个部门,叫作肃政台,专门负责调查告密内容的真伪,并负责搜捕、审讯被告密者,肃政台的御史,大多由武则天刚提拔的那一批官吏担任;

如果告密者在外地,可以向官府申请去洛阳,官府不得多做询问,还要供给马匹粮食,一路由国家安排住宿;

告密不问责,即使告密内容经查不实,也不会追究告密者的责任;

告密内容一旦查实,告密者便可获得官位;

……

铜匦一出,朝野哗然。

百姓们听说告密有如此高的待遇，纷纷涌进当地府衙，要求进洛阳告密，武则天连着数日接见告密者；官员们看到这个机关，最初还想利用它扳倒素日看不顺眼的竞争对手，待到了解它的厉害后，对它不寒而栗。他们不知道自己的名字是否已经上了肃政台御史的黑名单，日子开始变得难过起来。

所谓人心险恶，无记名制无责任制的告密，让人民纷纷撕下自己平日的面具，不知有多少人在夜色的掩护下走出家门，将一封封恶意的信函投进铜匦；多少人想要趁着这个机会得到官位；多少人想要发泄自己对邻人、对朋友、对官吏的不满。铜匦就像一个黑洞，吸取着人们的良知，唐朝政坛也出现了一个黑洞，这时候，觉得不安全的不再是武则天，而是这种氛围下的每一个人，一种恐怖的空气逐渐从洛阳弥漫开来。

此外，武则天对铜匦的设计者鱼保家大加赞赏，鱼保家也认为自己可以平步青云，获得皇太后的重用。没想到有人恨透了这个铜匦，对鱼保家这个小人也咬牙切齿，一番调查，发现他曾经是徐敬业军队中的工匠。有人冷笑一声，将一封告密信塞进黑口。不到一天，鱼保家就以"暗通反贼"的罪名被砍了脑袋。

从此，铜匦这个沉甸甸的怪物，压在了所有大唐子民的心头，它那黑黝黝的洞口，散发着奇异的诱惑力，不少人骑着马，坐着车前往洛阳，为的是在它那里投下一张封官晋级的应聘书，却不知自己的名字，也正被邻人、朋友、长官、下属投入同样的地方。人心的难测，世事的难料，不可遏制的告密之风，让在背后布局的武则天冷然一笑，她拿捏着人性的弱点，把握着自己的分寸，进而占据了制高点，得到了主动权，这不是女人挑拨生事的技巧，而是君王驾驭人心的本领，在心智上，她已经深谙权谋之道，远胜于历史上许多皇帝。

第四篇 武周王朝

第一章 / 圣母临人

一石激起千层浪

当武则天以皇太后的身份继续执掌政权,让天下人明白谁才是大唐主宰之时,有一批人也正做着平步青云的美梦,他们希望皇太后得到更高的权力,希望皇太后能成为帝国的法律上的主人,然后依照法定惯例,得到更高的待遇。

这些人就是武则天的亲戚,武家的后代。

武承嗣最早被武则天提拔,平日和武则天走得最近,多年来阿谀奉承,很得姑母的欢心。他看到姑母临朝称制,自己又成了国家倚重的宰相,野心一发不可收拾。他开始幻想有一天自己也能和姑母一样,手掌天下大权,为所欲为。但是,他想要大权却有一个阻碍:他并不是姑母的儿子,姑母死后,皇位仍要由李家人继承。

武承嗣没有为这件事烦恼太久,他一直揣摩姑母的心思,知道姑母早就有意自己登上帝位。虽然"女皇帝"是中国历史上从来没有过的事，但如果由姑母来做，又有什么不可能？在他那简单的头脑里，只要先怂恿姑母登上帝位，再想办法排挤掉李显和李旦，那么这个皇位不就可以轮到自己来坐？武承嗣越想越美，他开始了积极的行动。

武则天当皇后的时候就喜欢人们为她献上各种吉祥物，形状怪异的石头，长势奇特的花草树木，看上去迥然于常识的动物，再奉上动听的吉利话，就能让她凤颜大悦，厚赏来者。上有爱好，下必趋之，等到武则天临朝之后，送吉祥物的人更多了，而武则天来者不拒，不论是告密的人，还是献祥瑞的人，一律给予奖赏。

这一天，泰州人唐同泰献上一块纯白的石头，上面有紫红色八个大字："圣母临人，永昌帝业。"武则天凤颜大悦，重重赏赐了唐同泰。武则天如此重视这块石头，是因为它来得正是时候，她正要有所作为，有这样一块天赐的石头让她大做文章，很是合她心意。

国人自古笃信祥瑞之说，命由天定，因果不休，一件事的发端常有预兆，大唐李氏未兴之时，隋朝街头巷尾传唱《桃李子》，果然李氏子孙得天下。谶言般的口号，刻有文字的预兆物，真真假假，假假真真，就连入世务实的孔子对此类事物也只是主张"存而不论"，而不是斥为荒诞，可见这种心理不但遍及乡野，更是深入朝堂。

但对于这块祥瑞白石，满朝文武却心知肚明：事情做得过分，便有欲盖弥彰的嫌疑。献石者名为唐同泰，籍贯雍州永安，石头由此人在洛水打捞，暗合"河出图，洛出书"之意，从名字到地点，无一不吉利。此人由皇太后之侄武承嗣引荐，群臣暗自发笑。

如今，群臣都知道武承嗣其人才德平庸，靠着姑母的权势，身居要位的他成为武则天的得力打手,帮助姑母争权夺势。他的另一项工作就是不断制造舆论,将姑母的地位与作为合法化。平日,他将姑母宣扬为圣人,此时宣传升级,圣人理应"永昌帝业",登上至尊宝座。

所以此石一出,武承嗣也最为兴奋,他一而再、再而三地表示这是上天的意思,是上天要让武则天做女皇帝,武则天甚是欢喜,将这块石头命名为"宝图",将石头出现的洛水赐名为"永昌洛水",还为自己加了一个尊号叫"圣母神皇。"这一下,全天下都知道了武则天想要当皇帝意图,百姓们虽然习惯了被皇太后统治,却从来没听说过女皇帝,不由惊骇。

武则天的一班亲信自然欢天喜地,特别是武承嗣为首的武家人。如果武则天顺利登基,他们就成了真正的皇族,他们的后代就可能登上帝位。于是,他们更加出力地四处奔走,制造女皇登基的言论,意图让天下百姓对武则天心悦诚服。

这时,沉默已久的朝廷终于出现了反对的声音。

最先有反对意见的人竟然是武则天一手提拔的宰相刘祎之。这一天,刘祎之与凤阁舍人贾大隐闲聊,提到最近太后的种种举动,刘祎之似乎早就不耐烦这个女人的所作所为,颇为讽刺地说:"太后不是总说她要'废昏立明'?那么为什么还要临朝称制?赶快把政事还给皇帝,不就天下太平了?"

在那个告密盛行的年代,刘祎之的话出了口,就被贾大隐传到了武则天耳边。武则天又一次感觉到严重的背叛,她怒气冲冲。后来,她发现有人状告刘祎之贪污,又说刘祎之与许敬宗的小妾有私情。武则天看准机会,命人拿着自己的命令去逮捕刘祎之。

刘祎之似乎早就料到了会有这么一幕,他以更为讽刺的语气对来人说:"你们说自己拿着太后的敕令?没经过凤阁的命令算什么'敕'?"凤阁就是宰相办公的地方，皇帝的每一道命令都需要宰相起草颁布，所以武则天才一直留意在宰相集团安插自己的人手，为的就是让自己的命令能以合法的名义颁布。如今，刘祎之摆明了自己不承认武则天的权威。

这个时候，一直没发出过声音的睿宗李旦突然上表，请母亲念在刘祎之的功劳，减免对他的处罚。刘祎之的亲友去牢中探望，将这件事告诉他，向他道喜。刘祎之苦笑说："皇上一片好心，但皇太后专断，不可能饶过我，皇上上书只会让皇太后更快杀掉我。"没多久，刘祎之就被判了死刑。多年后，又是登临皇位的李旦给予这位大臣以显赫的哀荣。

由此可见，即使武则天一手提拔的大臣，也在心理上忠心于李唐王室，而不是李唐王室的厉害媳妇。他们的屈服，更多的是委曲求全。就连被严格监管的李旦，也不是一无作为，他表面上装作看书享乐，实际上暗自留心朝廷上的风吹草动。大臣拿武则天没办法，只求在武则天死后，政权能够顺利地交回李唐子孙手中。

事情本来应该如此，但他们发现武则天又有了新的野心，她想当女皇帝，那么今后继位的真的还会是李显或者李旦，而不是武承嗣吗？大臣们越想越害怕，他们很想阻止武则天，但在告密盛行的朝廷，谁也不敢多说一句话，一旦说话，刘祎之就是下场。

这时候，李唐王室的后代们终于坐不住了，倘若武则天成为女皇，他们又是什么人？武则天为了名正言顺，为了防止李唐势力与自己作对，一定会将他们全都消灭。但承平日久，这些在马上打天下的李渊的后代们筋骨早已松散，意志也不甚坚定，根本没有积极地为自己筹划，反而消极地等待着武则天的下一步动作。

武则天的大动作很快就来了。

李家的反击

唐垂拱四年（688），武则天的职位由皇太后升为圣母神皇，她的同党大造舆论，称她为圣母再世。这时候，洛阳城有一项耗资巨大的工程就要竣工，令得到宝图的武则天喜上加喜。这项工程是一座叫作"明堂"的宫殿。

"明堂"是传说中黄帝建造的议会堂，他在那里祭祀天地，召见群臣，处理国政，那是一座象征天子权威的建筑。《木兰诗》里有句"归来见天子，天子坐明堂"，可见古代人将"天子"与"明堂"视为一体。但是，黄帝建成的明堂建筑面积几何，建筑样式如何，都没有留下任何文字记载，也许正因如此，"明堂"这个词在人们心目中愈加神秘庄重。

唐高宗李治在世的时候，武则天就曾怂恿他建一座明堂，李治一向喜欢妻子的奇思妙想，当即招来一群人讨论如何建造。一群熟悉典籍的书生们引经据典，争吵不休，谁也拿不出一张具体的设计图。李治为人温和，也没去催促那些书生，明堂的建设就这样被拖延下来。等到李治死后，武则天再也不耐烦等待别人的讨论结果，而是另选了一批人，命令他们尽快建起一座能够代表天子身份的建筑。于是，传说中的明堂终于开始动工。

不到一年，几万人的工程就快完工，武则天想象着今后能在富丽堂皇的新宫殿里接见群臣，很是喜悦。她的喜怒哀乐从来都和一定的目的相联系，没多久，她下了一道命令，要求各地的长官到洛阳集合，一起参加明堂建成的典礼。被邀请的人还包括所有李唐王室的成员及其外戚。武则天规定了期限：十天，所有被邀者必须在十天之内赶到洛阳。

在古代，皇帝规定外地臣属进京，外地臣属必须日夜兼程去觐见，最好不要带任何兵马和武器，才能代表自己的忠诚。稍有不对，皇帝就会起疑心，怀疑臣属在外地拥兵自立。武则天虽然不是皇帝，但她的命令谁也不敢怠慢。各地都督、刺史连忙打点行装，骑马坐轿，带着进献的礼物赶往洛阳。但有一部分人却没有动身。

他们是李家的后代，高祖或太宗的儿子，还有一些李氏旁支。他们都有自己的土地、官职，过着养尊处优的生活。接到命令，他们不约而同地有了大难临头的预感。武则天是什么人？的确，她为他们加官晋爵，给了许多赏赐，但她也流放了一位皇帝，囚禁了一位皇帝，如今竟然还大造舆论说她是圣母神皇！她不再是李家能干的媳妇，而是李家的敌人！如今她要求所有李家人去洛阳，洛阳都是她的人手，难道不是想将他们一网打尽？

在这些人中，唐高祖李渊的儿子韩王李元嘉与唐太宗的儿子越王李贞最先有了行动，他们开始积极地联络诸王，陈述利害，他们伪造了一封皇帝写的书信作为起兵理由，这封信言简意赅，大意是我被囚禁，你们快派兵来救我。王族们知道此事关系重大，身家性命在此一举，都积极响应。更有人义愤填膺，想要一举夺回本应属于李家的天下。就连宗室的公主都认为李家人早就应该除掉武则天，怎么能容许一个外姓人在朝堂上指手画脚。

但是，口号喊得响亮，利害分析得清楚，准备也在逐步进行，却不想李元嘉的侄子李蔼突然胆怯，他想到武则天拥有重兵，想到武则天对反对者的心狠手辣，害怕得睡不着觉，终于偷偷摸摸地把诸王的计划全部告诉了武则天。

武则天有了证据和"起义计划表"，更有余裕做充分准备。她放出消息，就是希望诸王仓促起事，削弱他们的实力。而且，武则天很有预见性地将他们分散在大唐各个角落，让他们无法在短时间内集结为一股势力，更容易各个击破。诸王认为时间紧迫，必须尽快起事，才能占据主动权。

最先反抗的人是博州的琅琊王李冲，他就是越王李贞的儿子。但是，这次起义遭到了附近县城的抵抗，李冲的起兵不到七日就溃败，自己只剩下几个部下。等他灰溜溜地返回博州城，博州城的守门人见他势单力孤，就砍下他的脑袋送去给武则天，换来似锦前途。

李冲的失败传到豫州，他的父亲李贞是豫州刺史，统领一方兵马。听到儿子失败的消息，他知道不论如何，自己都逃不了一死。于是立刻起兵，在豫州自立门户，想要和其他李姓王侯们各自占据地方，一齐攻打洛阳。但他初一起事即遭败北，豫州城没有多少人愿意响应他的号召。士兵们本来就不愿意跟着李贞造反，又听说武则天派来十万大军前来剿匪，顿时军心涣散，最后，李贞不愿向武则天请罪，带着自己的妻子儿女一起自杀，也算维护了王室的尊严。

其他王室成员听说了这件事，想想武则天的大军，想想李贞父子的失败，谁也不想重蹈覆辙，更不敢轻举妄动，结果，原本计划诸王齐头并进攻打洛阳的起义，只有李贞父子真的带兵打了几仗。王室成员们的造反，还不如当年徐敬业声势浩大。

他们想要安分守己，武则天却不会放过他们。她早就想要个屠杀的借口，尽可能地杀掉会对她的王位造成威胁的人。以这次造反为由头，武则天命令官员进行调查缉捕。她交代，任何王室成员，王室成员的家属，家属的亲友，全都要调查，全都不能放过。

从南到北，尊贵的皇室子孙们被戴上手铐脚镣，进行惨无人道的刑讯，那些过惯锦衣玉食生活的富家公子小姐，也成了裹着单薄衣物瑟瑟发抖的阶下囚。有些人从王府走向了断头台；有些人留住了性命，被装入囚车送往边远山区，等待他们的依然是悲惨的命运；有些人更是被活活打死，因为他们是反贼……老的，小的，男的，女的，全部在血色之中失去了呼吸。

李唐王室遭遇了灭顶之灾，老至七八十岁的王爷，小至襁褓里的婴儿，只要与李唐王室有些微的关系，都遭到灭门。唯有极少数的孙辈幸免于难，但那再也支撑不起一个王室。所以，自武则天之后，李唐仅余李治这一支，之后的数代唐朝皇帝，皆为他们的子孙。血雨腥风中，李显和李旦保住了性命，他们的儿女也没有被波及，武则天留下了自己的儿子，也让李唐王室的大臣们保留了一丝希望。

就连武则天最喜欢的女儿太平公主也被波及。她的丈夫薛绍的母亲是李家后代，于是武则天命女儿与薛绍离婚，薛绍被杖杀，罪名是与琅琊王李冲暗中商量造反。太平公主也只能默默忍受了母亲的命令。对于女儿的未来，武则天已经想好了安排，她准备让女儿嫁给武家人，因为将来继承王位的，也许是武家人。这个时候的武则天就有想到继位的问题，想要维持一个王朝，姓氏宗族很重要，她已经将武家的后代尽数加封，不过，她还在自己的儿子和武家的后代之间犹豫。这是一个很难思考、判断的问题，她决定暂时搁置。

李家人会起兵反抗，在武则天意料之内。她散布即将当女皇的消息，要求李家人集体去洛阳，原本就有试探、逼迫的意思，这个方法让她轻易找到了除掉对手的借口。不过，每一种反抗都会让武则天不安，把李家人杀光，只让她安稳了一段日子，接下来她又开始觉得不安全，她没有杀掉两个儿子，就一定会有人继续想要反对她。

武则天决定以更大的力度提拔一批特殊的官员。武则天能够如此迅速有效地将李氏子孙铲除，是因为她身边有一批善于制造冤假错案、善于搞刑讯逼供的官员，这正是她提拔的来俊臣、周兴、索元礼、侯思止等人，这些人作为皇太后的爪牙，大肆兴起冤狱，将反对、可能反对武则天的人全部打入大狱，残害致死。更有无辜者被诬陷，无处申辩，他们就是令人闻风丧胆的酷吏。

酷吏时代

武则天启用的新官员有一个共同特征：残酷。都说乱世用重典，政治混乱的时候，严苛的刑法才能保证政权的稳定；但也有可能造成道路以目，人心思变。具体结果如何，要结合当时的情况。武则天为了保证她的位置，设立了铜匦以及配套的设施，更让一群以诬陷人、折磨人为乐的官吏在朝廷上兴风作浪。

武则天提倡告密只是第一步，最重要的一步是告密信的调查员，这些人有权根据一封子虚乌有的信件对任何人进行拘捕和审讯，然后迅速罗织罪名，严刑逼供让被捉的人屈服，签字画押，如此就完成了一个案子，确定了一个乱党。这些专门为武则天陷害人的御史们，被人们称为酷吏。

酷吏们善于察言观色，捕捉朝廷动向，当他们发现谁对皇太后武则天有不满，立刻就会捏造罪名加以逮捕，不容对方申辩。一位叫冯元常的官员平日对武则天不甚恭敬，就被打入冤狱，折磨致死，酷吏们也因此越来越得武则天的欢心。

酷吏们喜欢小题大做，每当看到一张告密信，他们想到的不是核定事实，实地调查告密的内容是否真实，而是有罪推断，从一件芝麻绿豆大点的小事上证明被告密者怀有不轨之心。酷吏还擅长搞连坐，即有一个人心怀不轨，他的家人，好友，亲戚肯定也心怀不轨，于是，一个人被告密，下狱的人数却有几十几百人。

严刑拷打是酷吏们的绝活，他们的严刑不是平常意义的打几下，抽几鞭子，而是一些折腾得犯人生不如死的招数，不幸落到他们手中的犯人只求速死，根本不在意是不是在一张写满冤假错案的纸上签字画押。唐朝有名的将军黑齿常之被诬告下狱，酷吏们认为他的姓氏很有趣，就把黑齿常之的牙齿一颗一颗拔了下来，看是否为黑色。随后又剜了黑齿常之的眼睛，继而拔舌割皮砍掉手脚，直到打开胸膛剖出心脏，为大唐立下战功的将军才死掉。

在酷吏中，周兴和来俊臣两人是其中翘楚。

周兴从小学习法律，熟知法条。做官之后一直从事和法律相关的工作，负责判狱断案。他只是一个不起眼的小吏，却很会看人脸色。被武则天提拔后，他揣摩皇太后的意思，大兴严刑酷狱。在武则天剿灭李唐王室的过程中，他制造了一次又一次冤假错案，让那些与谋反无关的亲王，如李上金和李素节等人，全都被杀害。因为"劳苦功高"，他一再受到武则天的提拔和赏赐。

周兴还是个发明构想家，他对刑具有深刻的思考和独特的见解，他命人制作了特别的刑具，并为其定名"定百脉"、"喘不得"、"突地吼"、"失魂胆"，等等，让人听到、看到就吓得魂飞魄散，这时不管什么样的口供，犯人都愿意承认。

那段时期，如果有人不幸摊了官司，听说审案官员是周兴，都会特地在家中和亲友诀别，立遗嘱一样将后事一一吩咐。因为他们都知道，很少有人能逃过周兴的毒手。而在酷吏横行时，周兴一个人就害死了几千人。

酷吏也有朋友，除了一帮志同道合的酷吏之外，武承嗣、武三思等人，也与酷吏相勾结。武则天的地位一升再升，武承嗣的地位也跟着提高，成为堂堂宰相。可是，多数官员们毕竟是读过圣贤书，标榜礼仪仁孝的君子，不屑与他们为伍。他们可以服从武则天，但看不起武则天的亲戚，对这一点，武则天不过问，武承嗣等人也不敢告状。

武承嗣、武三思都想尽量与朝臣们搞好关系，他们也希望有几个朝廷大员当朋友，既有面子，又可以为未来的打算招揽人才。可是他们总是碰一鼻子灰。有一次，一个三品官员生病，武家兄弟亲自登门看望，没想到这位官员就是不起床，还对家人说："一个大丈夫不能对外戚曲意逢迎。"武承嗣和武三思大怒，回来就令周兴诬告这位官员，害他被抄家流放。武则天和武家人都明白酷吏的功用，他们是最方便的爪牙。

如果说周兴是个冷酷的刽子手，来俊臣就是个心理阴暗的小人。来俊臣做酷吏，不是在行使法律职责，而是想要满足自己的迫害欲。来俊臣从小就好吃懒做，手脚不干净。长大后不事生产，还曾经因为强奸女子、偷盗财物而下狱。告密风刚盛行，他就看准了机会，靠告密得到官职，靠"行之有效"的刑讯手段迫害武则天忌惮的大臣。他以他独树一帜的行迹成为大唐、乃至中国历史上赫赫有名的奸臣。

来俊臣不知是非，只知揣摩武则天的意思。他身上只有人性上恶的一面：贪婪、阴狠、报复、虐待，人们看到他，就像看到黑漆漆的牢狱和血淋淋的屠刀。他尤其喜欢以折磨犯人为乐，最喜欢搞得犯人家破人亡。他不但要判犯人死罪，一人得罪全家波及是他的拿手好戏。

他既贪财又好色，经常利用手中的职权聚敛财物，又在朝廷上到处安插他的亲信，负责人才选拔的官员若不录用这个无赖推荐的人，顷刻就会有灾难。他还有个爱好，就是喜欢嫁过人的漂亮女人，听说谁家有漂亮的老婆小妾，就想办法索要，对方若不答应，他立刻大兴牢狱让对方大祸临头。

来俊臣是小家子出身的无赖，当官后就想娶个大家出身的老婆，听说太原王家有位小姐名声不错，他就动了娶亲的心思。可是，这位王家千金已经嫁给了洛阳的一位商人段简。来俊臣就带人到段简家里，说武则天将王家小姐赐给他为妻，商人早就听到过来俊臣的大名，立刻将妻子拱手相让。没多久王家小姐死了，好色的来俊臣又看上了段简的小妾，段简再次把小妾送到来俊臣的家中。这位段简戴了两顶绿帽子，才勉强逃开了来俊臣的迫害。

还有侯思止，这是一个目不识丁的小商贩，在市场上卖饼，起早贪黑赚不了几个钱。后来他又在别人家里当差，依然起早贪黑赚不到几个钱。他的心思活泛，看李唐王室谋反，就去诬告本州的长官谋反，得到了五品官衔，改善了生活。等到铜匦设立，他看到了继续发财的希望，于是在武则天面前毛遂自荐，要做监察御史。

武则天哑然失笑，她可不是一个昏君，御史台这样的地方，怎么能让大字不识一个的人进去胡闹？但侯思止一番话改变了她的想法。侯思止说，识人比识字更重要，也能更好地为皇太后服务。武则天仔细思考，承认这句话大有道理——她现在最需要的，难道不就是替她监视朝廷的眼睛？读书多了的人满嘴仁义孝悌，规矩一大堆，哪里比得上这些专门搞投机的人实用？于是，侯思止顺利地当上了监察御史。

还有万国俊，也是个滥杀无辜以取功名的官奴。一次，武则天听人奏报说广州地区或有流放人造反，那时候的广州地处偏远，条件恶劣，造反云云，大概只是有人无故生事。武则天对"造反"一向重视，派万国俊亲自去查看。

万国俊到了任上，二话不说召集来所有罪犯，对他们说："皇太后有旨，命尔等自尽。"罪犯们做着苦役原是罪有应得，并不期望皇恩浩荡赦免自己，却也不相信皇太后会没事闲的命这么多人一齐自尽。他们大呼冤屈，谁都不服，万国俊大手一挥，军士们将罪犯赶到河边，全部杀死。事后，万国俊伪造了罪犯谋反的证据，向武则天邀功。

武则天厚赏了万国俊。万国俊再接再厉，说其他地区的犯人中，肯定也有人心存不满，必须及早提防。这恰好触动了武则天的心病，当年徐敬业等人谋反，不就是因为降职？那些被流放的犯人有文官，有武将，怎么能提防他们想要谋反？于是，更多的官员被派了出去，他们模仿万国俊的把戏，滥杀犯人，一时间各地犯人都遭了殃，被安上莫须有的造反罪名丢了性命。最后连武则天都觉得这件事做得过分，才下令制止。

此外，酷吏教科书也在这一时期被编写，这本书叫《罗织经》，作者就是来俊臣和万国俊。这本书有两个功能，一是向武则天展示酷吏们的忠心耿耿，二是指导更多酷吏提高技能，发现更多可疑人士，提高犯人招供效率，以及兴起更多冤假错案。

《罗织经》在开篇就强调官吏对君主的服从，很明显，这完全违背了法律的原则。即使在古代社会，想要社会安定，民心安稳，也要强调法律的权威，强调"王子犯法与庶民同罪"，从根本上禁止豪强阶层肆意妄为，也在一定程度上限制君主的权力。《罗织经》则强调只要有人对皇帝不利，这个人就是罪犯；而对皇帝有利的人，即使犯了罪也是好人。这部书详细讲述了如何罗织罪名、如何拷问犯人、如何连坐同党，一书在手，可以将可疑分子一网打尽，毫无遗漏。武则天有了这么一批"忠心耿耿"的手下，更好地钳制了朝廷。

武则天的心思

任用酷吏是武则天在政治上的一个极具争议性的举动。拥护她的人对此默然无语，反对她的人对此口诛笔伐，而她也明白这一举动会带来的负面影响，但她不相信其他的方法。她认为在这一时期，酷吏最为有效，最为实用，能让她以最快的速度达成目的，这就是她的权力之路，也是她的用人之道。

每个人心理都有阴暗面，交织着欲望、恐惧，尽力想展示好的表象，却在暗地里排除异己。武则天并不光明正大，她的童年和少女时期都是逼仄的，压抑的，甚至是卑微的，令人同情的。她度过了十几二十年的寂寞生活，无人理睬，无人赏识，无人呵护，有的只是无穷无尽的羞辱和失败，所以，她对敌人总有一种"不是你死就是我亡"的狠绝，只有不给对手以任何还击的机会，才能真正保护自己。正是这样一种心理，她将"排除异己"无限扩大化，看到风吹草动，就以为大兵将至。与其等别人动手，不如由她先除掉那些可能成为对手的人。告密也好，酷吏也好，只要能够威胁他人，她就不惮使用。

她将一种恐怖心理带给了当时的朝廷，人们、特别是朝臣们被压得几乎喘不过气，甚至觉得自己朝不保夕，但看到挥舞铁鞭的武则天，他们又不敢怠慢政事，放纵自己的行为，只能为这个女人疲于奔命。武则天知道朝臣们不会真心实意拥护一个女人，就换了一种方式，让朝臣们真心实意地惧怕她的权威，这就是她的自保方法。

  这种"逼压策略"并不是武则天的专利，但凡从下层爬向上层的帝王，都有这种不安全感。典型的代表就是明朝的开国皇帝朱元璋，他将功臣杀了一个又一个，会因为臣子的一句话、一个眼神大发脾气，萌生杀意。高处不胜寒，君王一旦深刻地体会到权力的不易，不希望被人强占，就只能处处疑心，处处杀机毕露，让人胆寒心惊，这也是一种政治手段。

  比起历代喜欢猜疑的帝王，武则天还要多承受一层压力，就是关于她的身份带给她的种种质疑：女人、太宗才人、杀女杀子……她与人们心目中的女性完全不同，她可以扼杀自己的母性，只为得到更多的权力。这样的女人并不让人敬服，但能让人敬服的贤妻良母又断然得不到武则天的位置，这是一个悖论，武则天一清二楚，而朝臣们往往因为敌视，不会相对公正地分析这个问题，所以武则天无法和人交流，也早就不需要和人交流。

  武则天能够牢牢地把握政权，依靠的不仅仅是臭名昭著的酷吏，酷吏只是权力的表象，并不是她头脑中的治国核心。她有她自己的思想，知道该抓住什么，该放弃什么。比起李治，武则天更理解李世民的治国思想，从中汲取了大量智慧，并加以扩大，发挥，她和李治都是李世民的学生，李治是个及格生，她的成绩无疑要比李治高一些，尽管由于性别、身份、环境、具体事务的限制，她无法充分发挥，反而做了不少扣分的举动。

  武则天牢牢地记住了李世民的名言："君，舟也；民，水也。水能载舟，亦能覆舟。"一个君主最看重的是皇位，李世民也是如此，他能够成为一代明君，就是在看重皇位的同时，看到了是谁在帮他稳固皇位。李世民在民生凋敝的贞观初年，最重视农业生产，实行奖励农耕的政策，因为他知道不论是久经战乱的百姓，还是歌舞升平的黎民，最渴望的东西就是安定的土地，土地给他们归宿感，有了土地，能耕种，就不会思变、思反。

武则天承袭了这个思想，从《建言十二事》开始，她就强调爱惜民力和提倡生产，更为此息兵减赋。笼络人心是她的强项，在后宫想要笼络人心，她给出的是银子；而想要笼络天下万民之心，最好的方法无疑是给民众一个安定的家。于是，唐朝一直遵循的均田令仍旧得到落实，每户农民都在法律上拥有自己的土地，并依土地的数量向政府缴纳赋税。

不过，在武则天时代也出现了一些问题，不少大地主兼并土地，农民只好逃离原籍，成为"逃户"，给国家的管理带来了很大困难。武则天不想得罪大地主的利益，又看到了逃户的实际功效：他们经常走向偏远地区，开发新的土地，实际上增加了国家的生产力。于是，武则天采纳了凤阁舍人李峤的建议，对逃户实行了刚柔并济的政策。

具体做法是加大检查力度，登记那些逃亡人口；但是，如果他们不愿意返回原籍，则在现在的居住地落户，取得合法的国家户口。这是一种人性化的管理手段，既实现了人口流动，又不会带来社会动荡。所以，武则天时代逃户虽然多，户口却不断增加，且开发了不少土地，设置了新的州县。这些都是生产力发展的表现。

武则天致力于打破望族的垄断地位。东汉以来的九品中正制，将社会人士分为三六九等，士族与寒门不相往来，不同婚姻，官宦阶层都是士族子弟，平民子弟低人几等，想要出门几乎没有门路。直到隋末乱世，才有人凭借战功、凭借奇谋，在李渊、李世民那里取得了社会地位。士族和寒族的界限渐渐模糊。

武则天要培植亲信，一心出头的寒门子弟无疑是最好的选择；她想要强调自己的尊贵，将自己的姓氏定为望族，连带她的拥护者的社会地位也在提升；她对大族充满警惕，更喜欢提拔没有背景的官员，便于自己控制，这又带动了更多的寒门子弟投入官场……望族地位被动摇、瓦解，武则天破坏了他们之间的联系，让能够排斥自己的势力无法形成，这固然是她的私心，却也在无形中将历史的缔造者，由一些贵族改为更多有能力的人，且为后来的唐朝选拔人才提供了更多更广的可能。

武则天还明白"枪杆子里面出政权"，唐朝实现的"府兵制"，也为她掌握军队提供了方便。"府兵制"是一种"全民皆兵"的制度，它将军事责任分摊到每一个大唐男丁头上，让他们平时种地耕田，闲暇时练兵，国家有了危险再去应征入伍。这也就是当年徐敬业造反，会在短期内招募到大批士兵的原因。

对于国家而言，这样的士兵除非政府统一招募，突击训练，否则他们是松散的，战斗力也并不突出，这就造成了地方想要招募军队抗衡中央，一来人数有限，二来敌不过中央的强兵。于是，武则天只要在洛阳牢牢地掌握禁军，保证禁军将领们对她的忠诚，就不必担心有谁能在军事上威胁她的地位。

随着酷吏时代的开启，武则天的地位进一步稳固，她完全不必担心自己的任何一个重大决定会有人反对，不论在经济上、政治上、军事上，她都有相应的措施，保护自己不受外界的冲击，当真是天时，地利，人和。现在，她可以起步跨入人生的下一个阶段，真正地将一个帝国攥在自己手上，成为权力顶峰上唯一的象征。

这个时候，她却不再那么急切，她知道自己即将成为中国历史上绝无仅有的女皇帝，她在等一些更成熟的条件，一个最好的时机。她要让世人知道，她是一个亘古未有的女子，这个时代是她的舞台，她是唯一的主角。

第二章／登基前后

皇太后的私人生活

忙于朝政的武则天,在朝臣们面前维持着她的端庄、霸气和威严。退了朝的她,在内宫想的也经常是朝政、朝廷和自己的将来。这是有事业心的人惯常的生活状态。不过,武则天毕竟是女人,她也有一些女性化的爱好,女人爱惜自己,爱惜容貌,喜欢浪漫,注重精神世界,偶尔要悠闲自在,她也不例外。

武则天一直注意她的容貌,古代贵族妇女出入都有人服侍,多年的养尊处优,让皮肤和身体都保持在良好的状态下,看上去气色好,面色好,精心梳理的发髻,华贵无比的衣物,多年来形成的威严气质,都令武则天在人前显得容光焕发,夺人耳目。过去,武则天垂帘听政,朝臣们隐隐瞻仰她的凤仪,如今她有越来越多的机会与朝臣们直接议事,朝臣们也在暗自思忖为何武则天如此大的年纪,却有如此风韵和娇美。就连史官也将这件事记在正史之中："太后春秋高，善自涂泽，虽左右不觉其衰。"

在维持武则天的美丽外形上，她的女儿太平公主也起了不小的作用。太平公主是唐朝的美容大师，她制作了一种美容粉，涂遍全身可以使肌肤年轻细腻，武则天使用之后赞不绝口。都说女儿是妈妈的小棉袄，太平公主这个棉袄名副其实。而一直受武则天恩惠的宫人们，更是挖空心思缔造皇太后的美丽仪表。

武则天喜欢华服、喜欢华丽的宫殿、喜欢精致的食物，她的经历虽然坎坷，毕竟是贵族的后代，毕竟在母亲杨氏的教育下长大，自有贵族气质，懂得享受与鉴赏。武则天仍然喜欢读书和书法，没事的时候还是会拿起一本书，或者临摹一张字帖。她不像高宗李治那样喜欢音乐，甚至亲自编乐曲，她有自己的爱好，她最喜欢看文人作诗，经常在宴会上命宫廷诗人即兴写诗，她逐一品评，在清词丽句中神游一番，让心灵得到休息；她也会养一些宠物，看着它们毫无心计地嬉戏，以此为乐。

随着铜匦的设置，她的个人时间越来越少，她必须抽出大量时间来接见前来告密的人。为了减轻自己的压力，她安排身边的女官代替她接见一部分人。她不相信朝廷上的大臣，但这个女官却是心腹中的心腹。武则天手下一直有一位女官，替她撰写文书，经理要事，这就是罪臣上官仪的孙女上官婉儿。

昔日上官仪支持高宗李治废后，落得个严重的教唆罪，家里男丁斩首发配，女眷没入内掖，上官婉儿进宫之时，还是个不懂事的孩子。她以下等婢女的身份长大，但是，祖父留在她身上的血液改不了，她的才气光华灭不了，她是如此出众，让武则天在一群粗使的侍女中一眼看中，寥寥几句，就知她天资聪颖，资质不凡。

自从母亲死后，武则天常常觉得身边少了点什么，仔细思忖，她知道自己身边应该有一个有政治头脑的女性。在外朝，她自有文臣武将为她效力，但男性思维和女性思维迥异，她需要一颗和自己一样精明、细腻的大脑来补充自己的思考，留意自己疏忽的细枝末节，这个人既要了解历史，又要了解朝廷，还要了解内廷，了解她。当武则天看到上官婉儿，立刻断定这个女孩是可造之材，能够填补母亲留下的位置。

武则天当然知道她是上官仪的孙女，但她一向敢于使用有异议的人做自己的手下。而上官婉儿本是一个身份低下的婢女，因为被武则天看重而得到翻身的机会，成为后宫地位尊贵的实权女性，她对武则天充满感激。而武则天对她的信任，也是一种非凡的自信，正是这种自信让上官婉儿不敢、不愿、不能反抗自己的仇人。她被武则天一路栽培，直到成为她最得力的助手，可以帮武则天商讨政事，提出自己的意见供武则天参考。

婉儿也有青春忤逆的时候，获罪下狱，受黥面之刑，还是武则天怜惜她的才能，重新让她回到自己身边。如此恩威并施，让她更加死心塌地。从此她面上有了刺青的痕迹，为了掩饰，她创造性地在黥面处刺上鲜红的梅花，鹅黄粉面梅花妆，让宫女们惊呼她的心思剔透，竞相模仿。这一妆容又由宫里传到宫外，梅花妆蔚然成风。在这样一个有慧心的内侍的服饰下，武则天的饮食起居从不出任何纰漏。

但这些远远不够，丈夫死了，武则天身边急需填补一个男人。在古代，传统文化要求女人从一而终，甚至强调"烈女贵殉夫"，不过，唐朝前期对女子没有这么多限制，武则天对这种事也看得开，并不十分遮掩。高宗死后，她也开始找男宠，群臣害怕铜匦，害怕酷吏，也不敢十分强烈地指摘她的私生活不检点。

很快，武则天有了一个叫冯小宝的男宠。

从冯小宝到薛怀义

冯小宝是个市井流氓，唯一的优点是相貌堂堂。细想武则天身边不乏文人雅士，不乏阳刚武将，不凡美貌郎君，而冯小宝一介草民，竟然让武则天一眼看中，可见其容貌的得天独厚。冯小宝原本是洛阳的卖药郎，与李唐王室的一位年老公主家的侍女有私情。一日，冯小宝偷偷去公主的宅邸与侍女偷情，被人抓住，本以为自己大祸临头，不想却有一番奇遇。

这位李唐王室的公主叫作千金公主，她是唐高祖李渊的女儿，如今已经将近七十，她见冯小宝英俊逼人，就亲自为他沐浴穿衣，让他当了自己的男宠。千金公主年老，对年轻的面首力不从心，突然灵机一动，想到这是一个讨好武则天的好机会。

千金公主一直很会讨好武则天，在辈分上，她是武则天的姑婆婆，但为了得到武则天的欢心，她竟然认武则天当了干妈。千金公主嘴甜心活，会讨武则天的喜欢，会揣测武则天的需要，平日就总是在武则天身边讲些笑话，让武则天开怀一笑。这位公主和武则天都是直爽之人，相谈甚欢，武则天没事也要招来千金公主，听她戏笑一番，调剂自己的生活。

千金公主看到武则天守寡，当然明白皇太后最需要的是什么。她很喜欢冯小宝的面貌、身材，反正自己年老，不如做个顺水人情。于是，她在武则天面前将冯小宝吹嘘一番，煞有介事地将冯小宝推荐给武则天。武则天不客气地收下这份大礼，当晚，冯小宝就在武则天的寝宫过夜。武则天对冯小宝果然满意，大大奖赏了千金公主，这位公主也因此一直平安地活在洛阳，李氏子孙几乎全被武则天杀死，她却能安然无恙。

冯小宝一步登天，成了武则天的男宠，难免有些飘飘然。武则天对这个正值壮年的英俊男人很是宠爱，颇有些依恋，希望将他名正言顺地留在自己身边。但武则天又好面子，不愿给人以口舌之机，就想了个折中的办法。

首先，她命冯小宝改姓"薛"，名怀义，以太平公主的丈夫薛绍的叔叔的身份出现在朝廷。冯小宝改头换面成了贵族后代，薛绍莫名其妙地有了这么一个目不识丁的无赖叔叔，也不敢反对。然后，她命冯小宝剔去头发，对外宣称出家为僧，出家的地方就是洛阳有名的白马寺。汉朝时，汉明帝派人去西域求佛，公元67年，使者带着两位天竺高僧带着佛经、佛像回到洛阳，汉明帝在洛阳城外建寺迎接，因为驮经的马是白马，这座寺就以"白马寺"命名——白马驮经，这似乎也被《西游记》的作者吴承恩参考，写进了他那本喜闻乐见的名著。这么有名的一座寺院，出的自然是高僧，高僧往来宫中，正好掩人耳目。

当了和尚的薛怀义开始频繁地出入宫中，让武则天享受枕席之欢。皇太后如此公开、招摇地招纳情夫，群臣怒不可遏，不断反对。更有较劲的大臣提议阉割薛怀义，以免有人误会皇太后与这个和尚的关系。武则天对这个问题从不正面回答，只是我行我素地宠爱薛怀义。皇太后不检点，群臣毫无办法，只能对薛怀义投以愤怒和轻蔑的眼神。

但也有一部分人对薛怀义趋之若鹜，这是些想要借机讨好武则天的官员。薛怀义这个披着袈裟的和尚一不吃斋二不念经，却被众人叫作"国师"，武承嗣等人更是赶着巴结他，一来给姑母面子，二来指望这个"男宠妃"多帮自己吹枕边风，一时间，薛怀义炙手可热。就连薛怀义下马的时候，都有武三思赶快上前，为他牵马。

武则天也开始了第三段感情生活。武则天曾有过两任丈夫，一个是不把她放在眼里的年老的李世民，一个是很迷恋她的李治，如今她不再需要丈夫，只需要一个看得过去的床伴。薛怀义年富力强，虽在市井长大，却很会说一些花言巧语逗她开心，给她解闷。尽管这并不是一段经得起推敲的感情，但一个重新体会男欢女爱的老妇人和一个初尝万人之上的中年男人，明显都在对方身上找到了人生的新乐趣，对彼此当然多了投入，感情也越来越好。

薛怀义很有男宠的自觉，他明白自己能够得到武则天的宠幸，靠的是外貌。但以武则天的身份，今后会有更多俊美英武的男人出现，那么自己的地位就会受到威胁。他必须多为武则天做事，成为她事业上的好帮手，让她看到自己的才干，才能保持她的热情。这也说明薛怀义文化不高，但头脑还算聪明。而武则天一向喜欢聪明人，认为薛怀义很有诚意。

薛怀义的一大"功绩"，是为武则天监工明堂的建造。早该建成的明堂在书生们无止境的讨论中一拖再拖，最后武则天不耐烦，把设计工作交给了她的北门学士智囊团。而监工的薛怀义再次发挥了他的作用，凭着他对武则天的了解，他把原本就华丽的设计变为奢华，每个细节都要求金碧辉煌，光彩夺目，砸上大笔金银取得最佳视觉效果。反正武则天是个不怕浪费的人，只要明堂够漂亮，花多少人力物力她都不在乎。

明堂建成后，武则天大为满意，这座明堂超过她曾经建过的所有宫殿。薛怀义也越发得意，他开始自觉高人一等，开始显摆。薛怀义招了一群无赖进了白马寺出家，让这群和尚做自己的护卫，于是洛阳人民看到最有名的寺院里被搞得乌烟瘴气，这群和尚平日上街没有僧人的矜持庄严，总是骑着高头大马横冲直撞，让百姓很是不忿。但有皇太后的宠爱，谁也拿他没办法。冯小宝变成薛怀义，日子风光无限。

面首的贡献

为了固宠，薛怀义也开始揣摩情人的心思。很明显，武则天最大的目的就是想当皇帝，但又担心民间舆论。以薛怀义的无赖思维，以武则天的威严，只要某天上朝穿上皇服，坐上龙椅，命大臣们三呼万岁，把不服的人抓去砍脑袋，这件事就成了。可武则天想得并不是这么简单，她知道坐上龙椅容易，想要安稳地坐下去却不容易，如果不给天下百姓一个合情合理的交代，这些百姓很可能被有心人怂恿，加入反对她的军队。

她把这些担心详细地说给薛怀义，薛怀义也开始思考：如何能让武则天的登基显得顺应天意？他那从没读过诗书的脑瓜开始不停转，不断和人商量，越发觉得这件事有难度。武则天早就明白其中的利害关系，她之所以一直等待，就是想要找一个最好的借口。

女人当皇帝，除了武则天本人和她的追随者，没有人赞同这个主意，这个想法不但狂妄，还违背了中国千年来遵循的常理，汉代以后，历代君臣以儒家思想为"理"，儒家讲究正统，讲究三纲五常，讲究忠孝仁义，而武则天无疑是个破坏者。她囚禁皇嗣，独揽大权，已然备受"牝鸡司晨"的指责；而她任用酷吏、大兴牢狱，违背李世民在贞观年间提倡的"仁爱"理念；她任人唯亲，纵容外戚，更是犯了封建王朝长久以来的忌讳……桩桩件件，舆论不会倾向于武则天。所以，她要找一个能够与传统对抗的借口，才能服众。

那么想想道家吧，道家是李家最尊崇的学说，也是李唐王朝最流行的学说，《老子》这本书是政府颁布规定命天下人学习的人生课本，老李家的人更自称是李聃的后代。但在道家的传说中，并没有太多关于女人的记载。何况，武则天姓武不姓李，名不正言不顺，谁都不会信服，反倒会闹出笑话。武则天需要更实用的、更深入人心的东西作为宣传卖点。

这个难题被薛怀义解决了。一日，薛怀义在白马寺转来转去，不时看到一个光头和尚，一座石头雕塑，他突然灵机一动，佛教！佛教里不是有菩萨？如果说武则天是哪位菩萨转世的，既让武则天脸上有光，又让百姓们更加崇拜，这不是个好主意？想到就做，薛怀义在寺庙里翻起了经书，想找个女菩萨降世的故事为武则天造舆论。功夫不负有心人，这个故事还真让他找到了。

这本书是后凉的一位高僧翻译的，叫作《大方等大云经》（又名《大方等无想经》），那里边记载了有一位天女转世当了皇帝，使天下臣服。薛怀义喜滋滋地拿着这部书跑进后宫，武则天果然大喜过望，极力夸奖情人的聪明，她感受的喜悦，好似当年李治带着李勣的一句"天子家事"跑回后宫向自己汇报。她双眼一亮，全部困难都将迎刃而解。

薛怀义回到白马寺找来几个精通佛经的法师，将武则天的意思解释清楚，于是法师们加班加点，不到一个月的时间就完成了对《大云经》的新注释。接下来，轰轰烈烈的造势活动开始了，武则天、薛怀义、武家人早已做好了充分的准备。

这一天，群臣照常上殿，向端坐在龙椅上的皇太后汇报国事，商讨对策。公事告一段落，忽见一位光华满面、气度不凡的和尚捧着一部经书，在侍卫们的带领下缓步走上朝堂。有大臣认识这位和尚，他是洛阳城德高望重的法明大师。众臣心知皇太后肯定又要搞什么名堂。

果不其然，只听法明大师宣称：武则天是佛陀转世，应当代替大唐君王成为统治者。群臣早就习惯了武则天的宣传攻势，不置可否。紧接着，宣传攻势随即在全国上下展开，各地的有名法师都在寺庙里捧着《大云经》对百姓进行洗脑，百姓们看到平日尊敬的高僧都在煞有介事地为武则天做登基宣传，不由信了几分，随着民众的不断议论，"皇太后是佛陀转生，应该当皇帝"更加深入人心，民间也有了要求皇太后当皇帝的呼声。

武则天运用佛教进行宣传，又是一步好棋。在唐朝，道家虽然盛行，佛教同样影响甚广。佛教自从传到中土，就迅速扎根深入，百姓都喜欢拜佛拜菩萨，求佛祖保佑善有善报。这也让百姓们在辛苦的生活中产生了对美好来世的寄托。

佛教不但在下层民众中广为流传，贵族们也都喜欢谈经谈佛，而北周更是信奉佛教，隋朝的杨家人几乎全是佛家的信徒，关陇贵族也都在家里摆佛像焚香。李世民的妻子长孙皇后的小名是"观音婢"，更说明佛教的影响。即使李家人不断宣传道教，佛教的影响力也没有衰弱，何况，李家人本身也信佛，玄奘法师去西天，就是李世民资助的，取回的真经由国家选拔翻译僧，统一训练，为的就是将佛经要义更好地阐释。

武则天找好了方向，调整了舆论，薛怀义忙前忙后，忙得不亦乐乎，颇有"贤外助"的架势，也让武则天又对他多了几分好感，薛怀义在她心中的地位也不由高了几分。但如今的她格外公私分明，即使薛怀义为这件事跑断腿，他也只能是一个面首，不可能有名分，武则天愿意给帮助自己的人荣华富贵，却由不得他们分走自己一丝一毫的权力。

经过了几年的努力，反对派被压制，朝廷被控制，李家被压制，舆论被控制，如今所有的条件都已具备，武则天认为时机已到。唐垂拱四年（688），明堂建成后，武则天特别恩准洛阳城的百姓也可以参观这座"万象神宫"。百姓们哪里见过如此宏伟富丽的宫殿，不由对武则天的身份更加认可，事情一传十十传百，武则天的形象愈发高大。武则天终于确定，如今的她可以毫无压力地登上皇位。

女主武王

关于武则天当皇帝，有个很著名的传说。

唐朝有个道人叫李淳风，此人精通天文地理，博古通今，是个奇人，后来进入李世民的太史局。有一天李淳风观过星象，占了一卦，对李世民说："女主昌。"而当时民间正在流传："唐三代以后，女主武王代有天下。"李世民思前想后，决定一定要把这个会祸害李唐的人除掉。他四处寻找这个"女主武王"是何许人也，却毫无头绪。

一天，李世民请将领们喝酒，一个叫李君羡的武将酒醉后说起自己的小名很别扭，叫"五娘"，在唐代，家里的男孩称为"郎"，女孩称为"娘"，如李世民就会被称为"二郎"，想必这个"五娘"，是家人对李君羡的爱称。众人听了哈哈大笑，李世民却心下一惊，没多久就找了个罪名处斩了李君羡，自以为斩掉了大唐的祸患，而漏过了他后宫中正在苦苦思索如何讨皇帝欢心的小才人武媚娘。

多年以后，李君羡被武则天恢复了名誉，说自己牵连了李君羡。有很多人说这件事是武则天为了自己登基制造的言论,也有人说这件事早有记载,并不是杜撰捏造。李淳风其人神乎其神,留下了上下可通千年之事的推背图,至今仍有人研究。玄学深奥,非常人所能研究,武则天选中了这个传说,为她的前途打了最好的广告。当所有步骤都进行完毕,敌人消灭了,皇嗣控制了,朝政掌握了,武则天终于着手进行下一个步骤:称帝。

女人当名义上与实际上的掌权者,是在几千年前的母系氏族社会才有的事,那个时候生产力低下,一个氏族想要对抗自然灾害、收集足够猎物、应对外来侵入,必须有足够的人口,这时候能够生育的女人就获得了至高无上的地位。在初民时代,人们崇拜的是女娲,赞颂的是女人的生殖能力,部落图腾不是象征生育的动物,就是女人的抽象的生殖器官。等到历史过渡到父系氏族,再接替为男权社会,女人的地位越来越低。

在唐朝,这种惯性出现了一个小小的反弹。一来唐朝与北周和隋朝有千丝万缕的联系,这两个朝代都有浓重的西北风气与外族风气,强调女子的地位。女子不但操持家务,生育后代,更可以抛头露面,决断家事,甚至横刀立马,驰骋战场。隋文帝杨坚的夫人独孤伽罗就与丈夫共同参议政事,被称为"二圣",这位夫人还曾让年轻的杨坚发誓此生只娶一个老婆。后来杨坚当了皇帝,宠幸了一个美人,独孤皇后大闹一场,气得当朝皇帝拉着马离家出走,被朝臣好说歹说劝了回来。关陇女子的彪悍可见一斑。

到了唐朝,妇女们的彪悍一直在持续,她们依然可以挑家里的大梁,可以指使自己的丈夫。贞观朝有名的大臣房玄龄的妻子是其中的翘楚。她牢牢掌握着家里的大权,严禁丈夫纳妾。一次李世民赐下美人给房玄龄,她命丈夫退给皇帝。李世民听说后决定治一治这个妒妇,赐下一罐"毒药",威胁房夫人若不许丈夫纳妾就赐她自尽。房夫人一口饮尽,才发现罐子里装的是陈年老醋。李世民也终于对房夫人甘拜下风，收回美人。这种有魄力的女人在隋唐并不少见。正因为当时的人习惯家里有个健康、爽利、落落大方的女人打点家计，指挥下人，和丈夫一起议论国政，帮一家老小拿主意，他们才可以接受武则天一直以来的摄政。

何况，武则天治国虽然有功有过，却给百姓们留下了良好的印象。百姓们的要求一向简单，只要吃饱穿暖，就认为统治者很能干。而武则天治国时，虽然有不少天灾人祸，但朝廷的救济及时，百姓们并未经历过长时间的流离失所、朝不保夕，自然对掌事的武则天有一份感激之情。如今他们在城镇乡野听人传播天后的"菩萨"大名，再加上当时的迷信心理，就也真的认为这个女人是江山的靠山，朝廷的中流砥柱，国计民生的重要保证。

在朝廷上，朝臣们更了又更，换了又换，老一辈的因为高宗得病，不得不对武则天屈膝接受；新一辈的连皇帝的样子都不知道，入仕之初就仰仗着皇太后的提拔，享受着皇太后的恩宠。最重要的是，那些可能对武则天构成威胁的大臣，如裴炎、程务挺等人，都被武则天弄死；剩下的心有不满者，又被酷吏们弄死；于是，如今的朝廷万众一心，都对武则天"心悦诚服"。就算武则天真的要当皇帝，也不会有人吃了熊心豹子胆，站出来反对。

于是，称帝一事有了水到渠成的戏剧性：

牵头的人依然是做着太子梦的武承嗣。没有人比武承嗣更盼望武则天当皇帝，他那急切的表情，毫无遮拦的情绪，一而再再而三的上蹿下跳，让朝臣们对他越来越反感，但他做的工作，正是当时武则天最需要的。他安排的请愿的过程也有"一波三折"的起伏感。

首先是一个叫傅游艺的七品官出现在洛阳街头，他身后跟着数百名风尘仆仆的关中人，有老有少，他们跪在皇城前献上一份奏表，请求皇太后顺应民心，登基称帝。皇太后听说后连连摇头，派人好言好语地劝走傅游艺等人。又因为感叹傅游艺的一片忠心，将他由七品官提拔为正五品。至此，第一次请愿在武则天的矜持中宣告结束。

傅游艺一升官，让更多人看到了机遇。很快，一批由洛阳百姓组成的上万人的队伍出现在皇宫前，继续请求皇太后登基，将国号改为"周"——武则天一直宣扬武家是周公的后代，因为周平王有一个孩子叫姬武，姬武的后人改姓武，正是武家人的祖先。武则天再一次派人劝散了请愿队伍。第二次请愿在武则天的又一次矜持中宣告失败。

到了这个时候，那些一直不置可否的人不能再沉默，他们必须表示出一个态度。武则天一方面制造舆论，一方面压制反对派，在酷吏们阴险的笑容下，群臣当然不敢表示反对，纷纷写奏折表示自己的忠心和赞同，就连那些一直坚持李唐王室的老大臣也不能免俗，在巨大的压力下发出言不由衷的赞美。他们在心里反复斟酌、斗争，在为道义牺牲和对现实服从这两个选择中徘徊不已，最后说服他们的，是武则天那尚算优秀的个人素质和她的铁鞭匕首。

第三次请愿

在群臣的"拥戴"下，新的高潮很快就出现了。

第三次请愿队伍达到六万人，以普通百姓为主体，文武百官也在其中，外戚们更是兴高采烈。僧人道士，三教九流都在队伍中，甚至还有外国使者。

这些外国人本就是在唐朝做客，享受着武则天的招待，此时都来凑热闹，请愿队伍越来越壮观，他们喊着同样的口号，请皇太后务必不要违背天意和民意，他们愿意尊奉皇太后为天子。

在拥立的人群中，赫然站着儒雅清瘦的李旦，他面带笑容，表示自己愿意拥护母亲武则天为皇帝，也希望自己能改姓为武，分享母亲的光荣。连现任皇帝都如此表态，请愿队伍一片欢呼，拥护声一浪高过一浪。

在武则天的政治生涯中，李旦一直是被动者；在大唐的历史进程中，李旦也一直是被动者，但他无疑是个聪明人，在武则天的怀疑下还能保住性命，但在他那沉思的头脑中，少了一丝抗争的勇气和扭转乾坤的决心，他的聪明仅仅能用来保护自己。被立、被囚禁，他任凭母亲摆布，每一次都会诚心诚意地向母亲叩首道谢，从不表露一丝一毫的不满，以平息武则天时不时的怀疑。他的臣服姿态为他留得了性命。

随波逐流是李旦保命的法则，他不会像二哥李贤一样自恃聪明，以为凭微末的道行可以斗得过从政多年而心狠手辣的母亲；更不会像三哥李显一样得意忘形，手握一丁点权柄就以为掌握了天命人心。他明白自己只是在巨鳄口旁求生的小虾米，随时都会丧命。他从不放弃求生的机会，任何时候都不放弃机会，从这一点上来看，他的确承袭了武则天的血统。

请愿队伍继续前进，这时，最有戏剧性的一幕出现了，有一个人突然大叫："你们看到了吗？刚才有只红鸟飞进了皇太后的宫殿！"

众人抬起头来，寻找着那只红鸟，更多的人跟着应和："没错！我也看到了！红色的鸟！"

又有人大叫："别说蠢话！那不是红鸟，分明是凤凰！"

百姓们欢呼："凤凰！是凤凰！"

接下来，又是一片排山倒海的呼声，武则天终于从御座上站起身，带着无奈的笑容说："这大概真的是天意吧。"众人听说皇太后终于答应了这件事，全都欢天喜地，"万岁"声传遍整个洛阳城，百姓们见证了一个奇迹般的史实：中国历史上第一位女皇帝诞生了。

九月九重阳节这一天，武则天穿上皇帝的冠冕，衣袍上的凤凰图案变为腾空的飞龙，她登上则天门楼，接受百官朝拜，宣布改国号为"周"。一直以来，武则天都在不断地在"武"字上大做文章，找出了《周书·武成篇》，宣传说这是武姓人要做皇帝的征兆。同时她废去通用的夏历，改用古老的周历，为的是宣扬武氏的古老，这一族可是最正统的周朝的流脉，远不是李氏能够比的。

武则天还加大力度，造了一批新文字。在本文中，为了行文方便一直称呼她武则天，但实际情况却是她一直都没有名字，外界流传的"媚娘"是太宗李世民赐的，这个女人味太浓的名字完全不符合她期望的形象；轻蔑她的人会叫一声"阿武"或"阿武子"，依然不是登得上台面的名字。想到史书上的皇帝们都有一个吉祥的名字，武则天也坐不住了，最后，她生造出"曌"这个字，寓意自己的至高无上。而她造的新文字，因为使用不便，只在一些正规的敕书或者祭祀时才会使用。

六十七岁的武则天，终于成为天下的主宰者，她为自己上尊号为"圣神皇帝"，并将儿子李旦改名为武轮，这个举动也安抚了一批心怀不满的老臣，让他们依然保持了一贯的希望——李旦是李治的儿子，就算改了姓，也是李家子孙。武则天下令在洛阳建造武氏七庙，将武氏一族代代追封，一直追封到周文王。

一人得道，鸡犬升天，武家人本来就享有高规格的官衔和俸禄，如今更由外戚变为皇家宗室。武承嗣被封为魏王，武三思被封为梁王。武攸宁、武攸止等人也各有封赏，就连武家的女人也都成为长公主。还有一项措施更让人瞠目结舌：新登基的皇帝宣布天下姓武的人全都免除劳役。大概只有武则天，会有这样创造性的想法。

　　对李唐王室，武则天以非常小心的方法进行了处理。尽管她杀掉了那么多李家子孙，但她清楚地知道，天下百姓对高祖的平荡天下、对太宗的清明政治、甚至对高宗的大国威仪都在心底里敬服和向往，如果她否定抹杀了他们的功绩，一定会引起百姓的反感。所以，她将李唐的太庙改为享德庙予以保留。而且，她没有加害李显和李旦，李旦改名后，依然有继承皇位的资格，这在最大限度保证了人心的稳定。

　　武则天终于登上至尊之位，她的最大的欲望得到了满足。当她第一次以皇帝的身份坐在御座上，尽管殿上站立的都是熟面孔，但她的心境已经大为不同。她也会在恍惚间想起第一次进入长安的那个少女，那是她带了一抹阴霾的回忆，如今长安城的雄伟宫殿被洛阳城的华服丽景取代，她再也不必担心被人鄙视侮辱，再也不会有不顺心的日子，未来的一切都会镀上灿烂的金光，尽管她为这一天已经走了这么多年，她已经到了六十七岁。

第三章 ／ 武周朝的君臣关系

识人与选才

　　当上皇帝后，武则天的生活其实并没有太多的改变，她依然担心天下人会有反对之心，继续使用铜匦和酷吏，任用她的亲信，并以选拔人才的名义派特使到地方，秘密查看是否有人心存怨怼。经过她多年来的经营，特使们倒是真的延揽了一些人才。

　　看到海内比自己想象的太平，武则天心情大好，便把她那些忐忑的心思收了起来，重新开始研究国事。她当了皇帝，自然想做个明君，让后代人交口称赞。想做明君最重要的不是宣传，宣传可以在一时之间使众口铄金，但百代之后，谁能掌控悠悠之口？武则天务实，知道明君需有政绩，政绩不能靠她一个人，她需要更多人才。

　　武则天对人才的渴求来自内心。即使在酷吏时代，依然有清明的官员不断对他们进行抨击，武则天对此不予置评，任凭他们互相争吵。她既不会因酷吏的诬告轻易发落大臣，也不会因为大臣的进谏惩罚酷吏，她巧妙地保持着朝廷上的平衡。酷吏帮她维持统治，制造恐怖气氛，但她清楚地知道酷吏不能治国，酷吏不是国家栋梁之才，她想要当一个万人歌颂的统治者，需要的是能臣，是明臣。

武则天开始研究如何才能招揽更多人才为她所用。

首先要重视科举，科举是中国选才的一个重要发明，泱泱大国，有这样一套选才机制，不分平民和官宦，以公平的标准考核人才，选拔官吏，让有志、有识的年轻人有机会展示自己，这项制度自实施以来，得到了有才之士的双手赞成。武则天虽然喜欢搞花样，但对那些真正有用的东西，她一向全盘接受，而且，还加入了自己的创新。

她不但重视科举，还在国内颁布招贤令，令有才者亲自到洛阳接受自己的考核。在考试中，武则天命人将所有考生试卷上的名字密封起来，以防止考核官员作弊。

隋唐时期的科举制分"常科"和"制科"两类，前者定期举行，后者由朝廷根据临时需要举行。常科考试包括明经、进士、秀才、明法、明算等二十几个科目，选拔各类人才。在唐朝，诗歌尤为受人喜爱，如果考生写诗好，就会受到考官格外的偏爱。武则天知道科举的重要，她也想参与其中，亲自考问考生的学问如何。

为此，武则天创立了"殿试"，即由皇帝本人亲自在大殿上出题，再根据考生们的回答评定他们的成绩。"殿试"从此也成了科举的惯例，历代皇帝从此都会在科举年，在大殿上亲自考核当年的优秀考生。武则天还有她的一重心思：由皇帝亲自提拔的人才，他们感激的自然不是考官，而是皇帝本人，对皇帝更为忠诚。在武则天主持的殿试中，有个叫张说的人文采风扬，很是引人注目，武则天还命人将他那篇殿试文张贴起来供人学习。这个张说，后来成为唐朝有名的宰相。

文臣治国，武臣护国。武则天对接连不断的外患依然头疼，大唐兵精，又有都护府的设置，能够维持边界和平，但提拔有能力的将领依然是当务之急。武则天想了又想，既然选拔文臣用科举，选拔武将为什么不能用科举？于是，她又创造出"武举"这一选拔武将的方法，让那些胸中有韬略的年轻人多了一条从军的途径。文举考明经和文章，武举就考骑马射击。唐代著名将领郭子仪，就是武举出身。

武则天对人才的需求"不拘一格"，她颁布招贤令，宣布只要有人觉得自己有才，就有机会做官。对来求官的人，她没有严格考核就可以授予官职，让人大跌眼镜。有一次，她一次性提拔了一百多人当了补阙、拾遗、员外郎，这种考核没有准则，让很多人大为不满，而被提拔的人未必有真材实料，还有人一上任就捅娄子，闹笑话。见武则天胃口太好，粗细不分，一些读书人不由要笑话她，还有人写了一首打油诗：

补阙连车载，拾遗平斗量。把推侍御史，腕脱校书郎。

这首诗形容朝廷官员数量众多，多的可以用车子装，像米一样用斗量，也说明了当时武则天选才之"滥"。因为又形象又顺口，这首诗成了洛阳城传诵一时的大笑料，自然也传到了武则天耳边。没过几天，有个叫沈全交的才子觉得打油诗有趣，又提笔续了四句：

评事不读律，博事不寻章。面糊存抚使，眯目圣神皇。

这几句活脱脱地讽刺了这些被胡乱提拔的官员们能力低下，不知法律条文，国事章程，最后一句更是讽刺了武则天没有眼光，选了这样一批没本事的官吏。御史台的人看了大怒，火速派人抓了沈全交，告他诽谤皇帝。沈全交当然不服，正在争辩，得知此事的武则天派人通知沈全交进殿面谈。

沈全交读书人心性，以为武则天肯定不会放过他，索性"舍生取义"，在武则天面前慷慨陈词，诉说读书人的考科举的不易，以及他们的真才实学。指责武则天不该凭借各地巡抚或是求官者的一面之词，就以高官相授。

武则天听了却不生气，反而真的眯起眼笑着说："爱卿说的话的确有理，诗也写得有趣，但爱卿有失偏颇，难道汉朝的张良、韩信、三国时的曹操、诸葛亮，我朝的太宗皇帝，都是考科举考出来的吗？可见未经及第依然可以出人才。"

沈全交没想到武则天如此机智，一时语塞，只能说："陛下选才是好事，非我等草民能揣摩，请陛下治草民之罪。"

武则天哈哈一笑，挥手放走了沈全交。

武则天不是不知道沈全交说出的问题，官员提拔得过快，难免鱼龙混杂，有人趁着这个机会投机取官，也有巡抚收了贿赂胡乱荐人，这些武则天都考虑过。对官员之"滥"，她很快想出了对策。

朝廷还在不断求贤，越来越多的人得到了官职。但在这些"贤者"当了官员后，突然发现周朝的官不好做。武则天确立了严格的审核制度，如果发现得官的人没有能力管理事务，立刻撤职。武则天宽进严出，从根本上把握了官员队伍的质量。

武则天提拔人才和淘汰庸才的速度都快得惊人，在当时，一个人想当国家官吏不难，但若是没有业绩，立刻就会被淘汰，武则天靠着这一手，选拔了大量人才。后代有人做过详细的考究，发现在开元盛世中赫赫有名的大臣，几乎都是武则天时期被提拔的。有这样的眼光，也难怪她的帝王事业一帆风顺。

武则天是个重视人才，也有识才眼光的人，她不会把国家交给酷吏去掌管，相反，她最为器重的都是一些性格正直、做事公道、有真材实料的大臣。她不断地筛选、补充、淘汰官员队伍，为的就是保证自己的统治。

也正是因为她始终在招揽人才，始终有可以用的人才，才不去特别依靠哪一个大臣。她识才、选才，但所有人才都不过是她的工具，合用则用，不合用则弃去，甚至诛灭，正所谓"伴君如伴虎"，大臣们想要和武则天友好相处，也需要多动脑筋才行。

相处之道

君臣关系是一个说不完的话题，在中国历史上，一朝天子一朝臣，君臣关系也随着君主的不同，带着明显的个人色彩。总体来说，君主的包容性越强，接受能力越强，越能发掘能臣；反之，若君主有强烈的个人倾向，只喜欢某种性格、或某种能力的臣子，官僚集团的构成就会单一，甚至失衡。

在君臣问题上，武则天希望大臣们能够绝对服从自己的意志，维护自己的统治，她不会过分苛刻地对待手下，愿意和手下及时沟通，友好互动。但是，武周朝的政治环境充满凶险，在武周时代，武则天麾下的大臣即使被她器重，也要学些保身方法，才能保证自己的人身安全。

大臣们最怕的不是武则天，而是酷吏和外戚。酷吏抓人不分青红皂白，外戚整人不分是非曲直，他们勾结在一起，趁着朝臣下朝抓了起来，连夜突审，第二天罪状就告到了武则天那里。武则天也不能一一回护，何况她最怕大臣们有什么异动，为了防患于未然，她也不想过多干涉酷吏们的行为。于是，大臣们既要保命，又要做事，多数大臣还隐隐盼望着扭转朝纲，扶正李唐王室，他们纷纷寻找适合自己的君臣相处之道。

最有代表性的人物当属娄师德，他的一大特征是善忍。

娄师德进士出身，有一次高宗李治为了防御吐蕃，下诏招募猛士，娄师德十八般武艺无一精通，一介书生前去应募，李治认为他很有志气，许他从军。他在大唐边境屡屡立下战功，令人刮目相看。李治爱才，屡屡提拔娄师德，武则天也喜欢他既有能力又低调的个性。娄师德不负众望，对吐蕃作战八战八捷，他靠着自己的功劳一直升官，官至宰相。

娄师德是个宽厚的人，从不与人口舌纷争。他与另一位宰相李昭德一起入朝，娄师德因为肥胖而行动迟缓，李昭德等他等得不耐烦，随口骂道："我因为一个乡巴佬耽误了这么长时间！"娄师德也不生气，反而笑了笑说："我要不是乡巴佬，谁还能是乡巴佬？"对任何攻击，他都能忍耐，以致酷吏们都没法找他的麻烦。

有一年，娄师德的弟弟去地方当官，娄师德为他践行。酒过三巡，娄师德对弟弟说："我虽然才能有限，却蒙圣宠当了宰相，你呢，如今当了州牧，也是个不错的官职，今后不知有多少人忌妒我们兄弟，你说我们兄弟如何才能避免灾祸呢？"弟弟明白哥哥的意思，立刻说："从今往后，即使有人一口唾沫唾到我脸上，我也不会还嘴，更不会还手，只会擦了它，当作没有这回事。"娄师德摇摇头说："不对，你不应该擦掉它，应该把它留在脸上等它自己干。这样才能代表你心中没有不满。"这就是成语"唾面自干"的由来。

娄师德"唾面自干"的忍耐力被很多人笑话，但他却也因此得到了武则天的信任，在最严苛的朝廷氛围下确保了自身的安全。他选择了这样一种生存方法，却并不轻贱自己，而是努力为国效力。他为官清廉，还善于识别、选拔人才，帮武则天选了不少人才，却从不居功，也不在意别人是否知道他的好处，是真正的君子。

大臣狄仁杰素来看娄师德不顺眼，连武则天都知道这件事。有一天武则天问狄仁杰："爱卿，你知不知道朕为何重用你？"狄仁杰说："陛下重用，是因为为臣的文章和品格都还过得去。"武则天摇摇头，随即拿出十几封奏折递给狄仁杰。狄仁杰展开一看，竟然全是从前娄师德向武则天推荐他的奏折，这才知道原来自己能够得到提拔，全是娄师德的功劳，而自己一直以来都对娄师德不敬，娄师德却没有任何怨言。狄仁杰惭愧不已，方才知道娄师德的高风亮节，非寻常人可比。

娄师德这样的君子倘若活在唐高祖、唐太宗时代，必然会得到更多的礼遇，也不必随时随地屈就自己，不过时不我与，他面对的是一个相对混乱的时代，尽管大唐处于发展期，但武则天的政治风格必然造成臣子们的谨慎和避祸。以娄师德的忍耐力，才能躲得过酷吏的迫害，很多官员尽管小心翼翼，却没有这种幸运。

魏元忠就是代表。徐敬业起兵时，魏元忠作为李孝逸的监军，在战场上起到了最大的作用，可以说，朝廷军队能够如此迅速取得胜利，魏元忠的功劳最大。此役后，武则天擢升他为洛阳令，成为国都最高的长官。魏元忠刚直不阿，不久就得罪了周兴、来俊臣等人，几番审问，魏元忠的"罪状"被落实，还是武则天念在魏元忠的功劳，将死刑改为流放。

改判的诏书到达刑场的时候，手拿诏书的宦官以及身后的侍卫大呼："有圣旨！刀下留人！"那时候周兴、来俊臣等人正兴致勃勃地等待魏元忠人头落地，刑场外这么一嗓子，让他们遽然失色。倒是刽子手本来就不想杀害忠良，听到后立刻扔下刀，扶起魏元忠，魏元忠却淡定地推开他的手说："不知道这赦令是真是假，不可造次。"等到宣旨完毕，他才施施然地叩头谢恩，站起身来。古代行刑都有百姓围观，他们看到魏元忠如此从容无惧，都为他大声喝彩。魏元忠高大的形象，衬得周兴等人越发猥琐。

武则天念着魏元忠的才能，不久又把他召回朝廷。回到朝廷的魏元忠依然故我，看不惯酷吏们的行径，酷吏们自然也想尽快整倒他。于是，来俊臣又一次状告他谋反，武则天依然从轻发落，让魏元忠去重庆当官。临行前，武则天忍不住问魏元忠："爱卿啊，你怎么会有这么多的罪名？"魏元忠面不改色地说："微臣就像一只鹿，那些喜欢罗织的小人就像猎人，非要把我做成肉羹不可。他们靠杀人飞黄腾达，我的罪名还能少吗？"

魏元忠与娄师德正好相反，娄师德什么都忍，魏元忠什么也不忍，要维持官场的正气和为臣的气节。武则天心里明白，所以屡次改判，从轻发落。魏元忠就在酷吏的一次次折腾下，不屈不挠地斗争着。武则天呢，冷眼看着双方你来我往，只在关键时候帮一帮忙。

虽然有酷吏、有男宠、有外戚在朝堂横行，但武周朝堂的气氛并不是死气沉沉，暗无天日。武则天本人并不是一个喜怒无常，说不得也劝不得的老妇人，相反，她是一个颇为讨喜又开朗爱笑的女人，有文化，有胸襟，还有手腕，如果不考虑她的所作所为，她很值得人欣赏。她和大臣们的关系，多数时候也是宽松愉快的，即使大臣偶尔说了几句讽刺，她也能像对沈全交那样，挥手便忘。她要的只是大臣们不起反意，其余的，都可以宽容。

有一次，武则天和大臣们聊天，有人恭维她德行出众，她也沾沾自喜，对大臣们吹嘘她养的猫很善良，和一只鸟在同一个笼子里，却不忍心吃掉鸟。

立刻有大臣表示不信。武则天就命人捧来一个笼子，里边有猫有鸟，相安无事。大臣们只好夸奖两句，有些大臣对武则天的把戏心知肚明，故意一直逗笼子里的猫和鸟，时间一长，猫饿了，咬起鸟吃掉，大臣们哈哈大笑，武则天也不生气，一笑了之。

还有一个笑话是女皇的情夫薛怀义闹出来的。薛怀义自从做了武则天的男宠，骄矜之气日益高涨，无赖之气毫无收敛，带着他招揽的恶和尚们在洛阳城里欺行霸市，肆意生事，弄得洛阳老百姓敢怒不敢言。但不论怎样紧张的时代，都会有正直的大臣，一位叫冯思勖的御史看不惯薛怀义胡作非为，依法逮捕了几个无赖，杖打、流放、杀头，全部依国法办理。这让薛怀义大失面子，发誓要给冯思勖好看。

一日，薛怀义和随从们在街上碰上了冯御史，仇人见面分外眼红，双方很快由斗嘴变为动手。冯御史对手下使了个眼色，一个手下偷偷溜走，迈开大步奔向御史台，等到官员们慌慌张张地赶来，薛怀义和随从早就一哄而散，只有冯御史和几个手下被打得奄奄一息，倒在墙根呻吟。一时间，群臣大为不忿。其中，有一位八十高龄的老人，他气得咬牙切齿，扶起冯思勖安慰道："恶有恶报，别着急。"

这位老人是温国公苏良嗣，是唐朝老臣，也是一位能臣。高宗在世时，关中闹饥荒，甚至出现了人吃人的现象，高宗派苏良嗣整治关中盗贼，苏良嗣仅用三天就解决了问题。苏良嗣不但能干，还是一位正人君子，深得武则天的器重。他见冯思勖受辱，大为气恼，心想拼着自己的一把老骨头，也要给冯思勖、给大唐官员出这一口恶气。

没多久，苏良嗣就找到了机会。这一日苏良嗣下朝，正碰上薛怀义和他的一群恶徒手下，苏良嗣一声冷哼，而薛怀义得意洋洋，根本不把前面的老宰相放在眼里。按照规矩，普通官员看到宰相必须行礼，薛怀义竟然视若无睹地走过去。苏良嗣朗声说："这是朝廷重地，只有重臣可以出入，哪里来的和尚在此撒野？来人！快把这个和尚打出去！"

左右早有对薛怀义心怀不满的下人一哄而上，扯的扯，拉的拉，打的打，刹那间只听人声鼎沸兼鬼哭狼嚎，一旁的人哄堂大笑，呐喊助威，老宰相岿然不动，直到把薛怀义打个半死，才命人收手，带着人扬长而去。官员们跟着宰相各自额手称庆，欢欣鼓舞，笑言："这可报了冯御史的仇！"

薛怀义灰溜溜地跑进武则天的宫殿，一进殿就开始大哭。武则天见他鼻青脸肿，不由大惊，柔声询问发生了什么。薛怀义添油加醋说了一番，指望着武则天给他出气，没想到武则天只是抚摸着他的光头，笑吟吟地说："孩子啊，南衙是宰相们出入的地方，你应该走北门，这样你们才能井水不犯河水。记住了吗？"薛怀义哼哼唧唧，不敢继续抱怨。

可见，武则天始终头脑清醒，古有纣王为了妲己杀忠臣，幽王为了褒姒点烽火；近有陈叔宝抱着张丽华理朝政，这些都是亡国之君，头脑清楚的皇帝不会为宠妃的一句话而罢免朝臣，耽误朝政。武则天明白男性如此，女性亦然，她须始终公私分明，自己虽然宠爱薛怀义，但不能将他放在朝廷之上，那是庸君的做派，昏君的勾当。苏良嗣公然殴打薛怀义，的确伤了她的面子，但她不追究，恰恰能体现她不因私废公，让群臣挑不出毛病，也给薛怀义一个教训，让他不要得意忘形。

智慧与勇气

　　武周朝的大臣们对薛怀义只是轻视，但对酷吏，却是咬牙切齿，势同水火，有些人忍着气，有些人被陷害，还有一些人非要给酷吏一点颜色。李昭德就是"以牙还牙派"的代表。他也是一代老臣，颇得武则天的信任，以正直强干著称。后来，他当了宰相，最重要的工作之一就是专门与酷吏们对着干，保护受酷吏迫害的人，他还屡屡向武则天进言，数落酷吏的不是。在朝廷上，他不但不对酷吏们恭敬，反而尽情嘲笑他们的无知。面对丑恶，他们显示出的智慧与勇气，令后人敬佩。

　　一次，酷吏侯思止也想学着来俊臣一样，娶一个名门出身的老婆，他看中了赵郡李自挹的女儿，请求武则天赐婚。武则天交给宰相们商议，宰相们自然明白小门小户的侯思止的心思，李昭德大笑说："陛下！这也太可笑了！以前来俊臣休妻娶了王家的女儿，已经是辱国的行为，现在侯思止又要娶李家的女儿，难道不是第二次辱国吗？"宰相们哄堂大笑，侯思止听说后恨恨不止，想要找机会报复李昭德。

　　没想到李昭德眼疾手快，没等侯思止找到机会，他先找到机会收拾了侯思止。当时，丝绵是贵重物品，禁止民间使用，侯思止贪心又虚荣，偷偷在家里存了不少昂贵的丝绵，这件事被李昭德知道后，小题大做，治了侯思止大罪，在朝堂上将侯思止活活打死。朝臣们暗暗解气，酷吏们被震慑，一时间不敢胡作非为。

虽然李昭德大大地削减了酷吏的威风,但他也有难言之苦。武则天的男宠薛怀义处处看李昭德不顺眼,经常找李昭德的麻烦,甚至纵容手下对李昭德拳打脚踢。李昭德明白薛怀义是女皇的心头肉,不能得罪,被打了也只能向薛怀义道歉,又让薛怀义得意扬扬。于是,朝臣、酷吏、男宠斗争不断,互有胜负,武则天一概不参与,只在一旁看热闹。这大概是她所总结的为君之道。

总体说来,武则天能够对大臣一面恐吓,一面怀柔,她始终能够清晰地区分哪位大臣只是对她提出意见,哪位大臣想要限制她的权力。对于前者,她往往以一个宽宏大量的君王身份,给予奖励和提拔;对后者,即使对方有非凡的才干,她也绝对不能容忍,定会指使酷吏将之流放或杀害。而大臣们在常年与武则天的相处中,也总结出了她的这一特点,那些最会拿捏君臣分寸的大臣,不但能够免于灾祸,还被女皇格外优待。

在武周朝,武则天最为倚重的大臣就是狄仁杰,狄仁杰是大唐的传奇人物,关于他的聪明,他的睿智,有不少文学、影视作品广为流传。狄仁杰最被人称颂的是他的断案能力,他慧眼如炬,总能从纷乱的线索中直接抓到案件的关键点,判冤决狱迅速准确。《旧唐书》有官方记载,某年他判案达一万七千件,而这些案子的判决结果,无一人不服,即使用现代人的眼光看,狄仁杰也是个神人。

狄仁杰知分寸,有智谋,经常给武则天出主意,讲道理,最重要的是,他善于提拔人才,唐玄宗李隆基年代的著名的宰相姚崇,就是由狄仁杰推荐给武则天,才得到了重用。武则天对这位老人的话,也常常思考,很是信服。不过,即使这样的大臣,也免不了被酷吏迫害,差点死在牢狱之中。

狄仁杰当宰相的时候，不知为何得罪了来俊臣，以来俊臣的罗织功力，老人很快被打入大牢，狄仁杰看到满房的刑具，乖乖地在认罪书上按手印，来俊臣宣布一条罪状，他就承认一条。来俊臣也没想到狄仁杰这种威风堂堂的宰相会这么快地招供，没能动用大刑就判了对方死罪，未免觉得索然无味，也就放松了对狄仁杰的看管。

狄仁杰见看管不再那么严密，就在自己贴身的布衫上写了封血书，夹在自己的衣物里，托狱卒交给自己的家人。当时刚好换季，犯人都脱掉了厚棉袄，让家人送来薄一些的衣物，狱卒从中传递，也能得到几文钱的好处。一个狱卒帮这位名声不错的前任宰相跑了次腿。狄仁杰的家人素来知道老人的智慧，待狱卒走后，仔细翻检衣物，发现了那封血书。

狄仁杰的儿子颇有计谋，知道即使到御史台伸冤，这封信也要落到来俊臣等人手里，到时候罪上加罪，不但父亲无法翻身，一家人都要被牵连。他灵机一动，骑上马前去求见武则天，说他有重大事宜要告密。武则天对告密一向看重，在百忙之中接见了他。等看到狄仁杰的血书，大为震撼，亲自提审了狄仁杰。

君臣见面，武则天见老大臣被折磨得不成样子，不由心生恻隐，柔声问狄仁杰："狄爱卿，如果你没有谋反，为什么还要画押，承认这件事？"狄仁杰跪在地上说："陛下啊，如果我不承认，哪儿还有命再见到你！我早被他们打死了！"武则天思忖片刻，轻判了狄仁杰，没多久，又把他召回了洛阳。

连如此有威望的狄仁杰都有九死一生的经历，其他人的艰难处境自不必说。"硬碰硬"不是好办法，他们大多数采用了一种"含糊法"来与酷吏们周旋。这是当时一个叫苏味道的宰相总结的保命经验：不管什么事，不要说可以，也不要说不可以，不要正面回答任何问题。这也是成语"模棱两可"

的由来。不能说官员们都是胆小鬼，而是酷吏的势力太过强大，他们不但结党抱团，还不断提拔自己的亲信，企图独霸朝纲，大臣们敢怒不敢言。

而武则天，渐渐也发现了这一点。大臣们是她役使的工具，她可以与他们保持最轻松的君臣关系，但正直的明臣，奸猾的酷吏，都必须遵守她制定的规则，不能有任何挑衅性的举动。酷吏们从一开始的尽心竭力，到如今的结党营私，她看得出他们的变化，他们的居心，他们终于也成了武则天眼中需要被废弃的棋子。

请君入瓮

一转眼，铜匦在洛阳存在了超过十年的时间。铜匦的四个口子有三个落满灰尘，只有一个因频繁使用，虽然出现了磨损，却显得干净。随着女皇地位的日益稳固，铜匦的作用越来越小，过去那些扔告密信的人，如今忙着找人推荐自己，想要得到一官半职。人们也渐渐摸清了武则天的脾气，现今女皇不再看重告密，也不再提拔刑讯人才。风气正在渐渐转变，政治神经敏感的人，最先察觉到这一点。

在十几年的时间里，酷吏们对朝臣进行戕害，朝臣们对酷吏进行着不屈不挠的斗志，具体做法有忍、有鄙视、有不断对武则天进言。眼看风气转变，有些聪明的大臣开始对武则天进行游说，他们不再像以前一样慷慨陈词，批评酷吏给国家带来的危害，他们开始曲线救国，唉声叹气地陈述因为有了酷吏的存在，仁慈的女皇的名声被拉低了。

　　武则天最在乎自己的名声，为了她的地位，她任用了这些酷吏，如今自己坐稳了皇位，就不能再任由酷吏们恣意妄为，否则民声日沸，朝臣不满，她自己也会担上"暴君"之名。官员们的话中有话，她又怎会不懂？她已经牢牢控制着未来，对那些危机自己声名的人，早就心存反感。

　　酷吏们却不知道女皇的心思，他们自恃劳苦功高，又有女皇多年的庇护与依仗，一个个越来越飞扬跋扈。读书人为官，都知道君臣之间应有的分寸，而这些没什么文化的酷吏，一朝得势便自以为手眼通天，甚至认为武则天这个女人都要敬他们三分，认为没有他们，她的江山不会稳固，于是，做起事来更加肆无忌惮。他们互相支持，互相援引，渐渐地在朝廷形成自己的势力，根本不了解君王最忌讳这种行为。

　　武则天做事一向有她自己的风格，当她决定做一件事，要么雷厉风行，要么静悄悄地进行，决不打草惊蛇。对酷吏，她选择了两者结合的方法。想要收拾这些酷吏很简单，当酷吏查看告密信时，更多憎恨他们的人，将一封接一封的告密信塞入铜匦，状告的就是这些声名狼藉的暴徒。他们擅长罗织，群众的力量也不小，也为他们编造了各种各样的罪名。武则天收着这些书信，留待有用的时候抛出。

　　武则天不准备集中打击，将酷吏一网打尽，太大的动作会引人注目，可能会遭来"鸟尽弓藏"的非议。何况，如今酷吏们也自成一个体系，轻易撼动，可能会引起这些小人的报复。武则天决定一个一个除去他们。

　　第一个遭殃的酷吏是丘神勣。这个曾经逼章怀太子李贤自杀的人天性冷酷，对敌人毫不留情。当年李冲父子造反，武则天派他前去平定。丘神勣所经之地，即使对方已经开城投降，他依然下令屠杀所有士兵。自古杀降不祥，他在唐天寿二年（691）得到了报应。这个对武则天忠心耿耿，甚至替武则天背上杀害李贤黑锅的人被人诬陷，以谋反的罪名被处死。武则天对魏元忠、狄仁杰等人多有回护，对他却根本不过问。

在所有酷吏中，周兴的遭遇最有戏剧性。

周兴跟随武则天替武则天收拾了不少政敌。武则天登基后，特意赐他姓武。他整天跟武承嗣、武三思等人称兄道弟，也不由得有了"皇亲国戚"的错觉。当有人指责他判错案子、滥杀无辜时，他还得意地说："被告的那些人，判决之前都大叫自己冤枉，一旦砍了他们的脑袋，就都闭嘴了！"大臣们恨得牙根发痒，苦于没有机会拉他下马。

武则天称帝后，和武承嗣等人关系密切的他又向女皇提出建议，请女皇剥夺李唐王室的皇室资格，这又让更多的大臣侧目。所以，当有人发现女皇也渐渐地对周兴不满，就神不知鬼不觉地告了周兴一状。女皇心领神会，也不问状告者是谁，假意叫来来俊臣，拿出一封匿名举报信，面色严肃地交给来俊臣。

会当酷吏的人多不是正人君子，不懂唇亡齿寒的道理，乐得对同僚落井下石，来俊臣更是小人中的小人，恨不得周兴早日遭殃。他接下任务后，就开始琢磨如何对付周兴。来俊臣知道周兴经验丰富，决定准备一次别开生面的审讯，让周兴领教一下他的厉害之处。

这一天来俊臣请周兴来家里做客，喝着酒说起近日的工作困难，来俊臣说："最近我遇到一个麻烦的犯人，不管怎么用刑就是不肯招供，这可怎么办呢？你快教教我吧。"周兴说："这有何难，把炭火上放一大瓮，瓮里放满清水，把犯人放进瓮里，再点上火，什么事他能不招？"

来俊臣一拍大腿，立刻让家丁取来木炭水瓮，对周兴说："皇上说有人告发老兄你谋反，不知道你愿不愿意招供，请你去瓮里慢慢说吧？"周兴一听，立刻跪地认罪，不用审讯就画押签字。武则天还算念些旧情，没将这个"反贼"处死，而是流放岭南。这件事也是成语"请君入瓮"的由来。

酷吏时代的终结

扳倒周兴的来俊臣并没有意识到，女皇的目标并不是有"不轨行为"的周兴，而是以周兴为代表的整个酷吏集团。他依然不知道收敛，他的下场是典型的"自作孽，不可活"。

有武则天的支持，来俊臣在洛阳官场横行霸道，谁都不怕，看谁不顺眼就整治谁，没有人敢去招惹。等他将周兴扳倒，更觉自己成了朝廷中首屈一指、所向披靡的酷吏，再也不把他人放在眼里。有一次，他竟然惹到了武承嗣和太平公主。武承嗣自认为是武则天的接班人，太平公主是大唐娇女，这两个人如何忍得了一个小吏？他们顺便拉来被监视却一直对酷吏很是不满的李旦，一起告发来俊臣的诸多罪状。他们怕武则天念旧不重罚来俊臣，还给他扣了个谋反罪。

武则天本来没想理会孩子们的状告，不想这件事闹腾得越来越厉害，就连百姓们听说皇嗣、公主和宰相状告来俊臣，都奔走相告，希望朝廷重判。民间舆论沸沸扬扬，朝堂上的官员们每天议论的也是这件事，朝野上下只有一个意见：来俊臣罪大恶极，应该处死。

一个叫吉顼的大臣将这件事告诉武则天，武则天说："来俊臣对朕有功，怎么能轻易杀死？"吉顼正色说："来俊臣陷害忠良、贪污受贿、霸人妻女，哪一样不是死罪？"武则天立刻说："那就这样吧。"这样，就是承认了来俊臣的罪状。总是揭发别人谋反的来俊臣以谋反的罪名问斩，洛阳百姓纷纷涌向刑场，冲来俊臣扔石头，将他的尸体肢解，发泄对他的怨恨。

这件事也有官员报道给武则天，武则天听后很是震惊，她没想到民怨已经到了如此地步。她本想慢一些处理这些酷吏，甚至还想过除掉一部分、保留一部分继续帮自己恐吓天下。现在看来，为了维护自己的名声，这些酷吏必须根除。她手写了一封《暴来俊臣罪状制》，表达了根除酷吏的决心，接下来，酷吏们接二连三地遭了殃，武则天快刀斩乱麻似的将他们杀的杀赶的赶，只有少数几个有真才实学的酷吏被留了下来。

这些酷吏毕竟是武则天任用的，她也知道朝臣百姓对此有诸多不满，为了表面自己的立场，她不忘将戏做足，在大臣们面前长吁短叹，对他们说："过去周兴、来俊臣他们判案，有时候我也觉得结果有问题，但派人复审，得到的还是相同的结果。受审的人既然承认自己谋反，朕也只能相信。如今周兴、来俊臣他们不在了，谋反案也没有了，看来，以前他们判的那些案子，恐怕也冤枉了不少人吧？"

夏官侍郎姚崇是个敢于言事的人，此时大胆上前，进言道："这是因为被诬陷的人受到严刑逼供，生不如死，若口供再有反复，恐怕会受到更多的刑罚，所以才不得不一口咬定自己的罪状，为求速死。如今陛下终于看清了周兴、来俊臣等人的真面目，将他们惩之以法，臣敢以身家性命保证，从此以后再也不会有人谋反！"武则天连连点头，又吩咐御史台去查从前的案子。

长达十四年的酷吏时期结束了，"被蒙蔽"的武则天又恢复了她的慈眉善目，开始爱惜百姓，安抚大臣。被告密吓得战战兢兢的人们如噩梦初醒，抚胸长叹："终于可以睡个好觉了。"武则天又平反了一些冤假错案，以显示自己"知错能改"。大臣们当然知道武则天又在做戏，这么多年的相处，他们拿武则天毫无办法，幸而正本清源，司法制度虽被严重破坏，终于也能开始修复。

酷吏时代终结了，大唐也像经过了一个寒冬，终于迎来了春天。朝堂上有了久违的祥和，百姓不再担心铜匦，他们开始把更多的心思花在入仕上，人人自危的社会风气也得到了纠正。在一派欣欣向荣之中，武承嗣又带头请愿，请求武则天在自己的头衔上再加一个"金轮圣神皇帝"的称号。武则天最喜欢闹这些虚文，立刻应允。她又一次恢复了"万民爱戴"的形象，自觉神清气爽。

武则天转型成功。可是，人生没有十全十美。当她以为掌握了命运之时，总会出现几个不和谐的音符，让她不得不正视人力的有限和人心的复杂，让她在风光过后感到一阵疲惫。这一次，为她带来麻烦的人是她的情人薛怀义。

第五篇　最后的博弈

第一章 ／ 得与失

情人

　　武则天的一生从未平坦，她选择了一条与众不同的道路，必然要面对比常人更多的抉择。她也和普通人一样，常常在得失之间犹疑不定，在反反复复地权衡之中，得出最适合自己的答案。不论什么时候，她只会选择对自己最为有利的东西，对生活如此，对感情也是一样。

　　在武则天的面首中，薛怀义是最特别的一个，他们的关系更像情人。尽管薛怀义也像其他面首那样，对武则天有一种近乎本能的畏惧，但他们相伴多年，一起经历了不少风波，自然记得对方的许多好处。对武则天，薛怀义不敢颐指气使，却也没有那么多的唯唯诺诺，在他那市井小民的思维里，他陪了武则天十年，又有功劳又有苦劳，任劳任怨，竭尽全力，他不能和武则天共享天下，但武则天理应对他恩宠不断。

武则天呢，只有在自己的利益受到严重威胁时，她才会显出冷酷无情的一面，若一切平安无事，她便愿意笑脸迎人，满足他人的愿望。在感情上，她毕竟是女人，也有感性的一面。不论是与李唐王室的斗争、还是与朝廷大臣的斗争，以及为了称帝必须做的繁重准备，都曾让她身心俱疲，而这些时候，在她身边恰恰有个薛怀义，虽然这个人毫无文化，经常惹事，但却对她着意温存，嘘寒问暖，鞍前马后地辛苦，她都看在眼里，记在心里。一日夫妻百日恩，她换掉了无数大臣，却没有换掉身边的薛怀义。

多年来，薛怀义在武则天身边做着三件事：

第一件自然是哄武则天开心。薛怀义不傻，知道女人需要嘘寒问暖地哄，女皇帝需要人小心翼翼地侍奉，他想各种各样的办法讨她欢心。她喜欢祥瑞，他就到处去找吉祥的物件；她喜欢异想天开，他就想尽办法满足她的要求；她信不着别人的事，他就尽心尽力去完成……若说薛怀义仅仅是为了自身的地位才如此忙碌，似乎也不尽然。多年的相处，他对自己的女皇情人有了更深的了解和更深的感情，而这一点，武则天一清二楚。正因为清楚，她才一直将薛怀义留在身边。

第二件就是惹是生非。薛怀义骤得高位，又有武则天的宠爱，自然不懂得中庸之道，而是由着性子任意妄为。他收罗的那批"和尚兵"把好好的佛门清净之地搞得乌烟瘴气，又经常在洛阳城里打砸抢，引起众怒。但是，在官员们面前，他始终有一种自卑又自傲的感觉。除了武承嗣等人，几乎所有官员都不把薛怀义放在眼里，而武则天公私分明，一旦双方争吵，她也从不袒护薛怀义，这就让薛怀义既觉得自己高人一等，又常常明白自己矮人一头。让他放心的是，武则天虽然不袒护，却也不责备他。武则天最擅长笼络人心，能不得罪人的时候，即使贵为女皇，她也不去得罪人。

第三件事是建功立业。薛怀义整天在洛阳城无事生非，武则天也觉得脸上无光，有心给情人一个机会，让他建立些功业，为他脸上贴几块金。薛怀义还是一个运气极好的人，当官后他也想立功，于是武则天派他率军打仗，他与突厥人交手，总是赶上突厥人离开居住地，没有交锋的机会。于是他得意扬扬地班师回朝，对武则天吹牛说："突厥人听到我的大名就吓跑了，根本不用交战！"武则天忍住笑，随口夸他几句，他更加自命不凡。男宠上阵打仗本来是一个笑话，没想到薛怀义竟然每次都交上好运，也让大臣们哭笑不得，无可奈何。

总体来说，在武则天眼中，薛怀义这个情人也算知冷知热，帮了自己不少忙，给了自己不少安慰。而在朝臣们眼中，薛怀义就是一个活宝，他们在感到不齿的同时，却也挑不出更多毛病，毕竟，武则天能够做到公私分明，从未让薛怀义干预过朝政，牢牢地控制住他，也不会因为他处罚朝廷上的任何一个官员。朝臣们看着薛怀义觉得碍眼，时间一久，也就当成笑料，没事调侃几句，不再放在心上。于是这些年来，薛怀义与朝臣倒也相安无事。

不论是情人还是夫妻，都有七年之痒，一旦相处久了，最初的新鲜劲儿一过，难免看着对方有些不顺眼。武则天毕竟是公侯家的小姐，受的是母亲的贵族教育，爱好雅致，和薛怀义这个市井小流氓之间毫无共同语言。薛怀义又是一个缺点多多的人，也让武则天很看不惯。即使薛怀义有心想要变得文雅，但他"入宫"之时就已三十出头，无论如何也改不了自身的痞气，日子久了，武则天自然也会认为他粗俗不堪。

而以武则天的身份，身边自然有不少俊雅男子，就像一个男皇帝身边少不了莺莺燕燕，且这些人都以讨好皇帝为己任，变着法子让皇帝注意自己,武则天身边也有不少想要"以色事人"的男性。在后宫,一个叫沈南蓼的太医引起了武则天的注意。这个男人相貌英俊,温文尔雅,和粗犷的薛怀义正是两个极端。

情敌的出现让薛怀义大为恼火,这么多年来他苦心孤诣,最后换来的竟然是武则天的始乱终弃,**他越想越觉得压不下这口气。**武则天自从有了沈南蓼,对粗鄙的薛怀义就有些冷淡,薛怀义想尽办法讨她欢心,她都不置可否,这让薛怀义越来越恼火。而武则天日益对他疏远,又让他觉得害怕。

明堂大火

在愤怒与绝望的重压下,薛怀义决定让武则天知道他的不满,他和他手下的喽啰在白马寺整日胡闹,一个御史看到这情形不禁担心,求见武则天,希望武则天能小心薛怀义,并要求审问薛怀义。武则天也觉得薛怀义有些不像话,有心给他一个警告,就答应了御史的要求。

这件事又让薛怀义怒气冲天,他单枪匹马地跑到御史台,旁若无人地在御史台的办公室里睡起了大觉。御史台是国家最高司法部门,哪里容得下如此放肆,没想到御史们刚刚叫人来抓薛怀义,薛怀义竟然又跨上马扬长而去,目无法纪到了极点。事情被告到武则天驾前,武则天长叹一声,只让御史发落了几个薛怀义的跟班。多年感情,她也知道薛怀义是在忌妒,是想重新吸引自己的注意,她又怎么忍心为难他?

这件事风平浪静地过去了,但薛怀义却并未消气,也没有对武则天表示任何歉意,更没体会到武则天对他仍念旧情。相反,他认为武则天太过绝情,竟然惩处了自己的手下,这难道不是对自己有了疑心?他越想越不平衡,越想越认为自己受了委屈,越想越觉得多年的心血全都白费了,报复的念头越来越强烈。

怎么报复呢?不能动手,向皇上动手是死罪,那么就毁掉武则天心爱的东西,让她后悔,让她省悟。薛怀义的目光盯住了金碧辉煌的明堂。当年他与武则天如胶似漆,他为讨她欢心,绞尽脑汁地将这座宫殿建得比任何宫殿都要壮美,监工时的劳苦历历在目。如今武则天高坐明堂之上,雍容仿若天人,他却成了她脚下任意甩开的泥土。

明堂的光芒刺痛了他的眼睛,一个念头逐渐在他的头脑里形成。某一夜,他偷偷潜入明堂,放了一把大火,火借着风势越烧越凶,整个洛阳的百姓都在火光中瞠目结舌,武则天在这辉如白昼的火光中睁开眼睛,她最喜爱的宫殿已经灰飞烟灭。

花费巨资的明堂付之一炬,建造明堂虽然只是为了满足武则天的虚荣和趣味,但它的壮观辉煌也成了洛阳的象征,朝廷的象征,不但朝臣们要求彻查起火原因,就连洛阳百姓也议论纷纷。纸包不住火,很快,就有人知道这场大火是由薛怀义亲手点燃。而薛怀义并不惧怕武则天的处罚,他破罐子破摔,在白马寺喝起了闷酒。

武则天没有处罚薛怀义,反倒为薛怀义一再遮掩。明堂大火让武则天进退两难。她对薛怀义仍然有一份感情,并不想真的严惩这个争风吃醋的枕边人,何况若天下人知道薛怀义因为吃醋烧掉明堂,她也会成为天下人的笑柄;

她同样不能说明堂无故起火,因为明堂是天下的象征,无故起火说明天子无道而受到天谴,同样会动摇民心。最后,武则天只好把一切罪过推给了明堂的工匠,说他们在修补时不慎导致了重大事故。

为了进一步证明薛怀义的无辜,武则天下令重修明堂,并任命薛怀义担任监工。薛怀义并不把这件事作为与武则天和好的契机,他甚至不会检讨自己的过错,依然故我地认为是武则天辜负了他。如今的他倒像是一个到处诉说前夫不是的怨妇,甚至在众人面前,他也敢顶撞武则天,不给武则天留一丝颜面。

武则天终于忍无可忍。尽管她想要保留一些情分,但薛怀义日渐得寸进尺,让她觉得受到了挑衅。何况,薛怀义是一个孔武有力的男子,倘若他心怀不轨,深宫里的她和一干女子几乎无力招架。武则天根深蒂固的自保意识又一次占了上风,她决定斩断前缘,处决薛怀义,以保证自己的名声与安全。薛怀义被忌妒冲昏了头,被多年的陪伴乱了分寸,他忘记了自己和武则天的关系并不是正牌夫妻;也不知道在武则天眼里,他又成了可笑的市井小混混儿;更不知道自己即将大难临头。

武则天把这件事交给了她的女儿太平公主,太平公主一向最懂母亲的心意,知道这件事必须在神不知鬼不觉中进行。她在内宫选了一群身材魁梧又有力气的宫女,假传武则天的诏令命薛怀义在宫中相会,暗中布置好陷阱。

接到女皇的命令,薛怀义一阵欢喜。他连忙穿戴整齐,像多年来一次次进宫那样,兴冲冲地走进宫门,想着要如何对武则天诉说自己的委屈。突然,身后殿门一关,他的后脑中了重重的一棒。他大叫一声,却见一群宫女手提大棒冲上前来,将他乱棒打死。接下来,他的尸体被偷偷运到白马寺付之一炬。

第二天,洛阳城里再也没有薛怀义的身影,没有人敢询问他的下落,这个女皇最宠爱的面首就这样消失得无影无踪。人们相信他已经死了，也有人认为他只是接到了女皇的秘密任务，去了外地。不论生死如何，没有人真的担心这个胡作非为的和尚。只有武则天，回想起多年来他的殷勤，一阵怅然。

从此武则天再也不必担心薛怀义突然对自己不利，而男欢女爱留给她的，依然是大火过后冰冷的残灰。薛怀义一死，即使有沈南蓼和其他男宠的陪伴，她依然觉得空虚无趣，想来男女之事不过如此。而沈南蓼年近中年，身体虚弱，渐渐不能满足她，她的热情也就淡了下去，很快，沈南蓼也成了失宠之人。

情爱终究无法把握，能够把握的只是自己费尽毕生心力得来的王位，令她欣喜的是，自从除掉酷吏，国力得到了充足提高，边疆的捷报也接二连三地传来。她又重新找到了自己的生活动力，在至高无上的权力面前，昔日的柔情蜜意，实在轻薄如云烟，过眼即散。

收复安西四镇

转眼间，武则天已经当了几年皇帝，由过去的垂帘听政到现今的稳坐朝堂，她占尽了人前人后的风光。命运对她似乎格外恩宠，几项政绩让她这个皇帝做得理直气壮，熠熠生辉，也让对她三跪九叩的男人们无话可说。

但在朝政上，武则天并不是样样精通，她解决了人才问题、人口问题、官僚组织问题,却始终为外战和外交头疼不已。国家有宽阔的国土固然是好事,却也意味着巨大的国防开销,东南西北外敌环伺,须以重兵把守,这些都需要金钱。从前,武则天为了国力提高,提出过息兵政策,让老百姓专心耕作,先解决吃饭问题和财政问题。

息兵政策固然带来了国库的充实,却也给外敌可乘之机,不断扩张地盘,威胁边境。而防务费用始终是一笔巨大的负担。于是,武则天命娄师德、狄仁杰等人到边疆"营田",既稳固那里的统治,又能节省开支。幸运的是,这一时期吐蕃和突厥都发生了内讧,他们互相牵制,互相争夺,才让大唐有了喘气和休息的机会。还有不少西域少数民族为了躲避战乱,纷纷迁到唐朝,增加了唐朝的人口和边境的稳定。

而这一时期,武则天最重要的收获就是恢复了安西四镇。

大唐安西四镇的历史,要追溯到贞观年间。那时大唐经过十几年的休养生息,国力大振,李世民开始命令他手下的名将们东征西讨。唐贞观十四年(640),唐军灭高昌,并在交河城设立了一个管理西域事务的机构。这个机构的设立目的既是为了方便大唐监视西域诸国的动向,做到有备无患;也可以保证大唐商人们在西域路上的往来,及时维护他们的利益;更能不断宣扬大唐的国威,对西域诸国起到震慑效果。八年后,最初的机构扩大,大唐在龟兹、焉耆、于阗、疏勒建起堡垒,设置军镇,由安西都护管理,史称"安西四镇"。

安西四镇建立后,发挥了若干年作用。但是,自从吐蕃不但侵扰边境,安西四镇遭到严重威胁,有几次朝廷只能下令废弃。大唐毕竟不愿失去这些西域重镇,总是试图收回安西四镇的控制权。与吐蕃对战,大唐胜少败多,到了唐高宗末年,大唐已经完全丧失了安西四镇,群臣也对夺回这个要地不再抱有希望。

武则天却始终惦记这件事，她意识到这个地方是大唐通向西域的门户，遥远国度的商人、使者们需要通过这条路进入大唐境内，带来异域的珍奇物件，令大唐君臣大开眼界。而且，武则天对李世民一直保持着某种崇拜，她相信李世民对外交的判断：安西四镇必然是防御与外交的重中之重。于是，高宗死后，她又开始为收回安西四镇进行努力。可惜当时的将领并不善战，大批军队溃不成军，大唐军队伤亡惨重。

高宗死时的大唐状况，本来就已不易，这次溃败更是雪上加霜，让朝廷上不少大臣反对武则天继续对西域增兵。反对派的代表是武则天最信任的狄仁杰。狄仁杰认为以此时大唐的国力，不应该为一块不毛之地大举兴兵，而应该把节省下来的钱帛用在国内建设上。而这种论调一旦实行，大唐就会完全放弃安西四镇。

也有人坚持必须收回安西四镇，西州都督唐休璟则不断上书说明安西四镇的重要性，请求朝廷务必派兵收复。两派意见僵持，只能靠主事人来决定。武则天一向相信狄仁杰的判断，唯独这件事，她没有听从这位老臣的意见，反倒颇有"一意孤行"的决心，定要夺回安西四镇。周长寿元年（692年），她派王孝杰率兵出征，再次踏上了收复之路。

王孝杰原本是个名气不大的将领，他长期在边疆作战，按照军功一步步升职。后来，刘仁轨赏识他的才华，他才崭露头角。他最有传奇色彩的经历，来源却是刘仁轨与政敌的一次钩心斗角，这让王孝杰的履历平添了几分戏剧色彩。

在高宗时代，刘仁轨不但经常遭到李义府的陷害，他还有一个政敌叫李敬玄。李敬玄是个博览群书的读书人，做的是文职工作，偏偏对刘仁轨看不顺眼。每当刘仁轨奏事，他一定要从中阻挠，一来二去，刘仁轨对李敬玄怀恨在心。某一年，吐蕃发生内乱，高宗想要趁机征讨，刘仁轨知道李敬玄对兵事一窍不通，偏偏想要他丢丑，就对高宗极力夸赞李敬玄胸中韬略。李治信赖刘仁轨的眼力，命李敬玄带兵出征。

李敬玄知道上了战场，自己不过是一个废物，无论如何都要推辞，偏偏李治听信刘仁轨的推荐，见李敬玄不从，以为他不愿为国效力。见皇帝面有怒气，李敬玄没办法，只好接下了任务，带兵前往边境，与工部尚书刘审礼一起进攻吐蕃。此时王孝杰作为行军副总管，与刘审礼在一路军中。

刘审礼与王孝杰指挥若定，很有信心，却没想到朝廷派来的李敬玄对行军打仗一窍不通。刘审礼和王孝杰陷入苦战，李敬玄手握大兵，却不上前援救，反而想要逃跑。结果，唐军打败，刘审礼和王孝杰被俘，被吐蕃军追打的李敬玄丢盔弃甲，若不是黑齿常之前去援救，险些把命送掉。

刘审礼被俘时已经身受重伤，不久就死去。王孝杰本来也会被吐蕃人处死，没想到吐蕃赞普看到敌军的这位主帅，突然大惊大叫，亲切地松开他的捆绑，泪流满面地说着他听不懂的话。王孝杰找到精通吐蕃语的汉人询问，才知道赞普说王孝杰的长相俨然与赞普死去的父亲一个模样。吐蕃人相信灵魂转生，赞普以为王孝杰一定是父亲的转生。王孝杰哭笑不得，最后拿着赞普赠送的大批礼物平安回到大唐，大唐君臣对他的经历啧啧称奇。

武则天任命王孝杰为这次收复行动的行军总管，正是因为此人既有行军之能，又有多番作战经验，更曾深入吐蕃，了解吐蕃内情。王孝杰果然不负众望，接连收复四镇，大挫吐蕃锐气。捷报传到朝廷，君臣一片欢喜。安西四镇恢复了，享誉已久的丝绸之路又一次打开。走在这条大路上的使节和商人，又能将大唐的富庶和威风传播到遥远的西域。臣民们一致的赞誉，正是武则天最想得到的东西。

扶不起的武家人

在恢复安西四镇的过程中，武则天的表现可圈可点；其他外战方面，却出了不少纰漏。原因是她太过相信武家人，总是想着武家人能在战场上建功立业。愿望是美好的，但自从高宗李治死后，在她漫长的"皇太后—皇帝"阶段，武家人却给她丢了不少脸。

问题首先出现在洛阳朝堂上。武则天有心提拔自己的侄子们，让他们给祖宗争光，也让自己在朝廷上有更多的帮手。可是，武家的男人个个都是扶不起的阿斗。武承嗣、武三思兄弟只会讨好她，讨好她的男宠，让他们当上宰相，他们没几天就要捅出点娄子被人弹劾，武则天也知道国家大事非同儿戏，只好罢免这对兄弟。

武则天知道侄儿们读书少，缺少做文职工作的根基。她想到自己家里也有跟随唐高祖李渊打天下的长辈，也许子侄们的血脉里还留着善战的基因。本着姑且一试的态度，她又让武家人上了战场，希望他们能带回一些战绩。

没想到这些人还不如她那个运气极好的情夫薛怀义，她的侄子们没有一个人取得过胜利。其中，她的堂侄武懿宗最是可笑，听到敌人要来，他先骑着马逃得没了踪影。士兵们对这为统帅毫无敬畏之情，自然提不起打战的精神。而这个武懿宗最是欺软怕硬，对敌人望风而逃，面对手无寸铁的百姓，他又耍起了朝廷命官的威风，任意鱼肉。

武懿宗的欺软怕硬到了武则天都难以忍受的程度。一次，李旦的儿子李隆基去朝堂参加祭祀，见武懿宗正在大声地呵斥他的侍卫，他看不惯武懿宗的轻狂嚣张，不由瞪着他喝道："这是我们李家的朝堂，你算什么东西，竟敢呵斥我的侍卫！"武懿宗一见对方硬气，不敢对着干，就立刻跑去跟武则天告状。武则天命他将那个"藐视皇太后威严的小子"带来，没想到武懿宗带来了李隆基。而当时的李隆基，才只有七岁。

武则天又好气又好笑，身边跟随的侍卫宫女也都偷偷用手掩上了嘴，武则天看看贼眉鼠眼的武懿宗，又看看英气勃发的李隆基，不由挥挥手让武懿宗退下，抱起自己的孙子摩挲夸奖："这孩子真有胆气，不愧是我家的天子！"第二年，又把李隆基封为临淄郡王。

武家人在战场上大大地丢了几次人，武则天再也不敢轻易派他们上前线。于是，在边境上保家卫国的依然是大唐的忠臣良将，这一时期，在外战和外交上颇有一些成果。特别是唐休璟连续六次击破吐蕃军队对大唐的攻击，又与另一位将领郭元振经营凉州，不断扩大和巩固边境国土。吐蕃人见他们治军严明，也不敢进犯。公元702年，吐蕃人恢复了对唐朝的朝贡，这是对外关系上的一次重大胜利。

武则天还曾经搞过一次别开生面的外交活动。自从大唐与朝鲜战事稍平，与日本的关系也改善了不少，两个国家倾慕中国源远流长的文化，经常派遣唐使来中国学习语言、文字、典章、工艺等学问。每一次遣唐使回国，唐朝都会赠送贵重的礼物，以示大国威仪。有一年日本遣唐使即将回归，武则天不但安排了盛大的告别仪式，还赠送了一样特别的礼物——两只白熊。白熊是古称，现在通称为大熊猫。

武则天勤于内政，忙于外事，当政数载，她的处世手腕越来越高明，她最无奈的恐怕就是那一群不争气的武家人。她最信任的莫过于和她血脉相连的武家人，但这些人不能文、不能武，最多为她跑跑腿，或者代她收拾几个政敌。她真正能依靠的，依然是朝廷上那些心念李唐的能臣，即使聪慧如她，也不能改变这种现状。幸好，武则天天性中有达观的一面，当她把目光投向自己的功绩，所有的不如意，也变得微不足道。

封禅嵩山

在君臣共同的努力下，天下再一次出现祥和的气氛，有人又把搁置已久的"封禅嵩山"提了出来。武则天年纪虽老，喜欢排场的爱好不减当年。何况，嵩山是五岳之首，比起泰山更加壮观雄伟，她自然要到这个地方显示自己的高人一等和与众不同。于是，周天册万岁二年（696）腊月初一，武则天带着文武百官从洛阳出发，前去嵩山封禅。

喜欢讨好武则天的武家人又在这个时候粉墨登场，做足了好戏。武则天的步辇一上嵩山，只听松涛云海之中隐隐传来呼声，君臣听着不免诧异。越向上走，越听那呼声越来越清楚，喊的竟然是"万岁"。喜欢奉承的大臣不免说："陛下！连嵩山上的树木都知道您的功德！"武则天如何不懂这其中的关节所在，微笑不语。封禅图的就是个吉利，何必在乎究竟是不是松树在喊她万岁。一路上，她与大臣们谈笑风生，好不畅快。

封禅大典进行得很顺利，武则天轻车熟路，这一次由自己祭天祭地，她不再是一国之君的妻子,而是名副其实的至尊君主。她已经习惯了金粉珠玉的生活,习惯了出口成旨的威武,但在天地之间,在万仞嵩山之上,她依然感受到了天地的悠远与人力的局限,她诚心诚意地敬奉那些看不见的万物之主,祈望自己的江山能够千年万代。

武则天的心中始终存留着对"常理"的惧意和敌意,一方面畏惧别人对妇女的胆大妄为而生的指指点点,一方面又觉得这种指点何足道哉。每一次内心交战,都是唯我独尊的一面占了上风。过去,她不但笑吟吟地打破所有妇女的禁忌,还不断提高妇女的地位,与天下妇女同胞"有福同享"。这次封禅嵩山,她更是异想天开,顺便为神话里、佛经里有名的女神仙们大上尊号,一时间,地位不甚高的女神仙也沾了武则天的光,享受了不少香火。

最后,独乐乐不如众乐乐,为了让万民同乐,她又免除了天下百姓一整年的税赋,并命官府大开府库,请百姓喝酒吃肉。这项措施一出,不止嵩山的草木石头"大喊万岁",大江南北"万岁"之声不绝,百姓们都在歌颂女皇帝这一慷慨大方的举措。

在五岳最高的嵩山祭拜天地,满足了武则天隐秘的愿望。她个性要强,凡事都喜出风头,不喜落于人后。只要能够达到目的,她可以伏低做小,曲意逢迎;一旦让她走到更高的位置,她就要尽力打压曾经的对手,甚至不惜斩草除根,所有这一切,不过是为了确保自己那唯我独尊的地位。上一次封禅,她是丈夫的配角,而今她成了主角,比从前的丈夫还要风光,比历史上不知多少个皇帝更有底气。

在嵩山大大地热闹了一场,武则天志得意满。回到洛阳没几天,新的明堂落成,她带着群臣参观一番,新旧对比,不由感慨。新明堂比起旧明堂,不论规模、气势、工艺都有差距,武则天想起薛怀义当年的苦心孤诣,也不免有些怀念。但逝者难追，且尽今朝。于是，新明堂被她改名为"通天宫"，以示区别。

人生总是起起伏伏，武则天也知道世间没有事事如意，有得必有失。尽管她在封禅活动中享受到了最高的快乐，尽管越来越多的外族人前来洛阳朝贡，尽管天下又一次歌舞升平，但新的一轮外战内困又似乎正在酝酿，她必须打足精神应付即将出现的新的情况。她又一次从虚荣心的陶醉中回过神来，开始专心于国事。

何况，她还一直有个悬而未决的难题，多年来梗在心头，迄今也无法确定答案。

第二章 / 尘埃落定

继承权

　　有个问题曾经困扰过无数帝王。秦始皇因为一时失策，大好江山留给不肖之子，二世而亡；汉武帝千算万算，还是斩掉了一向珍爱的太子；隋文帝果敢善断，却被二子杨广蒙蔽，废掉太子杨勇；唐高祖李渊试图保护两个儿子，却在一夕之间失掉二子和皇位；唐太宗晚年最大心事就是立哪个儿子；唐高宗李治病痛缠身，却还要为自己庸碌无能的儿子大伤脑筋……如今这个问题也落到了武则天头上。长命百岁终是虚妄，务实的武则天一面求神拜佛，一面开始思索她一直回避的大问题：武周王朝究竟由谁来继承？

　　她只有两个选择：

　　江山给儿子。当初她将李旦改姓为武，一是为了安抚大臣，二也是因为李旦毕竟是自己的亲生骨肉。但是，一旦李旦重新被立为太子，意味着她用尽一生心力得到的皇位，最后又还给了原来的主人，这让她心有不甘。何况，她把李家人杀了个十之八九,这么一笔仇恨,李家人能忘吗?那么她死后的地位会如何?这样一想,她便觉得犹豫。

江山给武家后代。武家的后代这些年来对自己忠心耿耿,从无二心。但是,武家人毕竟不是自己的亲生骨肉,让和自己没有多少血缘的人得到皇位,她依然心有不甘。何况,武家人从前对她并不友好,这些她并没有忘记。这样一想,她也同样犹豫。

李旦很老实,从来不流露出抱怨、委屈、不甘等负面情绪,他孝顺母亲,服从母亲的每一个指挥,让武则天挑不出任何毛病。这些年来,李旦越来越懂得如何和母亲相处,也就在恭顺中获得了更多的自由空间。他谨慎地保持着与朝臣的距离,维持着与武承嗣等人的关系,为的就是不生事、不惹事。他用这种方法保全自己,他身在洛阳,也让朝臣们保留着一线希望,他们从这个明智的皇子身上,看到了未来的某种可能。

如果说李旦的行为让武则天满意,那武承嗣的行为简直是在挑衅。早在武则天登基之初,他就急于让姑母立自己为太子,他想到姑母年事已高,老年人有个头疼脑热,突然病重,也是意料之中的事,若这个时候大臣们趁机拥立了李旦,那自己多年来的心血就会付之东流。他认为必须由姑母确定他的法定继承人身份,才能安心。于是他开始了一连串的夺嫡斗争。

武承嗣不是将相之才,只会搞些上蹿下跳的小动作,他很快想到了一个法子。他知道武则天一向注重"民意",就让一个叫王庆之的老百姓前去对武则天进谏。这个王庆之拿了武承嗣的银子和绸子,在洛阳找了几百个根本搞不清楚情况的百姓,一起游行进谏,请求武则天废掉皇嗣李旦,改立武承嗣为太子。

武则天接见了王庆之,问他:"皇嗣是我的亲骨肉,爱卿你为什么会劝朕改立他人?"王庆之说:"陛下,天下都是武家的,我们也是武家的百姓,怎么能拥护一个外姓人？陛下你也不能把天下交给一个外姓人啊！"这句话正撞在武则天的心坎上。王庆之再接再厉，一个劲儿叩头："陛下您要是不答应草民的请求，我就长跪不起！"武则天的脾气一向不错，好言好语地劝了王庆之几句，才让他打道回府。

皇帝遇到不能裁断的事，都会找宰相商量，武则天就叫来一个叫岑长倩的宰相，这个人一直在她手下做事，又有本事又忠心，很让武则天信赖。她拿出王庆之的上书，命岑长倩好好看看。岑长倩看完皱起眉，对武则天说："微臣认为，太子如今在东宫并无过失，随意废立会导致民心动摇。何况国本这样的大事，哪里容得下一介草民饶舌？臣认为应该重重处罚！"武则天觉得有道理，就命岑长倩去办。

岑长倩知道这股风气断不能长，严厉处罚了议论武承嗣该当皇帝的人，武承嗣一看岑长倩竟敢公然反对自己，大发雷霆。那时候来俊臣等酷吏尚在，一群捕快拿下当朝宰相，一番用刑，把岑长倩屈打成招成反贼。岑长倩不但是宰相，又是有兵权的人，正好犯了武则天的大忌，于是，不但岑长倩被处斩，和岑长倩关系好的大臣也死了几十个。

武承嗣自然得意，他以为至此再也没有人敢反对他。但武则天却不太满意武承嗣的做法，而且，王庆之竟然又来上书，继续劝武则天改立。武则天最讨厌别人觊觎她的权力，她心中的天平本来倾向于武承嗣，渐渐的却开始不断摇晃。这时她想到了李昭德，想到李昭德这个人直言不讳，颇可信任，又去向他讨主意。

李昭德一向喜欢直来直去。宫中祥瑞之风大盛之时，有人从洛水打捞上一块有红点的石头，称这是石头有灵，向武则天表示忠心。武则天拿到后很是高兴，命群臣一并观赏这块"赤石"。李昭德当即说："陛下，这只是一块普通石头。"武则天笑着解释:"爱卿,这块石头是赤心的!"李昭德反驳:"这块石头赤心?难道洛水的其他石头都要造反吗?"把武则天说得哑口无言,正因如此,武则天相信李昭德说的话必然有一定道理。

李昭德却是铁杆的保皇派,他颇为气愤地说:"陛下如今安康,这些刁民却拿此事打扰陛下,存的是什么心?"一句话让武则天也有些动怒,的确,她刚刚当上皇帝,正准备大展宏图,王庆之的做法难道是在诅咒她?她不由得拧起眉头,对李昭德说:"这件事交给爱卿,给他一个教训。"

李昭德拿到诏令,雷厉风行。他立刻命人将王庆之拖上朝堂,在群臣面前朗声说:"此贼想要废掉我朝皇嗣,改立武承嗣,我奉皇帝圣旨予以惩办!左右!打死他!"王庆之被按在地上,侍卫们一个板子又一个板子下着黑手,没多久,王庆之七窍流血,一命呜呼。朝臣们暗呼解气,那些请愿的"民众"吓得屁滚尿流,作鸟兽散。

李昭德又想到了新的方法规劝武则天。有一天,他语重心长地对武则天说:"陛下,立嗣还是要立自己的儿子,这是为了陛下的长远利益考虑。"武则天命他说得详细点,李昭德说:"但凡子孙祭祀,都是祭祀自己的父母祖辈,哪有人祭祀自己的姑母?陛下倘若立武承嗣,微臣恐怕陛下百年之后,会变成无人献祭的孤魂野鬼。唯有立自己的亲生骨肉,血缘关系是断不了的,才能保证陛下永享香火。"

武则天又被说动了。在古代,死后有香火是一件大事,在古代人的思维里,人死了并不是消失,而是去另一个世界继续生活。如果有人逢年过节烧一些贡品,在另一个世界才能活得好。所以,祭祀是一项重要传统,只有不孝的子孙才会断了父母的香火。而皇家的祭祀更是隆重,祭品也更加丰富,为的就是保证老一辈的在天之灵能够继续享受帝王待遇。

武则天心知肚明,自从她有了权势,不断地追封她的父亲,她的祖先,还立了武氏七庙,为的就是祖先享受后人的祭奠,在天之灵能继续保佑她心想事成。她一心一意惦记的是她的父亲、她的爷爷,可不是她的姑妈、姨父之类的远亲。武承嗣虽然现在对自己一口一个姑妈,叫得比亲娘还亲,焉知得了高位后,还能记得她这个姑母?

李昭德再接再厉,又想到了另一个主意。他开始写密信给武则天,提醒武则天一定要小心防范武承嗣。武则天认为李昭德太过谨慎,李昭德却煞有介事地说:"陛下,以微臣之见,魏王的地位的确太高,权力太重。陛下试想,在皇家,连父子都可以反目,何况姑姑和侄子?难道陛下真的不担心皇权旁落吗?"

武则天打了一个激灵,她对自己的儿子千防万防,怕的就是皇权旁落,却疏忽了自己的侄子。如今武承嗣是宰相,又和朝廷上诸多大臣称兄道弟,还一心想当太子,难道不比老老实实的李旦更危险?她怎么会犯这么严重的错误!很快,武承嗣被罢相,他不但没有捞到太子的位置,还失去了宰相之位,可谓偷鸡不成蚀把米。

武承嗣当然不会放过李昭德,他在武则天耳边不断告状,武则天知道他的意思,不耐烦地说:"李昭德如此尽心尽力,是在为我分担国事。"但武承嗣说的多了,还是让武则天留下了一些不好的印象。而李昭德也的确有武则天不喜欢的地方——李昭德虽然正直敢言,但在某些方面却有些专断。何况他就皇嗣一事对武则天劝来劝去,摆明了倾向于李家,更让武则天不悦。很快,来俊臣等人诬告了李昭德,武则天把死刑改为流放,远远地打发了李昭德,换得耳根清净。

如此一来,武承嗣和拥李派有来有往,不分胜负。

李旦的危机

一番忙碌却没有任何效果,武承嗣很是无奈,甚至惶恐地认为姑母厌弃了他。他连忙消停一些时日。对武则天罢免他的职位一事,他不露任何不悦,反而做出一副虚心检讨的样子,这又让武则天对他的好感回升。很快,武承嗣再次成了红人。

特别是周长寿二年(693)的正月初一,皇帝举行祭祀大典,她自己主持了头献,对祖先献上祭品;紧接着,身穿官服的武承嗣主持亚献;而主持三献的人,竟然是武三思。从头到尾,李旦都在一旁观礼,这引起了朝臣们的恐慌,李旦依旧保持着他的冷静,不露任何情绪,群臣自然也不敢提出异议。

其实武则天并没有想太多,她祭祀武家的祖宗,自然让武家的子侄主持亚献和终献,并不是想要废立的信号,但武承嗣却喜出望外,以为这是姑母承认他继承权的一个方式。他不由得重新做起了太子的美梦。这一次,他不敢再大张旗鼓地弄请愿,而是想了个釜底抽薪的办法。如果武则天没有后代,他岂不是唯一的继承者?如果除掉了李旦和李显,他岂不是可以不费吹灰之力地拿到皇位?打定了主意,他开始想办法对付武则天的两个儿子。

李显离得远,先对付李旦。诬告是最有效也是最简单的办法,虽然李旦千防万防,但欲加之罪何患无辞,武承嗣开始紧盯李旦的一举一动,准备伺机而动。李旦也知道武承嗣不会放过自己,他更加谨言慎行,并留意自己的人身安全。可惜他不去找事，事情来找他，很快，李旦也倒了霉，起因是一件桃色事件。

在武则天身边有不少侍女，除了才貌双全的上官婉儿，还有一个叫韦团儿的近侍。这个女人同样青春貌美，头脑不赖，很受武则天器重。韦团儿在怀春的年纪，寂寞的深宫，接触的男子本就有限，看来看去，她看中了皇嗣李旦。李旦的确有很多地方值得女性倾慕。他是皇子，皇家的教养结合他文质彬彬的气质，以及多年来的隐忍，更显得内敛。这样一个面目英俊、身世坎坷的落难皇子，难怪韦团儿会为之迷恋。

唐朝女性热情爽朗，太平公主可以跳着舞求父母让她嫁人，说明敢爱敢恨正是这个时代的风气。韦团儿也不隐瞒，找个机会拦住李旦诉说衷情，她认为李旦十之八九会与自己产生一段恋情。她的自信不是没有道理：一来，她漂亮；二来，她是武则天的近侍，能够为李旦提供帮助；三来，李旦一定有许多委屈，她可以用女性的温柔为之排解。

李旦干脆地拒绝了这个大胆侍女的求爱，多年来他小心翼翼，从来不敢招惹母亲身边任何一个人，倘若他与母亲的近侍传出绯闻，以母亲的疑心，必然怀疑他利用侍女图谋不轨。何况，李旦既有爱妻，又有宠妃，都是贤良淑德的美人，他在王府就可以享受温柔缱绻的齐人之福，又何必在外寻找刺激，多生事端？

韦团儿求爱不成，恼羞成怒，一心想要报复李旦。而武承嗣也看中了这个机会，帮她筹划一番。于是，韦团儿告诉武则天，李旦的两个妃子一心憎恨她，在府中实现厌胜之术，想要咒死武则天。武则天不疑有他，暗自记恨。

转眼到了新年，按照规矩，皇子家的女眷需要入宫请安，李旦的正室刘氏和德妃窦氏前去宫中。刘氏温和貌美，窦氏出身名门（她就是唐玄宗李隆基的母亲），都与李旦相爱多年，夫妻间的默契自不必说。她们也如李旦一样谨慎，从不在后宫女眷们面前露一丝矜夸，处处陪着小心。李旦并不担心她们会出现什么问题，但想到近日武承嗣蠢蠢欲动，正是敏感时期，不由得多了几分担忧，反复叮嘱两个女人千万不要多说话。

可是两个妃子入宫后，竟然再也没有消息，孩子们年纪尚幼，看不到妈妈不由得急得大哭，李旦咬紧牙关，不敢打听也不敢向武则天询问。从年初等到年尾，这两个人却如人间蒸发，再也没有消息。李旦叫来所有孩子，严令他们忘记母亲，不准在任何场合议论母亲，更不能让任何人发现他们想念母亲。孩子们虽然仍有幼子心性，但这么多年来被监视、被教育，也知道事关重大，于是东宫上下一致，竟然就当这件事没发生过，刘氏和窦氏没存在过。

但这件事还没结束，武承嗣认为，一个案子能做多大就做多大，连剩余价值也要榨取干净才能了事。那时候来俊臣还活着，他帮武承嗣想到了更好的办法，他们盯上了窦氏的娘家，让人诬告说窦氏的母亲因为女儿失踪，在夜里诅咒皇帝。酷吏们以快刀斩乱麻的速度给窦家老太太定了死罪，以他们的算盘，弄死窦家老太太之后还要继续牵连，直到算计到李旦头上。

可是，武承嗣的如意算盘打得太好，忘记了一个重要事实：李旦是所有朝臣们的希望，谁也不希望他出事。他们看出了武承嗣的打算，有人站出来为窦老太太伸冤。这个人叫徐有功，以正直著称。当年李冲父子反叛，酷吏们连坐同党，徐有功只是一个六品的小官，却敢于劝谏武则天，在朝堂上为那些无辜的人开脱，与武则天争辩。武则天佩服他的胆气，一直以来对他多有提拔，他也成了朝廷上抗击酷吏的中坚力量。

这一次，他连夜跑进宫中求见武则天，宁可一死也要辨明窦老太太的清白，恳求武则天慈悲为怀。武则天本意是杀鸡儆猴，正要摆个威风吓唬李旦，看到徐有功一副不依不饶的架势，怒火攻心，将徐有功交给司法部门发落。酷吏们得到这个机会岂能不珍惜，很快就治下死罪。徐有功的一位朋友偷偷打听到这个结果，告诉了徐有功，徐有功泰然自若地说："谁能不死呢？但这天下权不能大于法，我为护法而死，死得其所。"

武则天耳目众多，也听说了这件事，她不太相信有人能看轻生死，就派人偷偷去观察徐有功，果然见徐有功面无惧色，照常吃饭睡觉。武则天不由得又起了惜才之心，再次召见徐有功。她恼怒徐有功屡次与她作对，一见面就责备徐有功："徐卿，你最近判案为什么总是错放人？"徐有功也不是傻子，既然皇帝给了台阶，他也不再争辩，反而给武则天戴起了高帽，只听他说："陛下，微臣错放犯人，是微臣的不是，好在微臣爱惜人命，这是陛下您的大德！"说得武则天龙颜大悦，徐有功被轻判，窦老太太也安然无事。

武承嗣以为这一次稳操胜券，武则天最恨有人对她存加害之心，最惧皇子包藏祸心，如此双罪并罚，李旦再也别想逃得升天。解决了李旦，再派人除去房州李显那个糊涂虫，武则天还能将王位传给谁？总不能传给她的女儿太平公主吧？带着美好的愿望，武承嗣美美地睡了一觉。没想到醒来后又是竹篮打水。一计不成，他决定使试一计。

自从刘氏和窦氏消失，武则天对李旦也有了防范之心，李旦的皇嗣府被严密地监视起来，李旦不准迈出东宫一步，只能每天在自己的府里听听音乐。对此，李旦习以为常。可是朝廷上的大臣却大为紧张，有两个大臣担心皇嗣忧郁成疾，于是偷偷到李旦府上探望他，与他交谈一回，见皇嗣神清气朗，才放心地走出府门。

这两个大臣刚走出李旦的王府，就有一群士兵一拥而上将他们逮捕，押到大牢严刑拷打。两个大臣自知失策，悔恨自己认事不明，不论如何都不肯按照酷吏们的提示，把李旦供出来。最后，这两个硬骨头大臣被判了死罪，武则天余怒不止，罪加一等，将两个人腰斩在午门外。如此重罚，朝臣们哪里再敢与李旦有一丝一毫的接触。

武承嗣自觉时机已到，命人递上告密信一封，诬告李旦心存怨恨，与人谋反，武则天正对李旦有心病，马上命来俊臣前去审理。来俊臣与武承嗣相视一笑，这个小人带着一群如狼似虎的官吏冲进东宫，二话不说就开始对上下人等大刑伺候。李旦和府上的人看到这等架势，面如土灰，以为这一次在劫难逃。

没想到这一次，又有人站出来力保李旦的清白，就在来俊臣大喝不止，官吏们滥用刑具之时，一个乐工突然站了起来，大呼："皇嗣没有谋反！"这个乐工叫安金藏，是个胡人，只是李旦府中最普通的乐工。但胡人心性淳朴，知恩图报，眼看李旦有危险，想也不想便为李旦鸣冤。

来俊臣面露不悦，对安金藏说："我是奉皇帝的命令前来审案，何况密告文书在此，证据确凿，你凭什么说皇嗣没有谋反？"安金藏抓起自己的佩刀说："我用剖心来证明皇嗣没有谋反！"说着在自己的胸口划了一刀，刀口甚深，肠子流了一地。不要说李旦瞠目结舌，王府上下乱成一团，连平日用惯酷刑的来俊臣都吓得不知如何是好。

武则天在东宫不止一个眼线，见状也大为感动，立刻将情况汇报给武则天。武则天良久不语，一时又想起母子之情，想起李旦多年来的孝顺，五味杂陈。她仍是明理之人，立刻命人将安金藏抬入宫中，命太医悉心诊治。幸而安金藏命大，伤势虽严重，却也保住了一条性命。武则天亲自来探视这个赤胆忠心的乐工，安金藏全身无力，仍不忘为李旦剖白。

武则天心中一阵感动，对安金藏说："我有这样的儿子，自己却不相信，连累爱卿到这个地步。"接下来,武则天下诏停止审理案件,李旦转危为安。李旦能平安度过两次危机,固然因为他的身份特殊,也因为他平日礼贤下士,在逆境之中仍然知进退,这种风度令人折服。试想安金藏不过一个摆弄乐器的胡人,并不懂得国家大事,能对李旦如此尽心,想来也是李旦平日善待他人积下的福德。

再后来,李旦登基称帝,感念安金藏的功劳,将他提拔为中郎将。李旦的儿子李隆基继位后,也牢记着当年东宫事发,安金藏的义举让他们一家人转危为安的忠义,拜安金藏为右卫将军,并特别命史官记下安金藏的事迹。在开元年间,更封安金藏为代国公。安金藏享受福禄,安然告老,死后还被追封为兵部尚书。李旦父子对待忠臣,可谓尽心;安金藏得以善终,可谓好人有好报。

狄仁杰的建议

皇嗣谋反案告一段落,武则天更是破天荒地在人前承认自己犯了错误,害得李旦受冤枉。但是,继承人之争却仍旧没有结果,李旦仍是岌岌可危的皇嗣,武承嗣仍然蠢蠢欲动,而武则天一天比一天老,身体也没有以前健康,所有人都看在眼里,朝臣们也开始着急。他们不敢大规模地请愿,也不敢小范围的议论,因为所有的请愿和议论都有可能成为武家人的把柄,危害到李旦或者李显。

武家人的顾虑很少，他们仍然可以议论。武承嗣比大臣们更着急，又不能整天在姑母耳朵边念叨。武家人为了自身的利益，少不了支持武承嗣，变着方法和武则天探讨血缘与感情，希望姑母一定要守住周朝的"血统"，奉劝她只有武家人才能真心实意地延续她开创的辉煌王朝。

　　看到武家上上下下对着女皇猛灌迷魂汤，一直沉默的大臣们再也沉不住气，也忍不住在皇帝面前旁敲侧击，把岑长倩、李昭德说过的那些话翻来覆去地说给武则天。武则天每天除了处理政事，就是面对双方的唇枪舌剑，互相攻讦，当真烦不胜烦。

　　但武则天既不表态也不生气，双方的胆子越来越大，直至互相拆台，对武则天的劝谏也越来越多。武则天冷眼旁观，倒是有一大半的人支持李家人重新掌握政权，只有武家人和他们的忠实手下才不断宣扬武周血统。看到这些被自己提拔、吃自己俸禄的大臣竟然如此支持李唐，武则天难免心中有气，但人心所向，她打打杀杀这么多年尚且不能让人屈服，此时此刻还能有什么办法？

　　让武则天重新思考天下与继承权的，还有一件事。这件事发生在武则天封禅的同一年，归顺大周的契丹人发生了叛乱，他们在营州划地称王，没多久就招揽了数万士卒，而且，他们的口号竟然是：何不还我庐陵王？自称是李唐王室的拥护者，起兵是为了反对武则天。武则天大怒，命金吾卫将军李多祚等人率军前去讨伐，没想到竟然遭到叛军的伏击，全军覆没，只有几个将领侥幸逃了回来。又过了几个月，唐军才在突厥人的帮助下打败了叛军。

　　这件事固然让在房州的李显战战兢兢，害怕母亲会把叛军的罪过归结到自己头上；也让武则天不能继续举棋不定。她又一次陷入纠结和矛盾之中。就算"还我庐陵王"只是叛军的借口，但这也说明不论归顺的外族人还是本国的百姓，心中所念的正统始终是李唐，而不是武周。她这么多年辛苦执政，添加的不过是李唐的砖瓦，这令她心有不甘。

但武则天到底还是武则天，在大事上，她不会任情使性，而是会以最快的速度考虑到大局，以大局为重。情况很清楚，她想立武家人为后，必然要杀掉仅存的两个儿子，否则这两个人一定会是武周政权的大敌。难道她真的要为了侄子的继承权杀了亲生儿子？即使心狠手辣如武则天，也觉得这一举动愚不可及。

她想到老臣狄仁杰，这个人最有智慧，说话也最入她的心。只是狄仁杰如今还在下放中，如何能将他召回朝廷？恰好有一批契丹人在冀州附近骚扰，女皇便命狄仁杰去当魏州刺史。有人不满这个认命，劝武则天说："陛下，战事要紧，您派文官前去督战，恐有不妥。"武则天说："狄仁杰智勇双全，不必担心。"果然狄仁杰赴任后，加紧当地的兵马操练，又不荒废百姓们的农事，契丹人看到魏州城坚兵足，不敢进犯，北疆安然无事。女皇趁机又把狄仁杰调回京城。

武则天与狄仁杰的关系一向甚为融洽，她也承认没有这个智慧老人在身边，多少有些不习惯。看到狄仁杰回来，她玩笑似的对狄仁杰说："狄爱卿，你去外地为官，功绩虽然做出不少，但也有人不断状告你。"说着拿出一叠奏折，冲狄仁杰摆了摆，"想不想知道他们说些什么？"

狄仁杰正色说："微臣是陛下认命的官员，如果陛下认为臣有过失，请陛下明言指正，臣必会改正；如果陛下认为臣无错，则是微臣的大幸。所以，微臣也不必知道究竟是谁在指责微臣。"一番话说得武则天赞赏不已，于是，狄仁杰第二次当上宰相。

武则天也更加器重他，平时叫别人"爱卿"，称呼狄仁杰却是"国老"，还免了狄仁杰跪拜皇帝的礼仪,原因是不想让年老的他花费力气。尊敬到这个程度,狄仁杰的话自然大有分量。而武则天之所以重视狄仁杰,恰恰是因为狄仁杰不会随便说话,更不会苦口婆心地劝导她究竟该立哪个人当太子。这也是狄仁杰的智慧,他知道想要说服很有主意的武则天,必须寻找最恰当的时机。

狄仁杰第一次为立嗣之事劝武则天,效果并不理想。

这一天上朝,狄仁杰见女皇帝眉头紧锁,对官员们的奏本漫不经心,常常走神,就知道此时女皇帝心事重重,也许是个劝谏的好机会。退朝后,他特意求见武则天,说了这样一番话:"微臣见陛下心神恍惚,想必是为国本之事殚精竭虑,陛下辛苦。但陛下无须如此耗费心神,国本于国,其实早已定数。陛下的江山由高祖、太宗打拼而来,而先帝临终将这江山交托给陛下,为的也是将来传给子孙,千秋万代。如果陛下反而将江山传给外姓人,岂不是违背天意?臣恐怕陛下百年之后,无颜见高祖、太宗、先帝于地下。"

见武则天并不动怒,反而听得很仔细,狄仁杰更进一步说:"疏不间亲,陛下选择传人,只当在二子之间权衡,岂能立侄子?侄子再亲厚,如何与血肉渊源相比?陛下百年之后,是侄子会为您立祠,还是儿子会在太庙里为您年年进奉?"这番话当年李昭德也说过,武则天当即有些不悦,对狄仁杰说:"爱卿,这是朕的家事,就不劳爱卿费心了。"

狄仁杰哪里肯收口,他故作郑重地说:"陛下此言差矣,君臣一体,陛下为头脑,臣下为枝干,陛下之事就是微臣的责任,而微臣蒙陛下不弃,忝列宰相,更不能坐视陛下烦恼。"狄仁杰说话并无冲撞之意,却让武则天无法反驳,君臣相视苦笑,狄仁杰识趣告辞。而这位大臣的一番剖白,代表的不是他本人,而是全体大臣的心声,武则天能不明白吗?

武则天唯一放不下的就是继承人问题，日有所思，夜里也做奇奇怪怪的梦，让她难以安睡。这天她对狄仁杰说："狄爱卿，朕做了一个奇怪的梦，梦到一只五彩斑斓的鹦鹉，只是翅膀断了，怎么飞也飞不起来。"狄仁杰立刻接口说："陛下，这个梦不简单，陛下试想，梦到鹦鹉——'武'可不就是陛下的姓氏吗？这正是代表陛下您自己啊！"

武则天一听，觉得大有道理，又问："那这个梦究竟是什么意思？"狄仁杰说："两只翅膀，不正代表陛下的两个儿子？只有两个儿子在身边陛下才能高飞。如今庐陵王还在房州，不如将他接回来？"武则天见狄仁杰三句话不离立嗣，哭笑不得，但狄仁杰的话的确有道理，她想得越多，越是游移不定。

狄仁杰没有劝武则天立李旦，而是立李显，这又让武则天觉得这位老臣的确尽心。多年来李旦就在她身边，活得战战兢兢，难保不对自己心存怨恨，一旦立为太子，又有群臣的支持，恐怕会有什么变故。而李显多年来在房州被监视，没有朝廷大臣的基础，将他接回来，他只会对母亲感恩戴德，不会起异心。

而对于朝臣们来说，立李显还是李旦并不重要，只要姓李，不是武家人，他们就欢天喜地。狄仁杰综合多方面的考虑，劝武则天立李显为太子，朝臣们也认为这是最妥当的办法，都支持这个主意。但武则天依然沉默不语，她还要继续考虑。

"曲线救国"

狄仁杰的劝说不见效果，满朝文武都在为这件事揪心，见女皇迟迟不肯发话，更多的人加入了劝说的队伍。其中就有用几句话把来俊臣送上断头台的吉顼。吉顼没有像其他大臣那样苦口婆心地对女皇说教，他又一次想到了一个拐弯抹角却又非常有功效的办法。

他盯上了武则天后宫的新宠。

薛怀义死后，武则天更感身心寂寞。沈南蓼失宠后，太平公主把一个叫张昌宗的年轻男人"孝敬"给母亲，张昌宗面如冠玉，气质文雅，是个王府公子，兼之能够写诗作赋，很得武则天的宠爱。为了固宠，张昌宗又将自己的哥哥张易之推荐给武则天，张易之同样是个美男子。张易之排行为五，张昌宗行六，于是人们就以"五郎"、"六郎"呼之。而两兄弟还擅长炼制丹药，武则天服下后身体大好，白发变黑，精神矍铄，于是找了更多的男宠。

狄仁杰看到皇帝越老越糊涂，竟然没完没了地招纳男宠，只好硬着头皮和武则天谈话，希望武则天为了国家的体面和自己的名誉，稍稍收敛。武则天一向敬重狄仁杰，并不认为狄仁杰不敬，她也有些心虚，对狄仁杰说："我早年生育频繁，又操劳国事，一直以来血气亏损，服了很多药物都不见效。太医说应该阴阳调和，以培根本。我本来以为他在胡说，但试了试，效果真不错，你看，我连牙齿都重新长了一颗。"说着张开嘴，给狄仁杰指她新长的牙齿。狄仁杰一看，女皇帝真的长了新牙，也不好再说什么。

武则天对张家兄弟益发宠爱。张家兄弟炙手可热，不但武家人忙着讨好，不少朝臣也与他们拉关系，张家兄弟也飘飘然起来。这两个人纯属纨绔子弟，是空有外貌的花瓶，有时候也害怕哪一天武则天撒手而去，他们下场凄惨。就在这时，吉顼主动找两兄弟喝酒谈心，一边举杯一边叹息说："五郎，六郎，我真为你们担心，你们得到这么高的位置，并非凭借什么功劳，外面不知有多少人忌妒你们，对你们恨得咬牙切齿，你们今后可怎么办？"

这番话尽情尽理，触动了两兄弟的心肠，他们也流下眼泪。张易之说："您说我们究竟该怎么办？"吉顼说："想要长久地保持地位，就需要立下功劳。如今庐陵王就在房州，若你们能说服皇帝重立庐陵王，你们就是迎立的大功臣，庐陵王心地仁厚，怎么会忘记你们的好处？这不是最好的保身之道？"张家兄弟如醍醐灌顶，千恩万谢地送走了吉顼。

当晚，张家兄弟就开始对武则天猛吹枕边风，武则天知道张家兄弟断然不会有这等见识，但也又一次感叹，原来朝臣们心中如此惦记着李氏王朝，武家人继位根本不得人心。再想想武家那些扶不上墙的子弟，尽是阿谀之辈奉承之徒，真才实干根本没有，让这样的人继承江山，大臣们不愿为之尽忠，百姓们不愿为之效力，武周的名号又能多维持几天？难道她一生的辛苦，就要留给这样一群废物？

武则天终于想通了，既然她想维持的东西根本维持不了，那又何必白费气力，让朝臣和天下百姓侧目？武则天快人做快事，一旦下定决心，就又成了不动声色的谋略家，她终于不必再理会朝臣和诸武的明争暗斗，而是暗中派人去房州迎接李显。为了防止意外，武则天的这些亲兵行事隐秘，不声不响地将庐陵王李显一家人一路护送到了洛阳。不但诸武不知此事，连狄仁杰这样的大臣都不晓得皇帝的行动。

这一天，狄仁杰正要退朝，却被武则天派人叫入宫内，只见武则天笑吟吟地执着一个男子的手对他说："爱卿，你看这是谁？"狄仁杰定睛一瞧，赫然便是他惦记多时的皇三子李显，他激动不已，跪在地上长谢不起，武则天也有些感动，对狄仁杰说："朕今天就把庐陵王还给爱卿，快起身吧。"想狄仁杰一生所经历的大风大浪，不过是想为李唐王室保全子息，如今心愿得偿，不禁老泪纵横，仍然跪在地上不断谢恩称颂。

第二天，武则天下诏称自己生病，想见亲生儿子，而李显已经在洛阳现身。很多大臣根本不知道李显的长相，听到老臣们暗自指点，也免不了情绪激动。皇帝意思非常明显，而这个决定无人不满，包括多年来被监视的李旦。他所以低调、所以与母亲多年周旋，为的并不是有朝一日得到皇位，仅仅是保全自己的身家性命，保全自己的下一代。

回到洛阳的李显显得委顿不堪，但他已经有了城府，再也不敢在母亲面前显露出一丝一毫的兴奋，以免被母亲误认为是得意。他也学会了恰到好处地表达自己的感情，表现出孝顺，对母亲感激无比。对政事和朝臣，他和李旦一样避之唯恐不及，甚至不敢与亲戚们走动，生怕一个不小心，又犯下错误，再被母亲撵回房州受苦。

李显虽然回到了洛阳，但武则天却没有进一步的动作。李旦何等聪明，立刻明白了母亲的心意。如今李旦才是皇嗣，她以什么理由废弃他，重立李显？这个时候自己再不行动，等到母亲亲自动手，恐怕不会那么和平。于是，李旦亲笔写好一张奏折，在文武百官面前恭恭敬敬地递了上去，表示自己能力平庸，希望母亲将哥哥李显立为太子。

结合李旦历年来的为人处世，武则天和群臣都不觉得意外，反而明里暗里夸奖李旦的智慧。李旦一向奉行明哲保身，不愿卷入权力争斗。何况，太子这一职位风险太高，母亲定下的继承人，未必有福气等到继承的那一天，他并不忌妒李显，奏折递上去，他反而暂时放下心，不再那么担惊受怕。

有了李旦给的台阶，接下来的事无比顺利，武则天假意推拒几次，李显也惶恐地表示自己不能担当大任，李旦再接再厉，又上了几张奏折，于是母子兄弟连番恳谈，彼此再无隔阂与心病。圣历元年（698年），曾经当过皇帝的李显再度被立为太子，成为大周的法定继承人，群臣欢欣鼓舞大呼"万岁"，只有这一次，他们充满真心诚意，绝无半点不情愿。

在群臣欣喜若狂的面孔上，武则天看到了他们对李唐王室的耿耿忠心，如今她再也不会将这些人当作敌人，想要斩草除根。她似乎明白了天命所向，大势所趋，也更加确定自己的决定于国于民，于人于己，都大有好处。如此一来，她也不再对自己曾经在意的那些事耿耿于怀，反而安下心来，与群臣一起庆贺。

尘埃落定，洛阳城一片欢腾，有一个人却在借酒消愁。这是武承嗣，他忙了许多年，不是在奉承姑母，就是在给姑母的面首牵马，要不然就是和酷吏勾结陷害李旦。如今李旦安然无恙，姑母高居皇位，他自己却灰头土脸，还便宜了从房州回来的李显。想到这么多年的心血统统白费，他一病不起，不久就撒手离世。武家人也看出武则天心意已决，不敢再搞明显的小动作。

如今武周王朝进入了真正的和谐期，内外和平，人民乐业，国力提高，国本确定，酷吏根除，大臣们没有了从前的恐惧、担忧和不满，君臣之间的默契更深了一层。狄仁杰年事已高，本就多病，在外地为官时又太过劳碌，终于卧床不起。但想到他最大的心愿已经达成，顿觉此生再无遗憾。

不久后的一天，狄仁杰病逝，武则天呆呆地坐在后宫，一时五味杂陈。

她为狄仁杰的葬礼停朝三天，当她又一次迈进朝堂，看不到老人的身影，不禁感叹："国老一走，朝堂好像都空了。"

当一位老人看到与自己年龄相若的另一位老人离世，总会触动自身的伤感。即使武则天身体还康健，看到狄仁杰这样的老臣离开，也不免产生一丝对死亡的惧怕和对生命的眷恋。而此时的她再没有任何目标敦促她继续进取，她的所有目标都已实现，身后事都已安排妥当，也许，她到了该休息的时候，该停下来好好享受自己的战利品了。

晚年生活

武则天已经成了名副其实的老妇人，她过去虽然养尊处优，却事事以公事为先，不论她的目的是夺取政权、还是治理国家，她都是一个勤奋认真的当权者，从不荒废政事。这也是朝廷大臣们认同她的统治的一大原因。现在，她年老体弱，疾病缠身。曹操写过"老骥伏枥，志在千里"，但其实有千里之志，老年人也不适合继续跋涉，继续斗争，他们的身体出现了各种衰弱信号，他们的意志也开始动摇，辛苦了一生，他们希望得到更多的享受，甚至变得有点任性，变得更加唯我独尊。人越老越像孩子，任性妄为还不许他人非议，武则天也出现了这样的征兆。

但就武则天本人来说，她认为自己有享受的资格，她已经对这个国家交完了答卷，而且她对自己的成绩很是满意：

在政治上，她治国多年，算得上兢兢业业。虽然为了一己私欲，也曾逐忠臣、用酷吏，但瑕不掩瑜，不论李唐还是武周，在她的统治下，国力都呈现欣欣向荣的增长式发展。她打开举贤之门，提拔人才，给政坛带来了新风气，这些都是无可争议的功劳；

在国统上，她已经确定了要将政权交给李显，还给李家，她终于想开了，既然天下人都还心系李唐，她也不必非要逆天下而行，反正儿子是自己的，有他们在，她不担心自己后事无着。而且，把江山还给李唐，也是对心系李唐的朝臣和百姓们的最好交代；

在感情上，和丈夫李治的那些回忆曾经远离她，如今不时地出现在脑海里；和陪伴自己十年之久的薛怀义的那段说不清道不明的感情，也隐隐地刺激着她；到了这个年纪，她也明白不会再有真实的感情出现，也正是这种感触，让她更加需要陪伴，更加需要一些寄托。于是，她对身边的男宠们更加宠爱，也乐意与他们沉湎享乐。

武则天的享乐与历代皇帝并无实质性的差别，古代的皇帝们坐拥成群美女，武则天则是坐拥成群美男。除了张昌宗和张易之两兄弟，她又延揽了更多俊美男子，成立了一个叫作"控鹤监"的机构，专门招揽美男子供武则天享用。女皇帝成立了这么一个机构，那些羡慕薛怀义、张氏兄弟的男人心痒难耐，纷纷自荐。朝臣们见此事太不合体统，只好硬着头皮上书，提醒女皇注意形象、注意影响。

武则天到底是个爱面子的人，第二天就命张氏兄弟带着控鹤监的美男子们作出一些成绩，以掩人耳目。张氏兄弟听说过去北门学士经常编撰书籍，于是也找了一群文人著书立说，编了一本《三教珠英》，三教，自然是指儒释道；珠英，就是收集三教的诗歌。这本书的编者之一杜审言，就是我国诗圣杜甫的祖父。

　　享乐之余，武则天还有一个问题亟须处理，这就是太子和武家人的关系问题。朝廷之事盘根错节，她的一句话，并不能解决所有矛盾，李家人和武家人各有算盘，而大臣们也并不是完全拥护太子，李武问题像是一颗定时炸弹，不知何时会释放威力。

　　糊涂的李显苦尽甘来。在房州的日子十分艰难，韦氏生下女儿，贵为皇子的他却只能脱下衣服包裹婴儿，于是这位公主的小名就叫"裹儿"。好在有韦氏的陪伴，又看着美丽可爱的女儿一天天长大，在颠沛的生活中，李显最重视的不再是权力，不再是地位，不再是富贵，而是人与人之间患难与共的真情。这也让他的性格更加的绵柔，对人对事充满善意，更不爱与人争执。这种个性在咄咄逼人的武家人那里，显然避免了不少矛盾。

　　武承嗣死后，武家人陷入了惊慌，他们不比武则天，她既是前任皇帝的妻子，又是下任皇帝的母亲，他们不过靠着裙带关系得到如今的高位，在武则天残杀李氏子孙时，也没少出力。一旦李家人重新登上皇位，他们岂不是马上就会遭殃。于是，他们一面想和李显保持良好的关系，经常与李显喝酒吃饭联络感情；一面又在暗地里筹划，如何才能将李显李旦兄弟挤掉，仍由武家人继位。

　　立场不甚分明的人有两个，一个是李旦，一个是太平公主。李旦多年来不惹事，到了这个节骨眼，自然远离众人，做人群中最不起眼的那一个。他既不与哥哥李显经常来往，也不与诸武往来掺和，害怕一个不慎就被他们牵连；太平公主多年来深得武则天的宠爱，与诸武关系一向不错，又嫁进武家，生下武家的孩子，身份自然更是敏感。她与李旦刚好相反，既与李显来往频繁，又与诸武关系密切，两边不得罪，是个心思剔透的聪明人。

朝臣们本来满腔喜悦,却发现重立李显只是万里长征的第一步,诸武仍在朝廷上蠢蠢欲动,拉拢朝臣,拉拢武则天的男宠。而李显不敢表示反对,只是战战兢兢地任由他人摆布,他们再一次紧张起来。

武则天也不想看到李家人和武家人争执不休,她确立了皇位由李显继承,是多年以来反复权衡、思考的结果,自然不想看到有什么变故;武家人跟随她多年,有功劳有苦劳,她也希望今后她的娘家人能够善始善终,所以,她想要调和双方的关系。

周圣历二年(699),76岁的武则天开始为改善李武两家的关系做出努力,她将太子李显赐姓为"武"。并且,命令李显、李旦、太平公主和所有武家子嗣在通天宫宣誓,许诺两家人会和睦相处。这些誓言刻在铁券之上,敬告天地。武则天自认为在神灵监督之下,两家人能够各自心安。接下来,武则天又为武家人增加了封地,作为奖励和安慰。

老年人就喜欢看到一家人其乐融融,于是她经常叫两家人带着各自的孩子一起进宫,大摆酒宴联络感情。皇帝有令,两家人自然也做足了面子功夫,相互亲敬友爱,讨武则天舒心一笑。这么一大家子人自然有不少娱乐项目,武则天最爱看大家各自写诗,宫廷的御用文人们这时也得意一展所长。上官婉儿发挥她才女的优势,施施然登上彩楼,品评诸王与诗人们的大作,此时有人说起上官婉儿出生前,她的母亲梦到神仙拿着大秤,而如今果然这位才貌双全的姑娘称量天下才子。婉儿虽为内侍,却在武则天身边多年,自然深谙朝臣之道,她心里清楚和平只是暂时的,但见皇帝年老,只希望子侄平安,也不愿多说令武则天伤感的话。于是,宴会开了一场又一场,武则天的心情越来越好。

心情好没有带来身体的康复,尽管如此,武则天的身体也比之前好了一些，这依靠张氏兄弟炼制的药物。史书上没有记载这些药物究竟是什么成分，但的确有一些效果，才让一向精明的武则天对他们说的话信服不已。肉体上的疼痛，精神上的享受，共同刺激着武则天的欲望，她不可免俗地开始追求长生不老，渴望天地让自己能有更长的寿命，更充沛的精力。

历史上追求长生不老的不乏明智的君王，最有代表性的当属李世民。李世民晚年疾病缠身，经常招道士进宫炼制丹药，药吃下去发汗不止，却不能阻止疾病的恶化。在生死规律面前，人力终究虚妄，但一代代的妄人仍想长命百岁，不服老也不服死。武则天认为自己是有为之君，晚年又逢国泰民安，家庭和乐，怎么会不留恋人世？

圣历二年，武则天大病一场，病愈后未免更加心慌，所谓病笃乱投医，她又开始迷信起道家的丹药和法事，希望太上老君能够保佑自己。这时身边又有不少道士给她出主意，于是，她命人在嵩山的封禅台旁投递了一封金简，金简上有她的铭文，内容如下：

上言：大周国主武曌好乐真道，长生神仙，谨诣中岳嵩高山门，投金简一通，乞三官九府，除武曌罪名。太岁庚子七月庚子七月甲寅，小使臣胡超稽首再拜谨奏。

这块金简简单古朴，字迹潇洒，很有格调。1982年，被一个在嵩山上采药的农民捡到，也成了后代研究武则天的唯一实物。刻下这封金简，是为了让三山五岳的神仙能够听到自己的声音，而"除武曌罪名"，最能透露女皇晚年的心声。

武则天始终害怕"报应"之说，她毕竟是贵族之女，而杨氏贵族深受佛教影响，坚信这辈子行善积德，下辈子就会得到福报；这辈子为非作歹，下辈子自有恶人磨。武则天深知自己为了野心，做了太多伤天害理之事，自然希望天地神佛体谅她的难处，原宥她的过错，让她能够在死后依然得到尊享。

在武则天眼中，究竟什么算是"罪"呢？她极少认错，极少低头，凡事都要占尽上风，在她心目中，究竟什么样的错误才称得上错误？恐怕连她自己都说不清。到了晚年，她的杀戮之气稍止，更愿意营造明君和慈母形象，为的也是弥补从前的过失。为了表示她的诚意，她还带着太子，带着皇室成员，带着文武大臣长途跋涉回到长安，这个举动，让李显和朝臣们更加安心。

回到长安后，也许因为她太想休息，也许因为她的头脑精力的确大不如前，她渐渐将过去放在政事上的精力，全部用来享乐，这就造成了她不再紧紧地握着政权，不再留心观察朝廷上的风吹草动，不再兴致勃勃地看群臣们的争斗。而她过去的亲信们，都在为自己不可知的将来忧心忙碌，同样没有精力帮她留意什么。没有一个强大的核心，朝政也渐渐变得散漫，这就给人以可乘之机，趁着女皇松懈而兴风作浪。

但不是所有兴风作浪的人都有能力成为弄潮儿，更多人因为自大、因为愚昧、因为不知收敛，反倒葬送了自己的性命。这就是武则天晚年最宠爱的人——张易之和张昌宗兄弟的遭遇。

第三章　／　神龙政变

朝堂对质

张易之与张昌宗，算得上是名门之后。

太宗朝有一位叫张行成的宰相，为人忠厚能干，不避权贵敢于言事。高宗李治临朝后，也曾依靠过他。张行成年纪虽老，却一眼看透李治的弱点，劝李治一定要留意小人和女色，以免招致祸端。没多久，张行成就去世了，李治后来果然栽在小人和女色上。而张家兄弟，就是张大宰相的族孙。

张五郎和张六郎本是无所事事的公子哥，一朝成为女皇身边的红人，有一群人巴结奉承，渐渐地也忘记了他们曾在吉顼面前哭成两个泪人。这对兄弟整天穿着华贵的锦衣，涂上脂粉，一左一右陪伴着武则天，武则天也真的像一个年老的帝王那样，一边饮酒一边逗弄身边的两个美人，群臣见惯不怪，兼之武则天年老，时日不多，也便不再诸多劝谏。

张氏兄弟与武则天的情人薛怀义不同，薛怀义能在武则天身边多年，既靠男色，也靠实打实地为武则天做事；张家兄弟靠的仅仅是他们的美色。这对兄弟的相貌如何？史书上有一段记载：

　　一天，武则天带着群臣和宗室们吃酒作诗，刚好皇宫里的莲花盛开，朵朵绽放煞是美丽，刚巧张昌宗从水边走来，面白唇红，顾盼风采令人移不开眼睛。有人立刻赞美说："六郎似莲花！"这时宰相杨再思脑筋一转，立刻说："不对！莲花似六郎！"宴席上人们称赞不断，武则天很是得意，还命两兄弟扮成仙人王子乔的模样，让大家一饱眼福。

　　就连当朝宰相都对二张阿谀奉承，可见二张当时的权势。张氏兄弟与薛怀义最大的不同是，薛怀义虽然时不时任性妄为，与朝臣们纠缠胡闹，但所有人都知道他是个小混混儿，所有人也都知道武则天只把他当个玩物，只要不与他认真，就不会出什么大问题；张氏兄弟不同，他们经常在年老的武则天耳旁吹枕边风，严重干扰了朝政。

　　当初薛怀义当男宠，在白马寺里组织一群流氓，经常在洛阳抢东西，做坏事，已经惹得官员们咬牙切齿，如今二张当道，比薛怀义更上一层楼，连二张的亲戚也跟着沾光，得了高官，开始利用手中的权力卖官鬻爵，一时间张家名声大振。二张不但从武则天那里得到无数赏赐，平日捧着金银财宝奉承他们的人也络绎不绝。张易之是个孝子，得到宝物后多数转送给他的母亲。张家老太太晚年可谓风光，满屋子珠光宝气，就连睡觉的枕头都是稀罕贡品。

　　张易之还不满足，见母亲守寡多时，无人陪伴，就亲自做媒为母亲找了个"老伴"。张易之的母亲已是老妪，新郎却是个貌美的青年。青年名叫李迥秀，任凤阁侍郎，畏惧二张的权势不得不答应这桩婚事，心里却老大不愿意。每一天，因为不想看到"娘子"那满是皱纹的脸，他便借酒消愁，烂醉不起，好好的青年才俊没多久就成了烂酒鬼。

不久后发生的一件事，让天下人都见识到了二张有多大的威力。这件事发生在一次家宴上，赴宴的人有李显的长子李重润，女儿永泰郡主，永泰郡主的丈夫武延基。几个人年纪都不大，没有一个过二十岁，说起话来自然不知避讳，他们聊着聊着，就说到了二张兄弟。平日，兄妹少不了逢迎二张，心里却着实厌恶这两个油头粉面的男人，言谈之中少不了讽刺和嘲笑，不知怎么，这件事竟然被张氏兄弟知晓。

张氏兄弟少不了在武则天面前告状苦恼，武则天对他们的宠爱，就像老人宠年幼的孙子，到了当年杨夫人宠贺兰敏之的程度，听说这件事怎能不怒。武则天招来李显，质问李显为什么不好好教育子女。李显每天过着如履薄冰的生活，突然晴天又有霹雳，他吓得连连叩头，回家就招来一双儿女大骂不止，武则天也下令要严惩三个年轻人。

李重润三人吓坏了，毕竟是没经过大事的人，又是偏激的年少心性，既不知变通也不知找人沟通解决，竟然马上自杀了。永泰郡主当时怀着身孕，本来没死，但不久就产下一个死婴，撒手西去。这三人身为皇亲国戚，竟然因为对二张议论几句就招致飞来横祸，满朝文武谁还敢有非议？他们不禁要哀叹武周朝当官艰难，走了酷吏面首，又来了张家兄弟。

不过，不是所有官员都信奉明哲保身，终于有人开始公开指责二张的不是。这就是曾被酷吏接二连三逮捕、整治的魏元忠，他又一次回到了洛阳。这些年来，他重复"被诬告——被流放——被召回"的过程，骨子里的倔劲儿半点也没改，这一回，他成了当朝宰相。他昔日的敌人们早已被武则天处死，不过，他很快发现了新的敌人，就是被武则天宠信的张家兄弟，这两个人小人得志，专擅弄权，把朝廷搞得乌烟瘴气，他怎能不气。

张家兄弟习惯了走到哪儿都有人奉承，突然回来一个倔老头，经常明里暗里地骂他们，他们也不开心。而且，每当武则天想要给二张加官晋爵，魏元忠就会阴阳怪气地反对，讽刺二张于国无功，怎么能和王公将相享受同等待遇。武则天听到也只得作罢，二张越来越气。

对看不顺眼的人，张家兄弟和酷吏们一个心思，一定要想办法弄死。于是，他们在武则天面前状告魏元忠谋反。武则天本来不信，派官吏调查，魏元忠一口否认。张家兄弟则在武则天面前满口赌咒，并且拉出一个证人。听到证人的名字，武则天突然有点信了。

证人是曾在殿试上风光无限，被武则天亲口夸奖的张说。自从二张得宠，翰林院的文人们大多在他们手下编书，张说便是《三教珠英》的编辑之一，平日和张家兄弟的关系不错。张说虽然交游广，却并不是趋炎附势的小人，张家兄弟随口拿他当证人，令他很是尴尬，而武则天竟然传下圣旨，命他明日上朝对质。

骑虎难下，张说整晚都睡不着，在自家屋子里踱来踱去，不知如何是好。倘若为张家兄弟做证，如何面对满朝官员唾弃的目光？今后，残害忠良、趋炎附势之类的评价也会伴随他一生；不帮张家兄弟做证，以二张的人品，灾祸转瞬即来，恐怕他一家老小都要遭殃。直到上朝，张说也找不出一个圆满的解决办法。

满朝大臣都知道武则天要公开审理魏元忠谋反案，这一天的朝堂充满紧张气氛。多数人生而有正气，即使平日和魏元忠不睦的人，也知道他被冤枉，都怀着激愤，这时张说走上朝堂，悄声议论的众人顿时安静下来。

大臣们毕竟畏惧二张的权势，只对张说挤眉弄眼地暗示，并不敢上前，只有凤阁舍人宋璟越众而出，拉住张说，语重心长地说："张兄，世间公道自在人心，凡事当以大义为重，君子不可与小人同党，做欺神弄鬼之事。就算您今日被流放，也是一件荣耀！"宋璟为人正直，很得群臣敬慕，张说看着他殷殷的双眼，不由得一颤。

女皇命张说上前谈话，张说仍有犹疑，他缓缓走向前，突然群臣队列中有人低声说："不要在史书上留下污点，让你的子孙蒙羞！"张说闻声瞧去，原来是负责写帝王起居注的史官刘知几，面对刘知几那带有威胁性的目光，想到今日之事将会由他原原本本地写在史书上，给无数后来人观看，张说一瞬间打定了主意。

武则天见他沉默，主动发问："张爱卿，听说魏元忠对朕有大逆不道之言，他说话之时，你也在场，有这么回事吗？"魏元忠刚被人从监狱里带过来，还不了解情况，一听皇帝的话，不由得大怒，对着张说喝道："张说！难道你和这两个小人一起陷害我吗？"

张说还没说话，张氏兄弟倒是急了，他们大喝："张说！你快点把事情告诉陛下！"

张说整了整衣服，端正地跪在地上，既不看魏元忠也不看二张，对武则天说："陛下，您请看，在陛下面前，张昌宗和张易之尚且对臣大呼小叫，丝毫没有朝廷体统，可知他们平日如何飞扬跋扈。陛下明鉴，微臣从未听说魏元忠曾对陛下不敬，更不要说当面听说。张家兄弟为了陷害魏元忠，拉臣做证，微臣不堪威胁，请陛下做主！"

张说的一席话，让满朝文武放下心来，也让张氏兄弟傻了眼，他们反射性地大叫："张说和魏元忠一起谋反！"张说则叩头说："微臣知道如今张家兄弟权高位重，不依附他们必有灾祸，但微臣不敢为一己安危而陷害忠良，请陛下明鉴。"

武则天看得出这件事纯属二张诬告，但事情闹得不可开交，两个小情人大失颜面，她也不由得生气，只好把满腔怒火撒到了张说身上，对手下说："张说反复无常，给我拉下去治罪！"最后，魏元忠和张说同时被流放，张氏兄弟总算出了一口气。

魏元忠亲自前来向武则天辞行，他恳切地说："微臣年纪已老，此番离开京城，恐怕再也见不到陛下，"然后，他指着二张对武则天说："蒙蔽陛下的就是这两个姓张的小子，陛下，你总有一天会后悔，到时候你会想起我说的这番话！"

魏元忠被人带了下去，武则天看着他的背影，想到这些对自己尽忠的老臣死的死走的走，又想到他说的那句"恐怕再也见不到"，不由伤感地对左右说："元忠走了！"尽管知道魏元忠冤枉，她还是离不开两个嘴甜貌美的小情人。

没想到第二天，魏元忠一案又生波折。魏元忠离京那一晚，几个和他关系不错的小官员为他践行，这件事被张氏兄弟知道后，派人送了一封匿名信给武则天，说魏元忠与送他的那些官员想要谋反。这封匿名信落款写着"柴明"，但朝廷并无这个官员，长安城也没有这个人，武则天只好命人前去查办。

酷吏时代早已结束，而今审查案件的大理寺中，颇多清明官吏，审查此案的马怀素就是其中之一。因为小情人接二连三地吵闹，武则天也不耐烦，命马怀素尽快结案，但马怀素一口咬定魏元忠与几个大臣只是喝酒钱别，并无不轨，而且反问："断案须有人证物证，如今只有告密信，找不到告密之人，焉知不是诬陷？微臣虽是小吏，却也得蒙陛下信任，不敢做枉法之事。"武则天本也不想冤枉大臣，这件事就此不了了之。

整走了魏元忠，张氏兄弟更加目中无人。而张氏兄弟的肆意妄为，终于惹恼了满朝大臣；武则天的年老昏聩，也让他们对这个一直尽忠的皇帝失望不已。二张接二连三地干政，更让大臣们看到了近在咫尺的危机。他们本以为等女皇百年之后，李显顺利继位，李唐江山顺理成章地恢复，大家皆大欢喜。如今皇子被杀、忠臣被逐、二张毫不收敛，大臣们本来忍耐着，忍耐着，此时再也坐不住。于是，针对张氏兄弟，群臣各显其能，想要将他们依法惩治。

白热化的斗争

张氏兄弟并不是不知道自己的危险，他们每天都觉得自己坐在火山口上，迎着朝臣们鄙视的目光，不断听说又有哪个御史写奏折告了自己，也知道民间对他们二人的评价。起初，他们想过与李显等人搞好关系，以保证将来的安全，但是，人性中的贪欲、自大、侥幸，让他们无法控制自己，他们最终得罪了所有能得罪和不能得罪的人。

而在张家，并无明白事理、懂得避祸趋福之人。张氏兄弟卖色求荣，张家人不以为耻反以为荣。他们各个做了朝廷大官，车来马送，出入有仆妇侍卫，好不威风。不过，他们也都明白这富贵如同泡沫，只能享受一天算一天。于是更加肆无忌惮地敛财结仇，毫不收敛。

有一件事很能说明他们的处境：二张有个弟弟叫张昌仪，自从哥哥们得宠，他也跟着飞黄腾达，修建的宅邸豪华无比，超过当时亲王的规格。老百姓暗自不忿，有一天，张家门口被投了一张纸条，上面只写了一句话：一日丝能作几日络？劝他收敛一下，不要忘记自己的本分。张昌仪看了大怒，命手下务必要抓住投纸条的人。

　　手下连夜盯梢，说也奇怪，一连几夜不见人影，同样的纸条却每天出现在张家门口，张昌仪又急又怕，毫无办法，最后干脆在自家大门上写上四个大字："一日亦足！"这句话写上后，纸条销声匿迹。张家人就抱着这样一种心思，享受垂老的武则天带来的权力与富贵，不知道给自己留后路，也从不想收敛自己的贪婪市侩。也许只有竭力巩固自己的地位，才能给他们带来一丝安全感。

　　张氏兄弟胡作非为，张家人狐假虎威，就连当时的民间普通百姓都很反感。有些人甚至把他们贩卖的小吃改成张家兄弟的名字，供人吃喝。朝廷上的大臣终于坐不住了。即使在酷吏时代，依然有据理力争、搞死酷吏的大臣，如今武则天对待大臣更为温和，他们更不会坐视二张干预朝政，很快，朝臣们开始联手反击。

　　大臣们开始找张氏兄弟的麻烦。文臣们熟通法理，张氏兄弟平日贪赃枉法也留下不少把柄，他们几乎不费力气就找到了这对兄弟的犯罪证明。他们开始试图依照国家法律，来逼迫武则天处置这对无法无天的兄弟。

　　首先被提上日程的是张昌宗的霸占农田案件。在武周朝，农田受到官府保护，不论什么样的官员都不能随意侵占，若有违规，既要缴纳罚款，同时会被免去官职。当御史台的官员检举张昌宗霸占了大量农田，提议必须从严处罚时，却由二张的亲信经手了此案，只让张昌宗交纳了少量的罚款，官职照旧。御史台的官员们不依不饶，事情闹到了武则天面前。

　　武则天当然要庇护她的张郎，只听她对大臣们说："张家兄弟于国有功，就宽恕他们一次吧。"有大臣忍不住讽刺："张家兄弟人卑位高，于国有何功劳？"武则天一时语塞，这时一向对张家兄弟溜须拍马的宰相杨再思说："张氏兄弟为陛下炼制丹药，让龙体无恙，这不是大功吗？"武则天连连点头。

就算女皇一而再再而三地庇护张氏兄弟，仍有大臣不肯善罢甘休，曾为边疆和平立下汗马功劳的唐休璟就是其中之一。他一而再再而三地要求追究二张的经济问题，女皇疲于应对，只好将他调到外地，以图眼不见为净。唐休璟恨恨不已，无奈武则天调令已下，他只好离开京城，临走不忘嘱咐同僚们再接再厉，务必不要放过两个小贼。

另一起贪污案也被揭发，在朝廷的工程中，张家人靠着裙带关系成了工程负责人，大捞油水。这位亲戚正是李迥秀，在辈分上，他是二张的"后爹"。这位年纪轻轻的醉鬼不但贪污，还忽视工程质量，数罪并罚，也只是被下放到外地当刺史。这件事也让大臣们更加了解到二张的地位牢不可破，他们又开始想别的办法。

周长安四年（704），通衢大道上突然有人贴出密告，说二张想要谋反。御史台的官员们又拿出新的证据，证明张氏兄弟曾私自找人看相，而且他们还找到了人证，说出了相士对张氏兄弟说的话。武则天最重视谋反，这一次，她可不能徇私枉法。人证既然在，张易之和张昌宗不能抵赖，承认的确去看过相，但谋反云云，纯属诬陷。

审理这件事的人正是开元年间与姚崇并肩的宋璟。此时的宋璟的职位是御史中丞，他一心秉公执法，对二张坚决不妥协，坚持要判二张死刑。女皇见宋璟不肯松口，只好故技重施，想要派宋璟去外地处理一些旧案，宋璟不软不硬地说："陛下，州县里的旧案应由本地官吏处理，就算由中央派人，也应该派监察御史。臣是陛下亲选的御史中丞，与监察御史职责不同，怎么能去管这些芝麻绿豆的事？"武则天说不过他，只好收回成命。

武则天接二连三地想要大事化小，宋璟偏要与她对着干，就是不肯放过张氏兄弟。这一天,君臣在殿上竟然直接为这件事吵了起来,宋璟说:"臣知道二张格外受陛下恩宠,臣的作为必然让陛下不悦,可能会遭遇祸事。但二张罪不可赦,必须处以死刑。只要能为君主除去这两个小人,臣就算死了也不会怨恨陛下!"两个人正在僵持,杨再思出来打圆场,对宋璟说:"宋璟,不要惹陛下生气,赶快出去!"

宋璟却不吃宰相的劝告,反而对杨再思说:"圣上与我近在咫尺,有什么事她自然会吩咐我,不敢劳烦宰相代宣皇命。"杨再思只好退了下去,宋璟还在和武则天较劲。武则天并不是一个随随便便杀忠臣的人,而且,宋璟这样正直的人,正是她欣赏的。眼见这件事不能了局,武则天笑着说:"爱卿说得有理,那么就把他们带回御史台好好审理吧,有劳爱卿。"宋璟大喜,连忙叩头说:"臣为陛下分忧,怎敢称辛苦!"

没想到宋璟刚带二张回到衙门,武则天就命人紧急招张家兄弟回宫,紧接着,武则天下了一道诏书免了张家兄弟的罪过。宋璟气得大叫:"早知道就先敲碎这两个小子的脑袋!"武则天耍了个小小的心眼儿,终于让宋璟无法再追究这件事。

武则天心里明白这件事是张氏兄弟不对,命两个人登门道歉。身正则鬼神畏之,对正直的宋璟,即使猖狂如张氏兄弟,也不敢怠慢,他们毕恭毕敬地提着礼物登门求见,宋璟闭门不纳,大扫他们的颜面。回到宫里,少不了和女皇告状,女皇知道宋璟这种人勉强不得,只是劝了小情人几句。此后,张氏兄弟每每诬陷宋璟,但宋璟名声太好,根本抓不到把柄治罪,武则天更不肯因为他们滥杀忠臣,他们不由大叹晦气。

武则天不分青红皂白地护短,引起了朝臣们更剧烈地反弹。朝廷上的"反张"声浪越来越高,但是这个时候,武则天的身体更加不好,更不愿再理会大臣们接二连三地上奏、弹劾、进谏，她只想在最后的岁月，享受两个小情人的陪伴，对于朝政，她越来越无心理会。也正是她的倦怠，让朝廷上的一架天平发生了倾斜。

收网人

多年来，武则天打压李显和李旦，为的是平衡李家和武家的实力。李显和李旦看似一个糊涂虫，一个蔫茄子，惶惶不可终日，但他们却有巨大的政治能力，他们被多数朝政视为李唐的象征；武家的子弟们拿着高官厚禄，显赫一时，结交朝臣，却并不得人心。一眼看去，似乎武家人更有权势和威望，但武则天心里明白真正的威望来自人心。

多年来，武则天控制着两个儿子，钳制着大臣们，扶植着武家人，为的不过是达到一个平衡。武则天是政治家，她深深明白不论是李家大臣还是武家子弟，权力太大都会威胁到她的统治，于是她有条不紊地调节着他们的平衡。武家人诬陷大臣，她总要顺手帮上一帮；大臣们有异动，她也对武家人和酷吏们的行为不闻不问。朝廷上看似是大臣与酷吏之争，其实质却是李家大臣与武家子弟的争夺。

如今武则天不问政事，以诸武的实力，根本无法控制住朝廷大臣，大臣们都认为一个等待已久的机会就快来了。多年来，李唐大臣们有一个共同的心愿，就是要光复王室，让李家子孙重新执掌天下大权。这是一种根深蒂固的忠君思想，即使他们拿着武则天的俸禄，依然不能百分之百地忠于这个女人。他们出生的时候，就不断听说高祖和太宗打天下时的种种英雄事迹、太宗和高宗的种种爱民举措，李唐王室给天下人留下了良好的印象，人们敬佩李家的帝王，爱惜李家的子孙，这种感情潜移默化，根植在这些官员们的心中。

当他们渐渐长大，开始通读史书，看到历史上种种女色祸国、外戚祸国的记载，对"红颜祸水"、"牝鸡司晨"有了最初的恐惧，种种史实表明，女人不适合从政。这固然是"男尊女卑"的思想在作祟，但在一个男权社会，这种判断再正常不过，再正确不过。

当他们真正入仕，进入中央或基层的国家机构，他们的眼界更加开阔，他们既看到了武则天睿智的一面，部分修正了他们对女性的偏见；也看到了武则天阴狠残酷的一面，令他们不寒而栗。于是，他们更加坚定了光复王室的决心。

因为酷吏们的存在，告密的耳目无处不在，他们无法互相交流，只能默默地做着自己该做的事。他们掌管国事，帮助女皇治理国家，不断发掘人才，而且，他们最愿意提拔那些明显忠于李唐王室的大臣。狄仁杰、娄师德、李昭德等人，虽然从未表现出什么，却不约而同地做着这件事。

就像一张网，悄无声息地撒向大唐的各个角落，逐渐包围中央。武则天未必没有察觉这种情况，但一来她不能杀光所有的大臣；二来她有自信制得住这些人；三来这些人的确是难得的人才，所以多数时候，她并不干涉他们的行为。如今她老了，累了，只想着享乐，不自觉地就忽略了这张早就存在的网。

武则天一向是个优秀的织网人，她曾经针对无数个敌人，织过无数张密不透风的大网，让猎物们束手就擒。却不知人心是一张更大的网，笼罩了她几十年的政治生命,她原以为自己是一切的操纵者,从未想过自己也在网中。而别人的网趁着这个机会,开始加速收紧,开始锁定猎物。

最先被锁定的是肆意弄权的张氏兄弟。大臣们的目标不仅仅是二张,如今武则天年老荒唐,他们中的一些人认为趁武则天病中,应一举扶李显上位,光复李唐江山。但是,他们却也惧怕武则天,惧怕她多年来累积的声威,他们迟迟不能下定决心。

第一个下定决心的人是宰相张柬之。

张柬之是位老臣,他出生在唐高祖在世的时候,在他的成长过程中,看到的是贞观之治,目睹的是民生逐日改善,国家日渐强大,耳闻的是太宗李世民的种种德政,以及太宗与大臣们那和谐而宽松的君臣关系,对太宗自然有深切的思慕之情。在一个促进人奋发的时代,张柬之勤奋好学,渐渐有了名气。但是,人有才干、有决心,却不一定有运气,张柬之虽然考中进士,在仕途上并不得志,很多年来一直默默无闻。

他有机会在政坛上崭露头角,得益于武则天的招贤令。唐永昌元年(689),65 岁的张柬之被推荐参加朝廷的考试,得了第一名。而武则天喜爱提拔那些不得志的才子和官员,因为这可以刺激他们对她的感激,进而培养他们的忠心。于是,张柬之成了监察御史,以可以退休的高龄开始了他的官宦生涯。这也是武则天愿意信任张柬之的原因。

初为官的张柬之已经察觉到酷吏们的崛起和武则天的野心。第二年,武则天称帝,他如同所有当时的李唐大臣,开始了随波逐流、却也心有所冀的官宦生活。张柬之是个忠诚而正直的大臣,他敢于为了原则与女皇起争执而被降职,这引起了狄仁杰的注意。

狄仁杰身为武则天器重的大臣,一直以来都有进退的底线:他承认自己是女皇的忠臣，愿意帮助女皇治理李家的江山；他同样是李唐的忠臣，要保证李氏子孙能够从女皇手中继承到本就属于他们的皇位。但是，他年事已高，论健康状况，他心知自己并不如武则天。何况，一个好汉三个帮，光复王室这件事，需要更多的忠臣，所以，他向女皇推荐张柬之。

狄仁杰的眼光不错，张柬之年纪虽老，却不是避祸之人，不会为了一口俸禄牺牲自己的原则。狄仁杰一直在暗中留意着武周朝的风吹草动。认为张柬之是可用之才，一次，狄仁杰又对武则天推荐张柬之，武则天说："爱卿，我不是已经授他为司马了吗？"狄仁杰反驳："陛下！那是当宰相的材料，您怎么能只让他做一个司马！"

不但狄仁杰推荐张柬之，就连姚崇也发现张柬之是个成大器的人，他也对武则天不断推荐，就连外出公干离开京城，他也不忘对武则天说："陛下，别忘了臣推荐给您的张柬之，那可是个宰相之才！"一来二去，武则天对张柬之留下了深刻的印象，通过考察，她也发现这个人的确不错，于是，张柬之终于当上了朝廷的宰相。

狄仁杰已经去世，张柬之也是一位八十多岁的老人，但是，他的忠诚、智慧、干练却没有被时间消磨，反而因为长久的封藏而变得更为锐利。他明白想要除掉二张，逼迫武则天退位是一件危险的事，稍有不慎就会殃及太子和相王，必须选择一个最佳的时机。他不动声色地观察朝廷的动向，观察二张的举动，等待着最佳的动手时机。

张柬之曾去荆州当长史，前任荆州长史杨元琰与他喝酒谈心，他们在江边租了一条小舟，任小舟在江上漂流，四下无人，共同立誓定要恢复李唐王室。当张柬之当了宰相后，就提拔杨元琰为右羽林将军，并对他说："还记得那日你我在江上说过的话吗？这个官职并不是白白授予你的。"杨元琰点头说:"我从来没有忘记过。"李唐大臣们就通过这样暗自的结盟,互相提拔,互相支持,维护着他们的大网。

不过,张易之和张昌宗毕竟不是没脑子的人,他们知道自己在朝廷上树敌,又发现宰相往皇城调了新的人手,心下不安。于是他们又在武则天面前你一言我一语,武则天下令命武攸宜为右羽林将军,这才让他们放下心。

神龙政变

神龙元年(705),新的一年在开始时便暗潮汹涌。正月里,武则天一病就是大半月,在这期间,没有大臣能够见到她,就连李显和李旦想要问安,都得不到她的允许。在这期间,她的身边只有张氏兄弟。崔玄暐上书说:"陛下龙体欠安,太子、相王孝顺仁义,都可以伺候汤药。希望陛下不要令异姓者出入禁中,以防万一。"武则天表示她很感激崔玄暐的心意,但之后又一切如故,她依然只愿意见张氏兄弟。

朝廷上也开始有各种传闻,有人怀疑武则天已经一病不起,被二张软禁。更多人担心二张如今"挟天子",恐怕会冒充武则天颁布圣旨,做危害太子或相王之事。武则天不出现在朝堂,大臣们无心办公,每天都在试图打听禁中的消息。而张柬之则认为时机已到,他开始多方联络朝廷官员,很快就有太子右庶子崔玄暐、司刑少卿袁恕己、司刑少卿桓彦范、中台右丞敬晖表示支持张柬之的决定,他们决定发动政变诛杀二张,正位中宫。

事情隐秘而有步骤地进行着，五个人躲过二张、诸武的耳目，偷偷争取朝臣们的支持。这是一支既有文臣也有武将的政变队伍，而且，他们还取得了太子李显的同意。李显虽然当了太子，却依然度日如年，不知母亲何时会心血来潮，再次废掉自己。更重要的是，他与二张已经结下梁子，就算他忍痛不与他们争执儿子、女儿的死，他们恐怕也不会放过自己。

　　这个秘密计划也有相王李旦的参与，袁恕己就是相王府的人手。李旦仍然保持着稳妥的作风，他支持哥哥的决定，但并不亲身出现，一来是为了不抢未来皇帝的风头，二来是为了不得罪未来的皇帝。他知道这件事若不成功，他与李显性命堪忧，少不得要叮嘱袁恕己小心行事。他本人则在相王府一直留意事情的进程。

　　正月二十二这一天，张柬之决定开始行动。张柬之知道想要带兵进入皇家内院，必须拉拢守卫城门的将领，于是他找到守卫玄武门的右羽林大将军李多祚，开门见山地问："李将军，你能有今日威赫的地位，究竟是谁的赏赐？"武人性直，不由得流泪说："是先帝。"张柬之正色说："李将军，如今先帝仅余的二子被两个小人威胁，现在是你对先帝尽忠的时候了！"李多祚说："只要对国家有利，我顾不得自己的身家性命，大人你随便吩咐吧！"

　　万事俱备只欠东风，众人整装待发，却发现最关键的人物没有按照约定的时间出现。这个人就是太子李显。这些年李显被母亲吓破了胆，越想越觉得这件事危险，害怕这件事失败连累到自己。何况，母亲又没废掉他，如今已经老迈，眼看就要入土，自己为什么还要蹚这浑水？他越想越觉得不能冒险，干脆关起自家的门。

　　张柬之等人带着兵马集合在玄武门前，却不见太子的影子，大为着急。此事有太子可谓光复国本，无太子则是犯上作乱，李显不来，他们名不正言不顺，于是张柬之命李多祚、李湛和李显的女婿都尉王同皎一齐去东宫，劝李显尽快来玄武门。

王同皎首先进了东宫，见岳父在厅里唉声叹气，犹豫不决，上前一步说："殿下，先帝将皇位传于您，没想到殿下却被幽禁长达二十三年，这件事人神共愤。如今，北门的宰相、大臣和南衙的将军、士兵想要诛杀佞臣，光复李氏社稷，这个时候您怎么能犹豫不决？"李显结结巴巴地解释道："诛杀佞臣当然是应该的，但如今圣上正在养病，我们怎么能惊动她老人家？不如大家从长计议，想个更妥当的办法？"

外面的李湛听得急了，他知道发动政变必须争分夺秒，若被二张的耳目察觉此事，他们各个死无葬身之地。他忍不住进去对李显说："殿下，诸将以身家性命对您尽忠，殿下怎么狠心看着我们事败被屠戮？若殿下执意不去，那请殿下亲自到外面和士兵们解释吧！"李显胆子最小，听李湛语带威胁，又想外面的士兵本就抱着必死的决心，如果他临时变卦，这些士兵知道自己必死无疑，恐怕要先杀了他泄愤。想来想去，李显一跺脚，出门跨上了自己的马，在将士们的保护下直奔玄武门。

张柬之等人也在玄武门前遇到了麻烦。一个叫田归道的殿中监正带着一队士兵巡视，见张柬之等人来势汹汹，不肯放他们入内。张柬之等人反复劝说田归道，田归道不是听不明白道理，但他也有自己的道理，他说："职责所在，我不能放你们入内！"正在僵持不已，李显骑马到了近前，田归道见太子也参与了这次行动，这才肯相信张柬之等人并非有异心。田归道为人忠信，既想归政于太子，又不愿背叛武则天，所以，他只是带着自己的军队袖手旁观，并不加入这次行动。

一行人带着五百人马冲向武则天所在迎仙宫。张氏兄弟还来不及抵抗，就死在了士兵们的乱刀之下。张柬之等人带着李显，直接走进了武则天的寝殿长生殿，武则天已经听说有人犯上作乱，此时冷静地看向这些"犯上作乱"的大臣。会有这种事，她并不觉得意外，权力场上的争斗瞬息万变，昨日的亲信转眼就会变为敌人，正因为如此，她才那样步步为营，防范身边的每一个人。

女皇与诸臣、士兵对视片刻，才开口问："犯上作乱的人是谁？"

张柬之从容上前，说道："张易之、张昌宗谋反，臣等奉了太子殿下的命令将他们诛杀。惊动了陛下，真是罪该万死。"

武则天看了一眼跪在地上不敢抬头的太子，说："原来是你这小子。张家兄弟已死，你可以回东宫了。"李显一向不敢违背母亲，听了这句话，还真站起身来想要离开。众臣大惊，桓彦范立刻说："陛下，太子怎么能回东宫？太子年长，早该继承皇位。陛下请听臣一句良言，如今天下民心久思李氏，请陛下将皇位传给太子，以顺民心。"

武则天却不言语，继续环视着她的大臣。她一眼就看到了李湛，不由得冷笑一声说："你不是李义府的儿子吗？我待你父子不薄，真没想到会有今天。"一句话说得李湛无言以对。武则天继续看去，看到了崔玄暐，她不怒反笑，说道："其他的人都是被旁人推荐为官，崔玄暐你是朕亲自提拔的人才，你也混在他们之中吗？"崔玄暐身正言明，朗声说："这正是我报答陛下提拔之恩！"武则天当然知道他的个性，再不言语。

她太了解权力的真相，知遇之恩、君臣之情、母子之情，都不过如此。正因为她早就明白，才能常年立于不败之地。她没有抗议，没有叫喊，没有责骂，没有表态，只是翻过身，继续睡了下去。在她人生的最后一次斗争中，她因为衰老，因为疾病，因为轻率，因为耽于享乐，才会疏于防范，才会被人抓到机会，她只能束手就擒。她一直以为自己是个猎人，而命运这张网，却不会放过任何一个人，所有事都编织得合情合理。

她不是一个普通女人，此时也只能拿出一个杰出女人的风度，来应对所有的风云突变。她知道自己的政治生涯到了尽头，接下来，她将以失败者的身份接受胜利者的幽禁，直到老死的一天，她抬了抬自己的胳膊，一种沉滞的、熟悉的疼痛，她知道那一天并不遥远。

而胜利者们也在为如何重振朝纲陷入争论。要废掉武则天规定的国号、官职、纪年、文字只需李显一张圣旨，但还有个问题令众臣陷入了激烈的争论：如何处置武氏家族？

张柬之的意见是鲜明的，他认为斩草必须除根，不能留下祸患；而武氏家族的成员们此时完全不去想如何"营救"被软禁的武则天，反而顺风转舵，开始颂扬李显，并不断提起他们多年来对李显并无苛刻之处，倘若他们对李显有加害之心，这些年有多少机会？李显是个老实人，听了这些话信以为真，完全忘记了武家人不加害他，只是因为他不是个威胁。李显又想起母亲希望李家人和武家人能够融洽相处，更不愿为难武家人。

而且，也不是所有大臣都反对诸武，他们认为武则天已经失势，诸武即使活着，也不过是丧家之犬，不足为虑。于是，武家人安然无恙地度过了这次危机。大臣们听到这件事怒气冲天，有些人攥紧拳头，指甲扎进肉里流出鲜血。张柬之叹息道："我之所以没有直接杀掉诸武，就是想要把这个机会留给皇上，以昭他的威名，谁想到会这样？现在大势已去，我们做什么都没用了。"

李显对帮助他复位的大臣们感恩戴德，将张柬之封为汉阳王、崔玄暐封为博陵王、桓彦范封扶阳王、袁恕已封南阳王、敬晖为平阳王。一时间，他们成了朝廷上的红人。朝邑尉武强刘幽求是个聪明人，他对桓彦范、敬晖说："诸公听我一言，朝廷上武三思尚存，他会让诸公死无葬身之地，若你们不能早一点遏制他们，早晚会招致祸患。"而张柬之等人或认为大势已去，或认为以自己此时的地位，不会轻易被加害，并不听从这个建议。

敬晖没能除掉诸武，倒是想起那日事态紧急，殿中监田归道执意不肯放行，险些耽误大事；而且这个人显然不肯附和他们，想必怀有异心。于是，他请李显诛杀此人。田归道不服气，为此据理力争，李显事事喜欢求个平安，不愿多加杀戮，于是将田归道免官。后来，李显认为田归道为人忠心，又将他召回大内为官。

刘幽求所料半点不错。诸武很快巴结上李显的皇后韦氏，又一次气焰熏天。诸武深恨张柬之等人夺了武则天的江山，想尽办法陷害他们，没多久，这五个大功臣被流放。张柬之气愤而死；崔玄暐不明不白地死在流放地；桓彦范、敬晖、袁恕己也在流放地被害死。袁恕己的遭遇最惨，他先被诸武派去的人逼疯，才被活活打死。

而复位的中宗李显也并没有如他期望的那样，从此过上平安喜乐的帝王生活。他的皇后和诸武勾结，将朝政弄得乌烟瘴气；她的女儿安乐公主也经常仗着宠爱干涉朝政；他的儿子李重俊造反杀掉诸武；最后，韦皇后竟然也想模仿武则天做皇帝，和女儿一起害死了李显。这对母女又被李旦的儿子李隆基和太平公主联手诛杀；而武则天最喜欢的太平公主，也因为弄权被李隆基杀掉……李旦登上王位，不久传位给李隆基，也许在武则天的故事里，只有李旦是那个安然而退的人。

那时候武则天已经入土，看不到也听不到这走马灯似的后续故事。但她也许早就知道，她虽然不是最后的胜利者，别人也不会是最后的胜利者。

病榻上的布局

　　武则天睁开眼,看到的依然是金碧辉煌的寝室。

　　她又闭上眼,脑海里浮现出孩童时代闺房中精致的寝具,少女时代文水老家破旧的床榻,初入宫廷那张毫无温度的床,感业寺里冷清的禅房……如今她在世间最华贵的床榻上等待死亡的来临,她再也没有斗争的力气,即使心有不甘,她也只能在下人们殷勤的服饰下,享受着高规格的囚禁。

　　她听到内侍小心翼翼的脚步声,她知道她是个幸运者,失势的皇帝只能在冷僻的宫殿里等死,过去那些阿谀奉承的笑容全都会转化为鄙夷与不耐烦,而她余威犹在,没有任何侍女敢对她露出一个不恭敬的眼神,她们殷勤周到,仿佛她依然是帝国的拥有者,仿佛一切都没有改变,如果她再糊涂一点儿,仍然可以把自己当成昔日的女皇。

　　内侍通报后,神色紧张的李显走了进来,对母亲嘘寒问暖。对着武则天,他始终战战兢兢,坐也不是站也不是,丝毫没有天子的架子。李显已经是天下地位最高的人,但他依然怕武则天,这让武则天心中有些喜悦。而且,李显的确是个孝子,直到现在,他也没有把母亲当作自己的政敌,反而小心翼翼地侍候,生怕母亲有什么不适和不悦。这么软的性子,又让武则天有些感慨,依稀明白同样躺在病榻上的丈夫,为何要把国政交给自己。

　　不但儿子给足了她面子,就连那些联手废掉她权力的官员,也恭谨地跟在李显身后，在外面大声向太后问安，声音中流露了某种真诚，并不敷衍。李显每隔十天，就要带领文武百官前来问安，为的是让母亲尽量享受从前的那种高高在上的感觉。此时，武则天还能依稀地辨别出大臣们的声音，那些声音从前也是这样恭敬，称呼她为"陛下"，他们都是她曾提拔、器重的官员，但他们心中始终眷恋的是李唐王室。

他们刻意地放轻脚步，那么多人，竟然只发出轻微的足音。随着足音的远去，宫殿再一次静得出奇，所有人都怕打扰到她的休息。

她现在终于有时间休息了。

她的一生都在不停地算计、斗争、为自己争取机会，她害过的人不计其数，骗过的人不计其数，辜负过的人不计其数。

她开始回想自己失去的东西，对一个妇人而言，那些都是很重要的。

她的第一个女儿玉雪可爱，至今她还能记得将那孩子抱在怀中的喜悦，而她将那孩子掐死的襁褓之中，感觉那幼小的身体渐渐变冷。

她的第二个儿子文采精华，别具慧根，她也曾在他身上寄予很多希望，终究，在权力的天平上，她将他抹杀。不知他自尽之时，是不是含着满腔的怨恨。

她唯一的丈夫是个懦弱的人，却给了她一切想要的东西，如今想想，那的确是人生中最实在的感情，即使感情里同样夹杂着相互的欺骗、厌恶，但更多的仍是相濡以沫的依靠感，丈夫死的时候，很长一段时间，她空虚而寂寞。

她曾有一个忠心耿耿的情人，对她畏惧、讨好、迷恋，因为她的移情别恋，他大发雷霆，火烧明堂，最后死于她的命令。再后来的日子，她也能够体会他的不甘、失落、绝望。

她的亲戚们，有的轻视她，有的恨她，有的爱她，有的奉承她，她全都一清二楚，而她也终究不能背叛自己的姓氏，依然把武家人抬到了最高的位置。她曾经担心过她倒台之后，武家人被牵连、报复，甚至尽数被杀戮，听说李显并没有为难武三思等人，那么，也许武家的荣光能够延续下去……

想到她辉煌的一生，却要以死在这个囚室告终，她当然觉得不甘。报复的念头再一次油然而生，她从不是个轻易服输的人。可是，她有什么办法能走出这里？他的儿子固然不会给她这个机会；深谙政道的女儿如今也在朝中如鱼得水，不会想要帮助她这个失势的母亲；诸武即使有心，也不敢轻举妄动。何况，就算真的有人愿意为她做事，连胳膊都抬不起来的她，也没有力气坐在皇位上。这又有多大意义？

她反复地思考，夜不能寐。她一生都在争强好胜，如果不能想出个办法出出胸中这口气，她死不瞑目。她似乎又变成了那个在太宗后宫里咬着牙研究如何讨好皇上的才人；又似乎变成了那个在感业寺里绞尽脑汁给李治写情书的尼姑；又似乎成了拼命讨好王皇后的昭仪……她又一次感到充沛的精力和智慧正在涌动。在这种思考中，某一件事如雷电一样闪过她的脑海，让她豁然开朗。

这件事发生在政变后，她听到一阵喧闹，有太监纤细而生硬地宣布："请皇太后移居上阳宫。"她想到如今政权易主，按照规定，她的确应该移居到皇太后居住的地方，将她的长生殿让给他人。这座长生殿豪华开阔，她很是喜爱，看到宫女太监们搬动殿中的物品，又有人搀扶她上了软榻。而群臣就在殿外看着这一切，没有人劝阻。

这时，她突然听到一阵切切的哭声，她闻声望去，原来是姚崇。有人责备姚崇，只听姚崇说："我侍奉陛下日久，今日与她离别，怎么能不伤心？

我与你们一起诛杀逆臣，是尽了一个大臣对朝廷的本分；我今日告别旧主，悲痛难忍，是一个大臣对曾提拔他、信任他的君主的情分。就算我因为这件事落下罪名，也心甘情愿。"

想到姚崇的哽咽之声，她突然精神一振，不论真情也好，假意也罢，即使是忠于李唐王室的人，不也承认她为君主？她纵横天下几十年，不论高宗在与不在，不论国号是唐还是周，有谁不知道天下号令都来自她的御口，有谁不臣服于她的权威，有谁能抹杀她的功绩？就算她现在老了，今后死了，又有谁能否认她所做的一切？

权力云烟过眼，胜败只在人心。

想到这里，她放下那些悲伤、抑郁的情绪，又开始筹划起来。朦胧中她看到了一个新的舞台，这是她最后的舞台，想演怎样的角色，依然要由她自己决定。而忙碌的宫女们看到她重新入睡，终于松了一口气，在外殿一面留意殿内的声音，一面轻声说话："皇太后难得睡得熟。"谁又知道，武则天此刻正做着什么样的梦？

最后的舞台

神龙元年（705），八十二岁的武则天病逝。

李显悲伤不已，虽然他曾被母亲拉下皇位，又在她的恐吓之下战战兢兢地活了二十几年，但毕竟血浓于水，他也感念母亲将他重新立为太子，这份悲伤之情倒也并不做假。而武则天立下的遗诏，却让李显有些吃惊。他反复阅读这份遗诏，想要从中发现更多母亲的想法与心事，最后不得不承认，他根本弄不懂自己的母亲。

首先，武则天在遗诏上要求去掉皇帝的称号，以则天大圣皇后的身份与高宗李治合葬。李显知道母亲为人要强，主动要求去掉帝号，实在不符合她的个性。但仔细一想，又觉得母亲的做法很是高明。若她仍称自己为皇帝，那么她只是一个篡权者，显然不能葬入李家的王陵。而如果恢复到"高宗皇后"的位置，那么她理所当然地要葬进皇陵，享受最高待遇。这是一招以退为进，她自己保住了死后的哀荣；

其次，武则天要求恢复王皇后、萧淑妃、褚遂良、韩瑗、柳奭等人的名誉，并赦免他们的族人。李显又一次惊讶。他知道母亲平生最恨的莫过于当年反对她为后的官员，以及她的情敌。难道人之将死其言也善？再一琢磨，也许母亲是觉得就算自己不提，也会有官员提出这件事。别人不说，褚遂良是贞观朝的大功臣，且声名耿介，迄今仍有人为他抱不平。与其等待由别人来恢复他的名誉，不如显示出自己的"宽大"。再想到母亲最在乎自己的名声，李显也能理解这条遗嘱；

再次，武则天要求赐给魏元忠实封百户。李显不由得想到那一日魏元忠离朝辞别母亲，悲愤地说："蒙蔽陛下的就是这两个姓张的小子，陛下，你总有一天会后悔，到时候你会想起我说的这番话！"而母亲也真的因为二张而失去了权柄。想必病榻上的母亲想到魏元忠一言成谶，又念他一片忠心，特地立下这条遗嘱。

最后，武则天要求为自己立一块无字的墓碑。这让李显百思不得其解，喜欢异想天开的母亲，又一次发挥了她的独特，留下了这条奇怪的遗嘱。自古以来有名望的人去世，都要在墓碑上写尽生平，供后人瞻仰。碑文或长或短，扼要地写明墓中人的姓名、生卒年月、地位、功绩、品德，等等，从来没有听说有人立下无字碑。李显想来想去，最后还是依从了母亲的遗愿，在父亲李治的墓碑旁，为母亲武则天立了一块高八米的石碑。比起高宗李治那写满丰功伟绩的墓碑，武则天的墓碑显得空空如也。

朝臣们也都因这条遗嘱猜测不已，他们同样了解武则天的个性，这个女人有很强的虚荣心，最喜欢搞歌功颂德之类的活动，她不断加尊号，把玩祥瑞物件，营造良好的公众形象，就是为了博得个身前死后的好名声，她竟然会提出这种要求，真是匪夷所思。也许年纪老了，又遭逢大变，有些神志不清了吧。

只有最了解武则天的那一部分人才能隐约地猜到她的意图，是非功过一向由人评说，历代帝王墓碑上连篇累牍的颂词，又有几句能够让人心服口服？既然人死万事皆休，不如以沉默作为最好的表白，让别人替代她来说，说得失，说兴衰，说她命中种种，相信他人的评论，远比她自己说得要精彩。

而且，无字碑既是一种坦诚，也是一种自信。在生前，不论谩骂之语还是溢美之词，她都能一一接受，何况是死后？她显然不认为后代人对她只有谩骂之语——她在生命的尽头，还能以如此狡黠的智慧，让自己独树一帜，大臣们想到这个女人的韬略与威风，不由得默默感叹。逝者已矣，如今他们不必遮掩，终于也能坦言承认对这个女人的佩服。

也许在武则天临死的那一刻，她没有悔恨和不甘，她知道自己将登上一个更大的舞台，在这个舞台上，一切没有机会留下姓名的人湮灭在野草之中，一切王侯将相只留下史书上薄薄几页，一切帝王家史都成了空文，唯有真正有功劳，有个性，有故事的人能够长久占据人们的视线，她将在这个舞台上，与那些顶天立地的伟大人物比肩。

一千多年过去了,武则天仍旧是中国历史上独一无二的女皇帝,仍旧是一代又一代人不断研究、议论、争辩、咒骂、赞美、感慨、钦佩、轻视的对象,千百年来余音不止。该如何评价她呢?思索的人不再是李唐王室的忠臣,而是历代君王、大臣、学者,以及越来越多的普通人,历史上掌权的女性并不少,汉朝的吕雉,晋朝的贾南风,北魏的冯润,辽国的萧太后,清朝的孝庄太后和慈禧太后,等等,她们视朝堂为戏场,天下朝臣由她们的手牵着细线,状如傀儡,在幕布后享受着风光,只有武则天由幕后走向台前,享受的是万民的歌颂,群臣的跪拜,这份野心和胆识,空前也绝后。

武则天独有的智慧,糅合了女性的细致、阴狠、异想天开又肆无忌惮、狭隘、宽容、无视道德与原则、冷酷、分寸,因为独一无二,她无法归类,只能不断研究,思考,正如她留下的无字碑,碑面空空,却在林林总总的石碑中最为独特,让后世参观者无法挪开脚步。

这就是武则天真正的舞台,她永远存在于历史之中。